U0530833

中国农村『居家扶助型』养老模式研究

杨舒 ◎ 著

/中/华/女/子/学/院/学/术/文/库/

中国社会科学出版社

图书在版编目(CIP)数据

中国农村"居家扶助型"养老模式研究 / 杨舒著 . —北京：中国社会科学出版社，2020.6

(中华女子学院学术文库)

ISBN 978-7-5203-6043-2

Ⅰ.①中… Ⅱ.①杨… Ⅲ.①农村—养老—服务模式—研究—中国 Ⅳ.①D669.6

中国版本图书馆 CIP 数据核字(2020)第 032735 号

出 版 人	赵剑英
责任编辑	任　明
责任校对	刘　娟
责任印制	郝美娜

出　　版	中国社会科学出版社
社　　址	北京鼓楼西大街甲 158 号
邮　　编	100720
网　　址	http://www.csspw.cn
发 行 部	010-84083685
门 市 部	010-84029450
经　　销	新华书店及其他书店

印刷装订	北京君升印刷有限公司
版　　次	2020 年 6 月第 1 版
印　　次	2020 年 6 月第 1 次印刷

开　　本	710×1000　1/16
印　　张	16.25
插　　页	2
字　　数	268 千字
定　　价	85.00 元

凡购买中国社会科学出版社图书，如有质量问题请与本社营销中心联系调换
电话：010-84083683
版权所有　侵权必究

中华女子学院学术文库
编辑委员会名单

主任 张李玺

委员 王　露　石　彤　史晓春　宁　玲
　　　　司　茹　刘　梦　刘　萌　孙晓梅
　　　　寿静心　李树杰　武　勤　林建军
　　　　周应江　崔　巍　宿茹萍　彭延春

总　序

岁月如歌，芳华凝香，由宋庆龄、何香凝、蔡畅、邓颖超、康克清等革命前辈于1949年创设的"新中国妇女职业学校"发展而来的中华女子学院，已经建设成为一所独具特色的普通高等学校。学校积极承担高等学校职能，秉承引领先进性别文化、推进男女平等、服务妇女发展、服务妇女国际交流与政府外交的重要使命，坚持走"学科立校、科研强校、特色兴校"之路，正在为建成一流女子大学和妇女教育研究中心、妇女理论研究中心、妇女干部培训中心、国际妇女教育交流中心而奋发努力着。

1995年第四次世界妇女大会以来，性别研究和社会性别主流化在国内方兴未艾，中华女子学院抓住机会，积极组织开展妇女/性别研究，努力在此领域打造优势和特色，并已取得显著成效。中华女子学院在全国第一个设立了女性学系、设立中国妇女发展研究中心、中国妇女人权研究中心，建设中国女性图书馆，率先招收女性学专业本科生和以妇女服务、妇女维权为研究方向的社会工作专业硕士研究生；中华女子学院还首批入选全国妇联与中国妇女研究会批准的妇女/性别研究与培训基地，成为中国妇女研究会妇女教育专业委员会、中国婚姻家庭法学研究会秘书处单位。

长期以来，中华女子学院教师承接了多项国家级、省部级课题和国务院妇儿工委、全国妇联等部门委托的研究任务，在妇女/性别基础理论、妇女与法律、妇女与教育、妇女与参与决策和管理、妇女与经济、妇女与社会保障、妇女与健康等多个领域做出了颇有建树的研究，取得了丰硕的研究成果，为推进实现男女平等基本国策的步伐、推动社会性别主流化、促进妇女儿童发展与权益保障做出了积极的努力。

作为一所普通高等学校，中华女子学院也着力加强法学、管理学、教育学、经济学、艺术学、文学等学科和专业建设，鼓励教师将社会性别视角引入不同学科的研究，大力支持教师开展各自所在学科和专业的研究。

特别是近年来，通过"引进来、走出去"等多种措施加强师资队伍建设，中华女子学院教师的科研能力与学术水平有了较大的提升，在不同学科领域，不少教师都取得了可喜的科研成果，值得鼓励和支持。

中华女子学院组织编撰的"妇女教育发展蓝皮书"系列已由社会科学文献出版社出版发行，并获得了良好反响。为展示和推广我校教师在妇女/性别领域和其他学科领域的研究成果，学校特组织编撰《中华女子学院性别研究丛书》和《中华女子学院学术文库》两套系列丛书，并委托中国社会科学出版社统一出版发行。性别研究丛书将集中出版中华女子学院教师在妇女/性别理论，妇女发展的重大问题，跨学科、多学科研究妇女/性别问题等多个方面的著作；学术文库将收录中华女子学院教师在法学、管理学、教育学、经济学、艺术学、文学等学科领域有代表性的论著。入选丛书的著作，都经过校内外专家评审，有的是教师承接国家级、省部级课题或者专项委托课题的研究成果，有的是作者在修改、完善博士学位论文的基础上形成的成果，均具有一定的学术水准和质量。

上述丛书或文库是中华女子学院学科与科研建设成效的展示，也是献给中国妇女发展与高等教育事业的一份薄礼。"君子以文会友，以友辅仁。"我们期望，这两套丛书的出版发行，能够为关注妇女/性别研究和妇女发展的各界朋友提供一个窗口，能够为中华女子学院与学界的交流与合作提供一个平台。女子高等学校的建设与发展，为中国高等教育事业和妇女教育事业的发展增添了亮色，我们愿意继续努力，为这一事业不断添砖加瓦，也诚请社会各界继续对中华女子学院给予指导、关心、支持和鞭策。

是为序。

中华女子学院原党委书记、原院长 张李玺

2013 年 12 月 30 日

摘　　要

在人口移出老龄化背景下，随着城镇化步伐加快，农村失能老年人的养老和照护问题日益突出。一方面农村地区大量青壮年的移出造成农村传统家庭养老模式中失能老年人生活照护的缺位，使得传统的家庭养老模式受到一定冲击；另一方面，机构养老、社区养老等社会养老服务在传统养老观念和经济条件的限制下并未得到农村失能老年人的普遍认可。因此，在农村发展社会养老举步维艰、家庭养老在新时代背景下又力不从心的处境下，如何寻求和发展一种新型的、能满足我国农村失能老年人照护需求和养老意愿的养老服务模式，让老年人老有所养、老有善养，是当前农村社会养老服务体系建设中的一个重要议题，也是一项迫在眉睫的任务。在此背景之下，本书立足于家庭、政府及社会，创新性地提出满足农村失能老年人需求特点的"居家扶助型"养老模式，即针对农村60岁及以上的失能老年人，由其子女、亲属、邻居或朋友等在经过培训后承担居家照护服务工作，照护者根据其工作强度获得相应的资金补贴。"居家扶助型"养老模式的提出，一方面，有利于提升我国农村失能老年人的照护质量。由于我国农村地区老年人习惯熟人照料的居家养老传统观念和邻里、朋友间乐于互助、易于互助的生活观念，以及大量留守妇女的存在，使得这种低成本和极具亲和力的养老模式更适于我国农村老年人居家养老的需求意愿，进而有助于提高农村失能老年人的生活水平及幸福感；另一方面，"居家扶助型"养老模式为缓解目前农村照护人员缺失状况提供了新思路。该养老模式不仅可以创造就业岗位，其培养出的护理人才还可以作为养老照护产业的人才储备，在未来为照护农村失能老年人乃至城市失能老年人提供源源不断的劳动力，进而解决我国照护人员供不应求的难题。同时，本书利用经济手段——长期护理保险解决对照护服务供给者提供照护津贴的资金来源问题，既可以增加照护服务供给者的经济收入，也可以为该养老模式提供可持续性的资金保障。

作为一种创新型的养老模式，应该如何界定其性质？该养老模式和农村现有养老模式之间有何关系？其是否具有在农村地区推广的理论可行性和实践可行性？以及如何在汲取国外经验的基础上设计一套公平公正、具有客观性和科学性的运行机制和配套机制？这些都是本书重点研究的问题。基于上述问题——本书以农村失能老年人"居家扶助型"养老模式及其照护服务的供求为出发点和落脚点，沿着"理论分析—实证研究—经验借鉴—路径设计"的思路展开。首先，在对常用概念进行辨析的基础上，对"居家扶助型"养老模式的概念、性质、核心要素、特点进行阐述，并分析"居家扶助型"养老模式与其他主流养老模式的共性与差异；其次，结合多元学科理论提出发展"居家扶助型"养老模式的理论基础；再次，以问卷调查数据为基础，分析"居家扶助型"养老模式照护服务供需主体的选择意愿，了解该养老模式的市场供需平衡问题，并应用计量模型对影响选择意愿的因素进行计量研究，根据实证结果进行分析；继而，对美国、英国、德国和荷兰四个OECD国家的照护津贴项目进行详细介绍，为发展我国"居家扶助型"养老模式提供经验借鉴；最后，遵循政府主导、满足需求及循序渐进的原则，系统性地提出构建家庭、政府以及第三方协作机制下符合我国国情的新型农村养老模式，为发展和完善我国农村养老保障制度提供有益参考。

本书根据以上研究得出如下结论：

第一，"居家扶助型"养老模式是一种将传统家庭养老和现代化居家养老相结合的养老模式，其实质是一种社会化的养老模式。"居家扶助型"养老模式吸取了目前主流养老模式的优点，既是对传统养老模式摆脱困境的一条出路，也是家庭养老模式向社会养老模式逐渐转变过程中的大胆尝试。该养老模式的提出并不是以替代传统的养老模式为目的，而是给予农村失能老年人更多的选择，是对传统养老模式的有益补充。

第二，"居家扶助型"养老模式的推广具有理论的可行性。首先，从家庭代际关系理论和"养儿防老"的人力资本投资理论考虑，"居家扶助型"养老模式因具备家庭养老的特征，容易被大众接受，在理论上具有可行性；其次，从效率理论考虑，"居家扶助型"养老模式的实施可以增加各方主体的效用，因而是一项利好的政策；最后，从博弈理论视角考虑，该模式存在的道德风险可以通过构建相配套的法律机制及监督机制等得到有效控制，进而保证了其运行效率。

第三，"居家扶助型"养老模式的推广具有实践可行性。虽然"居家扶助型"养老模式在短期内存在非均衡现象，但从长期看，"居家扶助型"养老模式的供需非均衡现象会被新生代农村居民在养老方式选择方面的结果所弱化。总体来看，"居家扶助型"养老模式在农村具有较好的发展潜力，是应对人口老龄化的一种创新型养老模式。实证分析结果表明，照护经历、养老满意度和购买长期护理保险等因素对农村居民选择提供养老服务具有重要的影响作用，同时购买长期护理保险的意愿以及对养老预期的方式都显著影响了农村居民对养老照护服务的需求，该结果在一定程度上证明了"居家扶助型"养老模式通过非正式照护者提供照护服务以及通过长期护理保险进行照护补贴筹资的可行性，为该养老模式的推广提供了实证检验。

第四，"居家扶助型"养老模式的顺畅运行需要一套完善的机制作为保障。在国外发展经验不能照搬照抄以及国内经验尚不成熟的基础上，本书用创新思维构建具有中国特色的农村新型养老模式的基本框架和机制：遵循政府主导、满足需求及循序渐进的原则，提出分"由点到线，由线到面"的"两步走"实施步骤、筹资方式依靠长期护理保险、评估及监督机制交由第三方机构、建立与农村养老服务体系向配套的人才培养和培训体系以及发展智慧养老机制等思路。

在当前社会、经济和文化变迁的背景下，受到一系列冲击的传统家庭养老向社会养老过渡是中国养老方式的必然趋势。而"居家扶助型"养老模式是这种转变过程中以家庭养老为依托的一种社会化养老方式，是对农村养老主体、功能等方面逐渐向社会转移过程中的一种积极探索。希望本书对我国农村失能老年人养老服务体系建设的思考，能够对推进我国养老服务及社会保障体系的建设有所裨益。

目 录

第一章 绪论 …………………………………………………… (1)
  第一节 研究背景 …………………………………………… (1)
    一 农村老龄化的速度和程度均高于城镇 ………………… (1)
    二 农村老年人健康状况较差 ……………………………… (3)
    三 农村老年人的精神慰藉服务不足 ……………………… (4)
    四 农村传统家庭养老模式的发展困境 …………………… (5)
    五 农村养老模式缺乏多样化 ……………………………… (7)
  第二节 研究意义 …………………………………………… (9)
    一 理论意义 ………………………………………………… (9)
    二 实际意义 ………………………………………………… (10)
  第三节 国内外文献综述 …………………………………… (11)
    一 国外研究综述 …………………………………………… (11)
    二 国内研究综述 …………………………………………… (17)
    三 研究评述 ………………………………………………… (21)
  第四节 研究内容及方法 …………………………………… (22)
    一 研究目标 ………………………………………………… (22)
    二 研究内容 ………………………………………………… (22)
    三 重点及难点问题 ………………………………………… (24)
    四 研究方法 ………………………………………………… (25)
    五 资料来源 ………………………………………………… (25)
    六 创新与不足之处 ………………………………………… (27)

第二章 "居家扶助型"养老模式概述 ……………………… (29)
  第一节 相关概念 …………………………………………… (29)
    一 人口移出 ………………………………………………… (29)

  二 人口老龄化……………………………………………………（30）
  三 失能老年人………………………………………………（31）
  四 养老模式…………………………………………………（32）
  五 长期照护…………………………………………………（34）
  六 长期护理保险……………………………………………（35）
 第二节 "居家扶助型"养老模式概述………………………………（37）
  一 "居家扶助型"养老模式的内涵…………………………（37）
  二 "居家扶助型"养老模式的核心要素……………………（37）
  三 "居家扶助型"养老模式的特点…………………………（39）
 第三节 与现行农村主要养老模式的对比分析……………………（41）
  一 与传统家庭养老比较……………………………………（41）
  二 与居家养老比较…………………………………………（42）
  三 与社区养老比较…………………………………………（43）
  四 与机构养老比较…………………………………………（44）
 本章小结………………………………………………………………（45）

第三章 "居家扶助型"养老模式的理论基础………………………（46）
 第一节 基础理论……………………………………………………（46）
  一 家庭代际关系理论………………………………………（46）
  二 人力资本理论……………………………………………（50）
  三 劳动力市场理论…………………………………………（54）
  四 帕累托改进理论…………………………………………（58）
  五 多元福利主义理论………………………………………（59）
  六 博弈理论…………………………………………………（60）
 第二节 "居家扶助型"养老模式的效率分析……………………（61）
  一 失能老年人的效用变化…………………………………（61）
  二 照护者的效用变化………………………………………（63）
  三 "居家扶助型"养老模式的社会效率…………………（67）
 第三节 "居家扶助型"养老模式的道德风险分析………………（69）
  一 串谋行为的三方博弈混合战略分析……………………（70）
  二 政府监管与照护者照护态度博弈的混合战略均衡分析……（76）
 本章小结………………………………………………………………（79）

第四章 "居家扶助型"养老模式主体选择意愿的实证分析 (80)

第一节 模式主体的选择意愿 (80)
一 照护服务供给主体的选择 (80)
二 照护服务需求主体的选择 (85)
三 模式选择的均衡分析 (88)

第二节 模型选择与变量设定 (89)
一 模型选择 (89)
二 变量设定 (90)

第三节 变量描述性统计分析 (98)
一 被调查者的区域分布 (98)
二 被调查者的性别及年龄结构分布 (99)
三 被调查者的民族分布 (99)
四 被调查者的受教育水平 (100)
五 被调查者的婚姻状况 (101)
六 被调查者的儿女、兄弟姐妹及家庭成员数量 (101)
七 家庭人均年收入及收入来源 (102)
八 被调查者的身体健康状况 (103)
九 对农村目前养老生活的满意情况 (105)
十 更倾向选择的养老方式 (105)
十一 照护经历 (107)

第四节 模式主体选择意愿的实证分析 (107)
一 供给主体选择意愿的影响因素实证分析与结论 (107)
二 需求主体选择意愿的影响因素实证分析与结论 (115)

本章小结 (121)

第五章 "居家扶助型"养老模式照护服务时间的实证分析 (124)

第一节 模式主体照护服务时间 (124)
一 供给主体在每种失能程度下的照护服务时间 (124)
二 需求主体在每种失能程度下的照护服务时间 (126)
三 照护服务时间均衡分析 (128)

第二节 模型选择与变量设定 (132)
一 模型选择 (132)
二 变量设定 (134)

第三节 照护服务时间的实证分析 ……………………………… (135)
　　一　供给时间的影响因素实证分析与结论 …………………… (135)
　　二　需求时间的影响因素实证分析与结论 …………………… (138)
本章小结 …………………………………………………………… (143)

第六章　发达国家相关模式经验借鉴 ……………………………… (145)
第一节　美国"现金与咨询"模式 …………………………… (145)
　　一　定义 ……………………………………………………… (146)
　　二　实施情况及效果 ………………………………………… (148)
　　三　资格条件 ………………………………………………… (149)
　　四　项目福利 ………………………………………………… (151)
　　五　申请流程 ………………………………………………… (153)
　　六　质量及监督机制 ………………………………………… (153)
第二节　英国的"直接津贴"项目 …………………………… (154)
　　一　英国长期照护体系简介 ………………………………… (154)
　　二　"直接津贴"项目概述 ………………………………… (154)
　　三　资格条件 ………………………………………………… (155)
　　四　项目福利 ………………………………………………… (156)
　　五　申请流程 ………………………………………………… (157)
　　六　质量及监督机制 ………………………………………… (157)
第三节　德国的长期护理保险制度 ……………………………… (158)
　　一　德国长期护理保险制度概述 …………………………… (158)
　　二　资格条件 ………………………………………………… (158)
　　三　项目福利 ………………………………………………… (159)
　　四　质量及监督机制 ………………………………………… (162)
第四节　荷兰的"个人预算"项目 …………………………… (162)
　　一　长期护理保险制度概述 ………………………………… (162)
　　二　"个人预算"项目概述 ………………………………… (164)
　　三　资格条件 ………………………………………………… (164)
　　四　项目福利 ………………………………………………… (164)
　　五　质量及监督机制 ………………………………………… (165)
第五节　四国比较分析及经验借鉴 ……………………………… (166)
　　一　资金来源 ………………………………………………… (166)

二　身体功能性资格条件比较 …………………………………… (166)
　　三　经济性资格条件 ……………………………………………… (167)
　　四　项目福利 ……………………………………………………… (167)
　　五　雇用亲属的可能性 …………………………………………… (168)
　本章小结 …………………………………………………………… (168)

第七章　构建"居家扶助型"养老模式的机制 ………………………… (170)
　第一节　"居家扶助型"养老模式的基本框架 ……………………… (170)
　　一　原则 …………………………………………………………… (170)
　　二　主体 …………………………………………………………… (171)
　　三　发展步骤 ……………………………………………………… (175)
　　四　给付标准 ……………………………………………………… (175)
　　五　运行流程 ……………………………………………………… (180)
　第二节　"居家扶助型"养老模式的运行机制 ……………………… (183)
　　一　评定机制 ……………………………………………………… (183)
　　二　资金来源与分担机制 ………………………………………… (187)
　　三　监督机制 ……………………………………………………… (190)
　第三节　"居家扶助型"养老模式的配套机制 ……………………… (192)
　　一　法律法规制度 ………………………………………………… (192)
　　二　人才培养及激励机制 ………………………………………… (193)
　　三　建立农村长期护理保险机制 ………………………………… (194)
　　四　"互联网+"下的智慧养老机制 …………………………… (195)
　　五　第三方机构制度 ……………………………………………… (196)
　　六　与现有政策的衔接机制 ……………………………………… (197)
　本章小结 …………………………………………………………… (198)

结论与展望 ……………………………………………………………… (199)
　　一　研究结论 ……………………………………………………… (199)
　　二　研究展望 ……………………………………………………… (200)

附录 A　调查问卷 …………………………………………………… (202)

附录 B　全国各地区农村居民工作时间 …………………………… (209)

附录 C　全国各地区农村老龄化状况 ……………………………… (211)

附录 D　OECD 部分国家的现金津贴项目汇总 …………………（213）

附录 E　Barthel 指数 ……………………………………………（220）

附录 F　认知能力评估 …………………………………………（222）

参考文献 …………………………………………………………（223）

第一章

绪 论

第一节 研究背景

随着中国城镇化进程的加速，越来越多的农村青壮年劳动力涌向城市，不仅加速了农村人口老龄化的进程，同时也加剧了农村"空巢老年人"现象，直接对农村传统养老模式带来一定的冲击，使得农村老年人的养老照护问题面临着严峻的挑战。另一方面，与城市相比，中国农村的老龄化程度更深、老年人的健康状况更差、老年人的精神慰藉服务更缺乏，养老模式更单一，因此中国农村的养老问题存在多重紧迫性。但长期以来，中国的养老布局存在"重城市、轻农村"的问题，使得农村的养老问题发展严重滞后于城市。在中国2亿多的老龄人口中，农村老龄人口约占6成左右，如何解决好广大农村老年人口的养老问题已经成为事关构建和谐社会以及建设社会主义新农村的大事，是一项具有现实意义和长远意义的重要课题。

与城市相比，中国农村养老问题的紧迫性主要表现在以下五个方面。

一 农村老龄化的速度和程度均高于城镇

中国目前不仅是世界上老年人口最多的国家，也是人口老龄化速度最快的国家之一。根据中国统计局的权威数据，截至2016年年底，中国65周岁及以上人口1.5亿人，占中国总人口的10.8%。而美国2016年3月发布的《一个正在老去的世界：2015》报告显示，目前世界65岁以上人口数量为6.17亿，约占总人口（73亿人）的8.5%。由此可以看出，中国老龄化水平高于全球约2.3个百分点，是全球老龄化问题较为突出的地区之一。同时，该报告预计，到 2050 年，中国 65 岁以上老龄人口将增长到 3.49 亿，占总人口比重接近 27%。该结果表明，中国在未来一段时间内，老龄化速度呈高速发展的态势。

在中国老龄化进入快速发展阶段的同时，中国老龄化呈现城乡倒置的严峻格局，这种城乡倒置现象已经成为中国人口老龄化的特点之一。图 1-1 直观地描述了自 2001 年以来，中国城乡人口老龄化倒置的产生及其发展过程。从图 1-1 可以看出，2005 年之前，中国农村 65 岁及以上人口占比处于城市和镇之间；2005 年之后，中国开始出现老龄化城乡倒置现象，并在一段时间内保持 2% 以内的城乡老龄人口占比差距。但自 2010 年以来，农村 65 岁及以上人口占比与城镇之间的差距逐渐增加，到 2014 年，农村 65 岁以上人口占比 11.52%，城市为 8.91%，镇为 8.88%，农村比城镇高出约 2.6 个百分点。由此可见，自 2005 年城乡人口老龄化倒置现象出现以来，城乡人口老龄化倒置的程度逐渐加大。《中国养老金融发展报告（2016）》指出，在 2040 年前，农村 65 岁及以上老龄人口占比每年上升 1 个百分点，增长速度是全国老龄人口增长速度的两倍。因此，中国在未来一段时间内不仅农村人口老龄化速度快于城镇，而且农村人口老龄化程度也高于城镇。

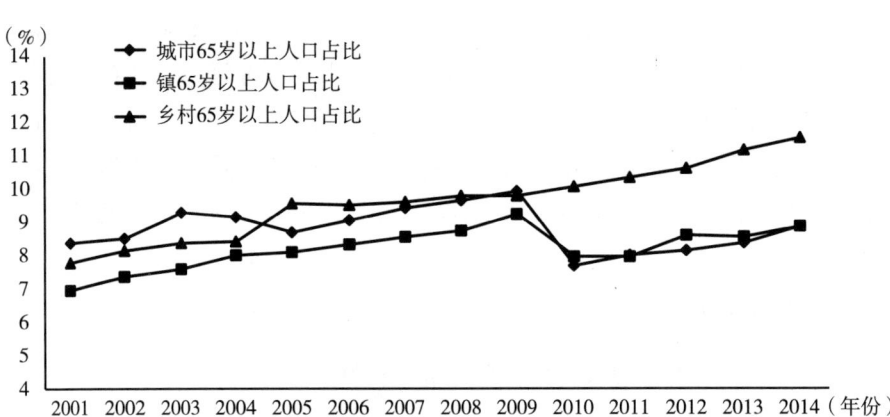

图 1-1　2001—2014 年中国城市、镇、乡村 65 岁及以上人口所占比重

资料来源：根据《中国人口和就业统计年鉴》（2002—2015），作者自行整理。

中国人口老龄化城乡倒置现象凸显出目前我国农村的人口老龄化形势更为严峻，而农村人口老龄化的迅速发展对农村社会经济的不利影响不断显现。因此，在国家社会保障体系尚未健全和完善的背景下，如何解决农村老年人的养老问题应该受到社会更多的关注。

二 农村老年人健康状况较差

随着我国老龄化和高龄化程度的不断增加，因衰老、疾病或伤残而失去生活自理能力的老年人口比例显著上升。目前我国老年人口的健康状况不容乐观，全国老龄办发布《第四次中国城乡老年人生活状况抽样调查成果》结果显示，2015年，全国城乡失能、半失能老年人口数量约为4063万人，占60周岁及以上老年人口总量的18.3%。规模庞大的失能老年人急需功能完善的养老照护服务，老年人的生活自理能力及长期照料问题日益凸显。

中国农村老年人的生活自理能力问题比城市更为严峻，总体而言，城市老年人的健康状况优于农村。图1-2是城市和农村老年人健康状况的对比情况。由图可知，2006年我国城市老年人半失能占比为9.6%，完全不能自理（失能）的老年人占5.0%；而农村老年人半失能占比为14.1%，高于城市4.5个百分点，完全不能自理（失能）的老年人占6.9%，高于城市1.9个百分点。2010年，城市老年人半失能占比12.4%，比2006年增加了2.8个百分点，完全不能自理（失能）占比5.6%，比2006年增加了0.6个百分点；农村老年人半失能占比为18.6%，比2006年增加了4.5个百分点，高于城市6.2个百分点，完全不能自理（失能）占比7.8%，比2006年增加了0.9个百分点，高于城市2.2个百分点。因此，无论从失能人口比例的绝对值上来看，还是从失能人口比例的增长速度上来看，农村老年人的整体健康状况都远不如城市老年人，尤其是半失能老年人的健康状况在城乡之间的差距更为显著。

老年人对自身健康状况的评价也能说明城乡老年人之间的健康差距问题。根据2010年《中国城乡老年人口状况追踪调查》，城市老年人认为自己健康状况很差的占4%，较差的占15.1%，一般的占53%，较好的占23.3%，很好的占4.7%；农村老年人对应的值分别为6%、22.5%、50.5%、17.7%和3.3%。2015年，《第四次中国城乡老年人生活状况抽样调查成果》显示，我国城乡老年人自报需要照护服务的比例为15.3%，分城乡来看，城市老年人自报需要照护服务的比例为14.2%，农村老年人自报需要照护服务的比例为16.5%，农村比城市老年人的照护需求高出2.3个百分点。总体而言，农村老年人自我评价的健康状况低于城市老

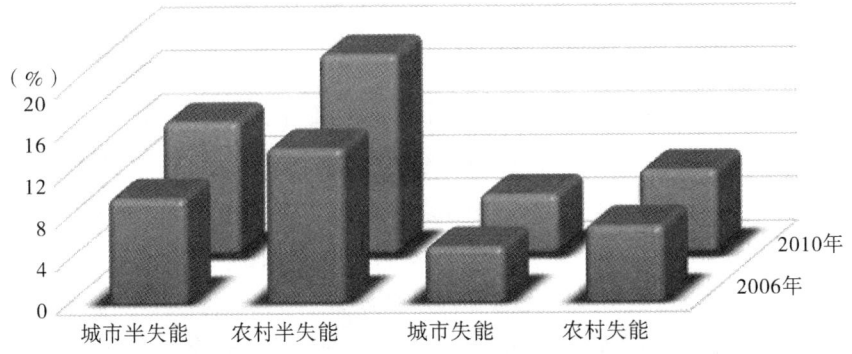

图 1-2　2006 年和 2010 年城乡老年人健康状况对比

资料来源：《2006 年中国城乡老年人口状况追踪调查》和《2010 年中国城乡老年人口状况追踪调查》，作者自行整理。

年人，说明农村老年人比城市老年人更需要照护服务。

综上，农村老年人的健康状况更令人担忧，他们比城市老年人更需要得到照护服务。因此，如何通过长效机制帮助农村老年人，尤其是农村失能老年人解决其养老服务需求是目前我国社会保障体系中亟须解决的问题。

三　农村老年人的精神慰藉服务不足

随着农村社会的进步和经济的发展，目前农村大多数老年人的物质生活已经得到基本满足，但其心理需求、情感关怀等方面的精神生活还未得到有效的满足。随着城镇化进程的不断加速，农村大量青壮年劳动力流向城市，使得农村的"空巢老人"数量持续增多，如图 1-3 所示。《第四次中国城乡老年人生活状况抽样调查成果》显示，全国"空巢老人"占老年人口的比例为 51.3%，其中，农村"空巢老人"占老年人口的比例为 51.7%，高于城市约 1 个百分点。农村"空巢化"的发展使农村老年人对精神慰藉服务存在较大需求，而目前农村针对老年人精神慰藉服务的供给又严重不足，结果是农村老年人精神孤独现象比城市更为突出，这在一定程度上导致农村老年人的生活幸福感低于城市老年人。[①] 因此，从精神慰

[①] 2015 年的抽样调查结果显示，城市老年人感到幸福的比例为 68.1%，而农村老年人感到幸福的比例仅为 53.1%，两者相差 15 个百分点。

藉方面而言，农村老年人，尤其是"空巢老人"的养老问题更需要得到社会各界的关注。

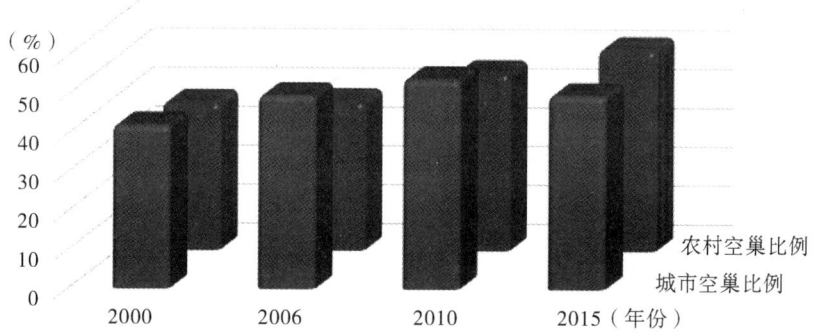

图 1-3　2000 年、2006 年、2010 年和 2015 年城乡"空巢老人"占比比较

资料来源：《2000 年中国城乡老年人口状况一次性抽样调查》《2006 年中国城乡老年人口状况追踪调查》《2010 年中国城乡老年人口状况追踪调查》《2015 年第四次中国城乡老年人生活状况抽样调查成果》，作者自行整理。

四　农村传统家庭养老模式的发展困境

传统农村家庭养老模式受家庭结构核心化和农村劳动力转移等因素的冲击，使得家庭在为老年人提供照护服务和精神慰藉方面越来越力不从心。一方面，计划生育政策使得我国农村地区家庭子女数量呈逐年下降的趋势，家庭结构核心化、高抚养比使得家庭难以独立负担照护老年人的责任。改革开放以来，我国农村地区的平均家庭规模总体上经历了持续性下降的趋势，如图 1-4 所示。2015 年，国家卫计委发布的《中国家庭发展报告》显示，农村家庭平均规模为 3.56 人、农村家庭户平均规模为 3.14 人、农村户平均规模为 2.79 人，[①] 且核心家庭占六成以上。以上数据表明，我国农村家庭抵御养老风险的能力受到了极大挑战，家庭养老功能的弱化使得很多成年独生子女家庭缺乏来自子代的养老支持和情感慰藉。

另一方面，随着城镇化进程的加快，农村青壮年劳动力外流数量持续

[①] 家庭成员包括父母、子女和其他共同生活的亲属；家庭户主要包括依托亲属关系而共同居住的人，成员之间关系密切。户人口则包括调查时共同居住生活的家庭成员。

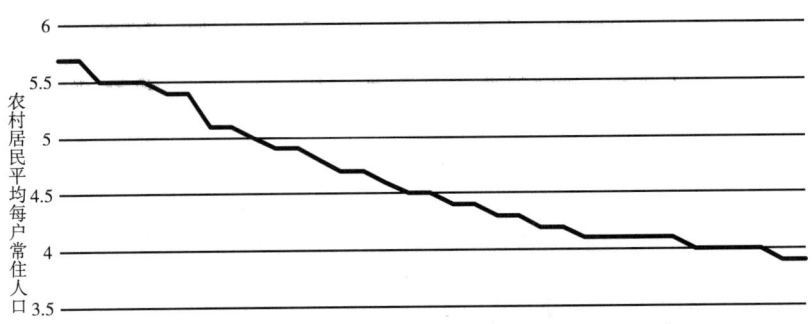

图 1-4　1978—2012 年农村居民平均每户常住人口数量

资料来源：国家统计局。

向城市转移。根据国家统计局数据，2008—2015 年外出农民工数量[①]和外出农民工占农村总人口的比例均呈逐年上升的趋势。其中，外出农民工数量从 2008 年的 14041 万人增加到 2015 年的 16884 万人，相应地，外出农民工数量占比从 19.94% 增加到 27.98%，如图 1-5 所示。农村青壮年劳动力的外流，不仅加速了农村人口老龄化的进程，同时对农村传统家庭养老模式也带来一定的冲击。首先，农村青壮年劳动力外流导致家庭居住模式的离散化和成员关系的疏远化，阻碍了代际交流，从而弱化了传统家庭养老的功能，使得农村老年人老无所依的潜在风险增大；其次，农村青壮年劳动力的流动也加剧了农村"空巢化"现象，结果是低龄老年人赡养高龄老年人成为一种常态。农村高龄老年人，尤其是已失能老年人的养老照护问题显得更为突出；最后，中国社会经济文化环境的转变使大量进入城市务工的农村青壮年劳动力的思想文化意识发生改变，传统赡养观念不断淡化，对中国传统家庭代际支持行为造成一定冲击。

传统家庭养老在当今经济社会中虽受到一定冲击，但并不代表其应该被摒弃，其低成本性和高质量性决定了家庭养老功能仍是应对人口老龄化的有效措施。较为遗憾的是，在中国各地区大力推进社会化养老服务的过程中，传统家庭养老的地位并没有受到应有的重视，特别是在家庭成员作为非正式照护供给资源的鼓励性政策方面，大部分地区只将老年人作为政

---

① 根据国家统计局《农民工监测调查报告》，农民工包括外出农民工和本地农民工，因劳动力外流一般指的是跨城市流动，故本书分析的农村劳动力流动就包括外出农民工。

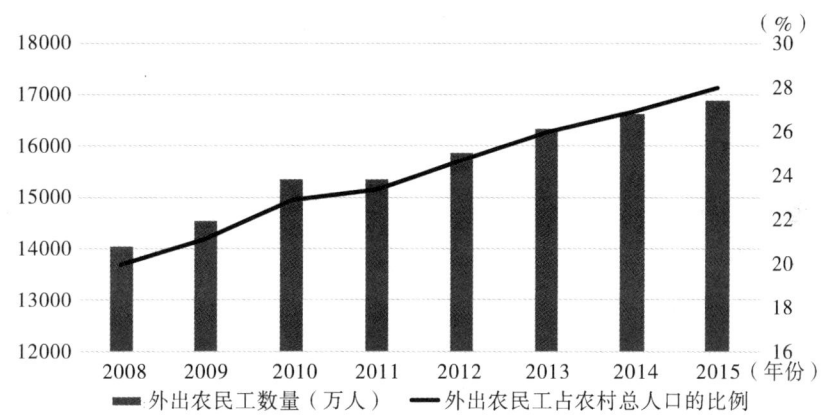

图1-5 2008—2015年外出农民工数量及占农村总人数的比例

资料来源：2008—2015年农民工监测调查报告，作者自行整理。

策对象，却忽视了家庭照护者在满足老年人养老服务需求中不可替代的重要作用。反观英国、德国以及我国港台等许多人口老龄化程度较深的发达国家和地区，都将对家庭照护者提供的照护服务作为养老服务体系的重要内容，并出台了许多扶持和优惠政策，如为家庭照护者发放照护津贴、提供照护技能培训、照护假期及心理关爱等（吴玉韶，2014）。因此，在我国积极推进和完善社会养老服务体系的过程当中，不应忽视家庭养老的作用，尤其在传统家庭养老观念较为浓厚的农村地区仍需重视具有低照护成本的家庭养老模式，发挥家庭成员在照护服务中的作用。

五 农村养老模式缺乏多样化

迄今为止，新的养老保障制度实施范畴基本上局限于城市，农村的社会养老保障问题仍是一个被忽略的领域，与城市相比，农村一直是我国社会养老保障最薄弱的地区（王亚柯、杨震林，2002）。近年来，政府机构出台的以居家养老为基础、社区服务为依托、养老机构为支撑的养老服务模式成为城市解决其养老问题的基本对策，在城市养老模式的探索和发展进行得如火如荼的情况下，社会各界对农村养老模式的关注和探索备受冷落。尽管国家先后出台的文件中也要求各级政府用于养老服务的财政投入向农村倾斜，以加强农村社会养老服务体系的建设（李放、张娜等，2016），但就全国范围来看，农村社会养老服务体系建设仍处于起步阶段，主要以敬老院等福利性的机构养老服务供给为主，其他社会性的养老服务发展缓慢。

目前，城市的养老模式种类较多，主要的养老模式包括居家养老、社区养老和机构养老三种，补充性养老模式包括医养结合、以房养老、候鸟式养老、遗赠托老、招租托老[①]等。相比而言，符合农村养老特点的养老模式较少。虽然我国各农村地区由于经济发展、社会文化等诸多原因在养老模式上存在差异，但传统家庭养老依然是中国农村地区的主要养老模式，而社会化养老模式在农村的发展却受到各方面的阻力，正如江丽学者所言"社会养老是新中国成立以来我国农村的一种辅助性养老模式，实行社会养老，在一定程度上解决了一部分农村老人的养老问题，但同时由于许多制度并未建立和成熟，社会养老又与大部分农村地区的实际不符"（江丽、周春蕾，2003）。社会化养老模式在农村发展的局限性主要表现在以下两个方面。

首先，对于社会各界所大力提倡的机构养老，一方面，由于普通农村居民[②]的经济收入较低，主要的收入来源包括"个人劳务"和"子女供养"，前者主要指老年人对土地的依赖，这种依赖会随着老年人年龄的增长导致的劳动力生产率的下降而减少，而后者又缺少稳定性，因此，老年人即使想要进入机构进行养老也缺乏必备的经济条件；另一方面，传统家庭养老观念中的"孝文化"仍具有深厚的根基，导致农村老年人普遍对机构养老存在心理排斥，这也是制约机构养老在农村推行和发展的重要阻力之一。因此，在未来一段时间之内，农村老年人对机构养老的市场需求较小，可以说目前在农村力推发展机构养老的时机尚不成熟。

其次，对于社区养老，一方面养老资金的来源问题是阻碍农村社区养老发展的一个重要因素，是否有充足的社区养老资金是农村社区养老能否长期持续发展的重要保证。在农村社区养老模式中，农村的村集体是农村社区养老服务金来源的重要提供者和保障者，村集体的经济发展情况直接

---

① 以房养老，指老人将自己的产权房抵押或者出租，以定期取得一定数额养老金用以保障老年生活的一种养老方式。候鸟式养老是一种特殊的养老生活，是像鸟儿一样随着气候变换选择不同的地域环境养老，就是随着季节变化，选择不同的地方旅游养老。遗赠托老，指老人同亲朋好友约定（需签协议公证），由对方负责养自己的老年生活，老人去世后，将住房遗赠给照顾自己的人。招租托老，老人在家中低价招来可靠的年轻人或大学生做房客（需签协议），让其照顾自己。

② 不包括农村的五保、低保等特殊人群。

影响农村社区的发展质量和水平。目前，我国农村集体经济积累比较薄弱，对养老设施建设和养老服务供给较为乏力；另一方面，从农村现有的社区养老服务设施来看，其服务中心的建设远远落后于城市社区，养老服务基础设施只能满足五保、低保老人等农村一小部分人群的基本生活照护需求，而老年人的医疗照护、文化娱乐、心理慰藉等高层次需求得不到有效满足。因此，农村社区养老的发展在短期内很难成为适应于全国农村老年人的主流养老模式。

以上社会背景和数据表明，在人口移出老龄化背景下，随着城镇化步伐加快，农村失能老年人的养老和照护问题日益突出。一方面，农村地区大量青壮年的移出造成农村传统家庭养老模式中失能老年人生活照护的缺位，传统的家庭养老难以为继；另一方面，由于受到传统养老观念和经济条件的限制，机构养老、社区养老等社会养老服务并未得到农村失能老年人的普遍认可。因此，在社会养老发展举步维艰、家庭养老在新时代背景下又力不从心的处境下，如何寻求和发展一种新型的、能满足我国农村失能老年人照护需求和养老意愿的养老服务模式，让农村老年人老有所养、老有善养，是当前农村社会养老服务体系建设中的一个重要议题，也是一项迫在眉睫的任务。本书正是在这一背景下开展研究，立足于家庭，提出农村失能老年人"居家扶助型"养老模式，即针对农村60岁及以上的失能老年人，由其子女、亲属、邻居或朋友等在经过培训后承担居家照护服务工作，并根据其工作强度获得相应的资金补贴。"居家扶助型"养老模式借鉴了南京市"家属照料型"养老模式和美国"居家扶助服务"模式，是一种适于人口移出老龄化背景下我国农村失能老年人养老需求特点的一种新型养老模式。

第二节 研究意义

"居家扶助型"养老模式的建立丰富了农村失能老年人的养老形式，是对传统养老模式的有益补充，具有重要的理论意义和实际意义。

一 理论意义

首先，探索中国农村失能老年人养老问题的解决途径能够为农村养老政策的制定提供新的思路。以往学者在研究人口老龄化以及政府出台养老保障政策时，更多关注的是城市老年人的养老问题，对农村的养老保障问题关注不足。农村失能老年人的照护问题是保障老年人老年生活的一张安全网，而政府和学术界对其的关注则是农村养老保障体系得以发挥功能的前提条件。面对农村老年人的养老照护问题，本书通过对比研究农村现有养老模式的优劣之处，进而提出农村发展新型养老模式的可行性办法，有效解决人口移出带来的民生问题，其研究结果对政府制定农村老年人养老保障政策具有一定的参考和借鉴，是对解决失能老年人养老照护问题的有益探索。

其次，探索农村失能老年人的新型养老模式对解决我国农村当前的养老困境提供理论指导。目前我国仅有南京市试行与"居家扶助型"养老模式相似的模式，但其相关配套政策较为滞后，且尚未形成比较完整的统一指导理论，也没有形成完善的养老服务制度体系。本书基于农村失能老年人"居家扶助型"养老模式的探索，为农村发展新型养老模式提供对策和建议，为相关政策的研究提供理论依据和指导。

最后，研究我国农村老年人的养老照护问题，对增强农村居民的养老意识、优化养老资源、完善养老体系以及提高养老水平等方面都具有积极的影响，可以丰富我国农村养老保障领域的研究成果。

二 实际意义

首先，探索适用于我国农村失能老年人的新型养老模式，有利于满足老年人居家养老的需求意愿。"居家扶助型"养老模式的提出能够以农村老年人可接受的方式，为其提供低成本、高效率的日常生活照护服务，有助于提高农村失能老年人的生活水平及幸福感。

其次，探索中国农村失能老年人养老问题的解决途径，有利于为缓解农村照护人员缺失状况提供新思路。农村"居家扶助型"养老模式可以创造就业岗位，如果将部分农村剩余劳动力以雇佣的方式纳入"居家扶助型"养老模式，使其提供照护服务工作，不仅可以帮助他们获得经济收入，同时还能将他们扩充到农村居家养老服务的队伍。"居家扶助型"养老模式培养出的照护人才可以作为养老照护产业的人才储备，为农村老年人甚至城市老年人的照护服务提供源源不断的劳动力，对解决我国照护人员供不应求的难题具有重要的现实意义。

最后，探索中国农村失能老年人的新型养老模式，有利于探讨人口移出背景下农村失能老年人的养老问题。农村失能老年人的照护问题是中国一道未解的难题，本书的研究，将从理论和实证两个层面探讨如何构建满足农村失能老年人特点的养老模式，有效解决人口移出带来的民生问题，是对解决失能老年人养老照护问题的有益探索。

第三节 国内外文献综述

一 国外研究综述

国外的农村不同于中国的农村，国外对于农村的研究极为稀少（杨清哲，2013），但关于发达国家老年人养老问题的成果较为丰富。从收集到的文献资料来看，美国、西欧和日本等国的学者在老年人养老方面的研究最多，具体来说，国外学者对老年人养老方面的研究主要包括养老服务供给、养老服务的需求和养老照护问题的解决办法等方面。

（一）养老服务供给研究

按照提供照护服务主体的不同，老年人长期照护方式分为正式照护和非正式照护两种方式，这两种照护方式都能使照护者提供较好的照护服务（Giovanni, et al., 2008）。

1. 非正式照护

非正式照护是指由家庭成员或者朋友等在家庭或社区提供的无报酬服务（Tennstedt, 1994）。西方国家刚进入老龄化社会时，非正式照护服务受到西方学者的大量关注（Glendinning, Davies, et al., 2004; Ungerson, 2004）。研究表明，非正式照护是老年人最主要的照护模式，按照OECD的估计，大约80%的老年人其照护服务是通过非正式照护途径获得的（OECD, 2005）。如美国超过80%的老年人选择在家中接受长期照护服务（Barresi & Stull, 1995），配偶和成年子女承担主要的照护责任（Pinquart & Sörensen, 2003）；澳大利亚至少67%的老年人完全依赖家庭成员提供的长期照护（Australian Bureat of statistic, 2009）；日本75%以上的年轻人在家里承担照护父母的责任（Koyano, 1999; Ikegami & Campbell, 2004）；法国55%的65岁及以上的老年人选择非正式照护，25%的老年人选择正式照护，其他20%的人选择混合照护模式（Paraponaris, Davin & Verger, 2012）；新加坡的社会福利政策仅覆盖了0.08%的居民，保障他们享有公共援助（The Economist Online, 2010），因此家庭被看作照护老年人的"第一线支持"资源（Ng, 2006）。但家庭成员提供非正式照护服务所付出的机会成本较高，研究表明，有11%的非正式照护人员被迫暂时停止他们的日常活动，以至于全心照护失能老年人，有7%的人减少了工作时间，10%的人无限期地停止工作，39%的人为照护老年人而多次请假。除上述直接收入的损失外，非正式照护者可能还要承受养老金和社会保障福利减少等情况。同时，在经济方面遭受损失的同时，非正式照护者还要承担照护服务对身体、情感和心理健康状况的影响（Paraponaris, Davin & Verger, 2012）。

经济发展和社会变迁过程中出现的家庭规模缩小、劳动力流动性增强以及家庭亲属联系弱化等因素均对传统养老模式带来挑战（Lei, Giles, et al., 2012; Datta, 2017），老年人非正式照护服务大量减少。研究表明，人口年龄结构的变化（Goode, 1970; Grundy, 1995）、家庭规模的变化（Goode, 1970; Clarke, 1995）、劳动力迁移（Tan, 1992）、老年人家庭地位的变化（Grundy, 1995）、老年人与子女分居的数量增多（Grundy, 1995）、少子化（Evandrou, 1998）、离婚率上升（Clarke, 1995）、已婚妇女参与劳动力市场（Doty, 1986）、老年人照护偏好的变化（West, Illsley & Kelman, 1984; Phillipson, 1992）和长期照护政策（Ansah, Matchar, et al., 2016）都会影响家庭成员对老年人的非正式照护服务数量。此外，国外学者还从以下四个方面分析老年人选择非正式照护方式的影响因素。首先，从照护成本来看，支付能力低的老年人较支付能力高的老年人更容易选择相对便宜的非正式照护方式（Mckinlay, Crawford & Tennstedt, 1995）；其次，从种族和宗教信仰来看，黄种人以及有佛教信仰的老年人更容易选择非正式照护方式（Barresi & Stull, 1993）；再次，从地理和人口分布上看，在地理上越接近亚洲，人口分布越集中的地区，老年人越容易选择非正式照护方式（Levande, Herrick & Sung, 2000）；最后，从照护质量来看，由于照护员虐待老人和玩忽职守的情况常有发生，导致照护服务质量低下，很多老年人不愿入住长期照护机构，而选择非正式照护（Biedenharn & Normoyle, 1991; Lipson, Fielding & Kiefer, 2004）。

2. 正式照护

一个国家正式照护的发展程度和组织结构取决于这个国家的政治和经济发展状况（Synak，1989）。正式照护是指由具有照护资格证书的专业照护人员或无证人员提供的有酬劳动（Abel，1986）。非正式照护的大量减少逐渐给西方国家的福利制度带来了种种挑战（李放、张娜等，2016）。在此背景之下，世界各国的政府开始寻求养老院、照护院等正式照护方式为老年人提供长期照护服务（Herrick & Ainsworth，2000），使得机构照护等正式照护方式在老年人长期照护领域占据一定比重。Larragy（1993）指出，当照护等级越高或非正式照护双方之间的关系破裂时，正式照护将发挥主要作用。一般情况之下，身体状况较差（Wolf，1978；Harrington & Swan，1987；Chappell，1992；Reschovsky，1998）、家庭照护资源缺失（Synak，1989；Soldo，Wolf & Agree，1990）的老年人会选择正式照护方式。

3. 正式照护和非正式照护之间的关系

关于正式照护和非正式照护之间的关系，国外学者存在不同的看法，争论的焦点在于两者究竟是互补关系还是替代关系。部分学者认为正式照护和非正式照护二者之间存在此消彼长的替代关系（Kemper，2003；Yamada，Chen，et al.，2006；Jesús & Mark，2011），正式照护会对非正式照护产生减弱甚至完全替代的影响（Agree，2005），非正式照护减少的程度会影响正式照护的需求（Pickard，Wittenberg & Comas-Herrera，2000），老年人在得不到家庭、亲属、邻居等非正式照护的帮助时，就会需要正式照护（Cantor & Little，1985；Hendy，Stains & Braid，2004）；而Walker（1989）等学者认为，正式照护是在非正式照护无法完全满足照护需求时提供的补充性服务。随着研究的深入，越来越多的学者认为正式照护和非正式照护之间的替代作用较小（Kelman，1994；Penning，2002），从而强调两者之间应该是一种互补关系，即当被照护者的照护需求超出非正式照护者的照护能力时，正式照护将提供支持（Davey，Femia，et al.，2005）。

(二) 养老服务需求研究

影响老年人养老需求的因素较多，其中老年人的身体健康状况是重要的因素之一（Gom，2007）。随着年龄的增长，老年人身体的各项机能逐渐衰退（Guberman，Keefe，et al.，2007），老年人在生活上更加依赖他人的照护，尤其是社会提供的各种养老服务（Pickard & Glendinning，2002）。老年人的经济情况也是影响老年人养老服务需求的重要因素（Bettina，2005），一般而言，老年人的经济状况越好，越倾向于选择居家养老服务（Challis & Hughes，2002）。

具体而言，国外学者对老年人养老服务需求主要体现在对居家养老服务需求、机构养老服务需求和社区养老服务需求三个方面。

1. 居家养老服务的需求

居家养老模式是国外主流养老模式之一，也是国际跟踪研究发现最为人道的养老方式（荆涛、杨舒，2017）。根据对 OECD 国家老年人的一项调查显示，约有 80% 的老年人享受家庭照护服务，20% 的老年人享受社会照护服务，并且社会照护中有 13.3% 的老年人为居家照护（Jenson & Jacobzone，2000）。但并不是所有的老年人都适合居家养老，尤其是大部分家庭的设计并不适合老年人居住（Neal，2007），部分高龄老年人意外摔倒导致的死亡事故案例（Scharlach，2009；Brown，Dooley & Connolly，2013）可以支持这一观点。此外，居家养老在应对家庭结构变化时可能不是老年人养老方式的最佳选择（Hillcoat-Nalle'tamby & Ogg，2014），此时选择居家养老会使人感到孤独、孤立和无助（Barrett，Hale & Gauld，2012；Rabieem，2013）。因此，居家养老可能被过于想象成支持和维护个人独立性的理想生活环境（Hillcoat-Nalle'tamb & Ogg，2014）。

影响居家养老需求的因素较多，包括老年人的性别、年龄、婚姻状况、子女数量、家庭结构和居住安排等（Nugent，1985；De Vos，1985；MaSon，1992）。人口移出也是影响老年人居家养老需求的一个重要因素。国外学者在人口移出与家庭养老问题上的研究成果较为丰富，多集中于人口流动对老年人经济供养、居住方式、生活照料和心理状态等方面的影响。在经济供养方面，Vullnetari & King（2006）认为，子女外出恶化了老年人的经济状况，因为伴随着子女外出，子女对老年人的养老支持意愿降低，减少了与家庭的联系；但也有不少学者持相反观点，认为子女外出后自身经济水平得到明显改善，可以给父母提供更多的经济支持（Manson，1992；Mitiades，2002；Kreager，2006）。在居住方式方面，William（1970）和 Yuan（1989）认为，高速经济发展带来的劳动力外流削弱了家庭赡养老年人的能力，核心家庭逐渐占主导地位；在生活照料方面，Hugo（2002）认为子女移出会导致潜在照护服务提供者人数的减少以及家庭养老质量的降低，最终影响老年人的福利和健康状况。从心理状态方面，子女外出会使得老年人的心理状态受到影响，精神容易空虚（Katherine，Christine & Jane，2006），内心容易存在孤独感和压抑感（Mitiades，2002），从而影响老年人的健康状况。此外，国外学者对人口移出与农村家庭养老问题上也做了研究，由于农村缺乏教育和工作的机会，农村新一代的年轻人经常远离自己的家乡（Berg，2012），从而使得农村老年人缺少来自家庭的照护支持（Flint，2015），结果是农村老年人比城市老年人更喜欢独自居住在家中（Golant，2006）。

2. 机构养老服务的需求

机构养老能够根据老年人的不同收入水平和身体健康状况为老年人提供分级化、专业化的养老服务。根据美国学者的调查显示，美国65岁以上老年人中约有4%入住养老机构（Manuel & Thomas，2009），85岁以上的老年人中约有17%入住养老机构（KemPer & Murtaugh，1991）。国外学者对机构养老服务需求的研究多集中在20世纪后半叶。影响老年人选择机构养老服务的因素包括个体因素及医疗救助计划（Mediaid）等方面。其中，个体因素包括老年人的自身情况、家庭情况、经济情况、身体健康情况等方面（Krauce，1976；Greenberg，1979；McCoy，1981；Branch，1982；Evashwick，1984；Shapiro，1985；Jonh，1989）。医疗救助计划也会对老年人的机构养老需求产生影响（Reschovsky，1998），James等人（1998）研究发现在接受由Mediaid提供入住养老院机构费用的老年人中，无配偶、子女人数少、存在失能情况和认知缺陷等老年人更愿意入住养老机构。此外，由于养老机构提供的专业医护服务收费较高从而影响了养老机构的入住率（Guberman，Keefe，et al.，2007），但老年人在这类机构中获得的幸福感可能会高于在家庭中接受照护服务的幸福感（Kok，Berden & Sadiraj，2015）。

3. 社区养老服务的需求

社区养老起源于英国，是在社区内设置小规模的养老院或者提供其他非正式照顾（Bayley，1973）的一种养老方式。与机构养老相比，社区提供的照料服务对于居家老年人来说是最便利、最适宜的方式（Chapman，Keating & Eales，2003）；与子女照护相比，社区养老支持优于配偶或子女的照护（Bumagin，1990），社区养老具有其独特的优势（Chapman，Keating & Eales，2003）。但也有学者认为，社区提供的照护服务不适用于高强度的、长持续性的或高质量要求的照护（Pedro Olivares-Tirado, Tamiya & Kashiwagi，2012），或者说社区照护对于老年人有一定的距离感，很难做到全面性的服务，因此社区照护方式不如居家照护适宜（Guberman，Keefe，et al.，2007）。根据 Liu，Manton & Aragon（2000）的调查，美国约75%的居住在社区中的失能老年人接受过长期照护服务，平均接受时间为每周21.6个小时，这些人中有15%的失能老年人有照护需求但没有接受过任何照护服务。

（三）老年人养老照护问题的解决办法

关于如何解决人口移出风险下老年人的养老照护问题，国外学者们提出了一系列的政策建议。如 Glasgow（2003）提出构建相互支持的正式和非正式照顾网络；Guberman，Keefe，et al.（2007）以日本的照护保险制度为例，指出居家式照护在保障老年人健康的同时带来很多其他方面的福利；Benjamin & Matthias（2000）介绍了美国的三种养老模式：加州的"居家扶助服务"模式、纽约州的"消费者主导个人援助计划"模式，以及马萨诸塞州的"结构化居家照料"模式。在美国这三种养老模式下，老年人可以自由地选择照护服务提供者：既可以选择子女、亲属或邻居，也可以选择朋友或陌生人作为照护自己的护工（Brown，2007），或者老年人既可以选择免费型的非正式照护，也可以选择收费型的正式照护（Madrid，2014）。美国的这三种养老模式更符合老年人的生活和心理需求，事实也证明该类模式下养老服务质量和被照护对象的生活质量及健康状况都有所改善（Benjamin，2000；Guberman，Keefe，et al.，2007），并且与其他养老模式相比，该模式下老年人的医疗保险费用明显降低（Benjamin，2000；Feinberg，1998）；另外，若由老年人子女担任照护服务提供者，后者可获得政府提供的现金津贴或享受税收优惠等政策性优惠（Barbara，2010），这将在一定程度上减轻子女负担，对子女尽孝产生激励效果。但该类养老模式也存在一些问题，比如对申请人的资格进行审核较为困难（Benjamin，2001）、存在虚报服务时间等道德风险问题（Brannon，2007）以及无法进行有效的服务质量评价与监管（Allen & Ciambrone，2003）。为了解决该模式存在的问题，可以引入第三方机构来承担资格审查（Benjamin，2001）、养老服务监督等工作（Walker，1996；Scala，1997）。

此外，外国学者还研究了如何将长期护理保险与居家养老模式进行有效衔接，即通过长期护理保险为失能老年人居家日常生活照护进行有效筹资。研究表明：长期护理保险与居家养老模式结合之后，老年人的住院率有所下降（Naoki，2010），同时长期照护成本也有所下降（Lewin，2013）。因此，长期护理保险可以和"居家扶助型"养老模式很好地结合起来，并对该养老模式中的照护服务提供者提供资金补助。两者的结合可以使长期护理保险和居家养老模式相互促进和发展，为失能老年人提供更好的养老保障（Naoki，2010）。

二 国内研究综述

随着城镇化进程的加快，我国农村人口向城市大规模移出进一步加深了农村的人口老龄化程度，成为推动农村老龄化程度加深的一大原因（姚从容、余沪荣，2005；刘昌平、邓大松等，2008；王泽强，2011；邹湘江、吴丹，2013；王桂新，2015）。与此同时，我国农村老龄化程度已超过城市，处于老龄化城乡倒置阶段（杜鹏、王武林，2010；张迺英、王辰尧等，2011；张云英、胡天天，2014；孙祁祥、朱南军，2015），且该阶段将持续数十年，因此，解决中国老龄问题的关键和重点在农村（杜鹏、王武林，2010）。农村养老保障问题一直是社会保障领域研究的热点和难点问题。国内关于农村养老问题的学术研究始于20世纪80年代中期（王述智、张仕平，2001），国内学者对农村养老问题的研究主要集中在以下几个方面。

（一）对农村养老模式发展及变迁的探索

长期以来，在农村社会变迁和转型的大背景下，农村养老模式也随之发生了变动。家庭养老在我国有很长的历史渊源（毛才高，1998），自中国进入农业社会以来，家庭养老便一直成为中国农村的主要养老方式（陈文娟，2013）。中国古代的生产方式决定了家庭养老是一种必然的选择（姜向群，2005），在传统孝文化的思想依托下，过去的小农经济社会形成了以家庭为主的养老方式。新中国成立初期，中国农村延续着传统社会结构，家庭养老仍然是占主导地位的农村养老保障模式（李捷枚，2016）。20世纪80年代，农村经济体制的改革，尤其是生产经营权和分配权从原来的生产队转移到生产者个人手中，对农村的养老模式产生了极大的冲击（刘书鹤，1987）。此阶段农村家庭养老功能部分被集体经济替代，农村集体养老发挥重要角色（蒋军成，2017），因而农村养老模式经历了以土地保障为主的农村养老模式向家庭养老和集体保障相结合的养老模式的演变。20世纪90年代初以来，随着中国改革开放的不断深入，在工业化与城市化内生动力和中国特殊制度安排外生动力的双重作用下，家庭养老模式在中国农村不可逆转地发生着制度变迁（于秋华，2006），经历了一个从绝对主体到相对主体的转变（王萍，李树茁，2011），其保障功能明显削弱（于秋华，2006），同时家庭养老模式也面临着巨大的挑战（刘庚长，1999；江丽、周春蕾，2003；杨翠迎，2005）。此时期，中国农村形成了多元化的养老模式，但家庭养老在这一时期仍占据重要地位，其主体地位没有改变（陈文娟，2013），仍然是我国农村最基本和主要的养老模式（姜向群，1997；江丽、周春蕾，2003；王红、曾富生，2012；徐拯，2013；田钰燕，2014）。

（二）农村失能老年人的长期照护问题的探索

人口老龄化带来的最大问题之一，是日益增多的老年人口的社会抚养和高龄老年人、"空巢老人"、失能老人的日常照护问题（陶立群，2010）。随着老年人生理功能老化和生活能力退化，对他人的依赖性也越来越大，需要为其提供必要的生活和精神方面的协助与照护（曹煜玲，2014）。尤其对身体已经失能以及受到疾病困扰的老年人，长期照护问题已成为他们日常生活不可或缺的部分。失能老年人对长期照护服务的需求量处于上升趋势（尹尚菁、杜鹏，2012），并呈现多样化特征（丁一，2014）。一般情况下，长期照护服务分为非正式照护（即家庭照护）、正式照护（即机构照护）和新型照护方式（居家或社区照护）三种。由于家庭照护在地理位置、成本和责任上比社会化照护更具有相对优势（夏传玲，2007），老年人日常照护的社会化服务相对滞后于家庭照护（唐美玲，2005；夏传玲，2007；杨团、李振刚等，2009）。有研究表明，以家庭为主的非正式照护（通常是配偶和子女）是老年人照护服务的主要方式（贾云竹，2002；吴蓓、徐勤，2007；袁小波，2007；陈芳、方长春，2013），尤其是失能老年人更加依赖于家庭的照护（姚远，2009）。但随着家庭结构的小型化、人口流动速度的加快，以配偶和子女照护为主的非正式照护体系受到了极大的冲击而表现出弱化的趋势，单以家庭照护为主的养老照护模式已经难以为继，中国必须建立正式照护和非正式照护相结合的农村老年人照护服务体系。目前，农村失能老年人的长期照护服务发展较为滞后，不仅缺乏照护设施和照护人员，而且医疗资源等公共资源配置严重不足（凌文豪，2011；石人炳，2012），社会长期照护和社区照护的发展存在多方面的制约（徐勤、汤哲，2007）。

（三）农村养老模式的影响因素研究

农村养老模式的影响因素研究是学界重点关注的问题。随着计量经济学的引入，近年来国内学者对农村居民养老模式选择意愿进行了大量的计量分析，以期发现影响农村居民选择不同养老模式的因素（吴海盛、邓明，2010）。影响农村居民选择不同养老模式意愿的因素分为个体特征因素、家庭因素、地理因素、文化因素、养老保险等方面。其中，个人特征因素中的性别（宋宝安，2006；孔祥智、涂圣伟，2007；熊波、林丛，2009；张德元、吴庆勇，2013；顾永红，2014）、年龄（宋宝安，2006；孔祥智、涂圣伟，2007；熊波、林丛，2009；吴海盛、邓明，2010；郝金磊、贾金荣，2010；田北海、雷华等，2012；张德元、吴庆勇；2013）、健康程度（宋宝安，2006；郝金磊、贾金荣，2010；田北海、雷华等，2012）、婚姻状况（吴海盛、邓明，2010；顾永红，2014）、职业（孔祥智、涂圣伟，2007；吴海盛、邓明，2010；郝金磊、贾金荣，2010）、受教育程度（宋宝安，2006；孔祥智、涂圣伟，2007；吴海盛、邓明，2010；郝金磊、贾金荣，2010；张德元、吴庆勇，2013；张国平，2014）、经济收入状况（吴海盛、邓明，2010；张德元、吴庆勇；2013）对农村居民养老模式选择意愿都有显著影响；但也有学者认为年龄（焦花、王倩等，2015）、健康状况（焦花、王倩等，2015）、婚姻状况（熊波、林丛，2009）、受教育程度（熊波、林丛，2009；顾永红，2014）和经济收入状况（宋宝安，2006）对其养老模式选择意愿并无显著影响。家庭因素中，家庭子女数、家庭规模、家庭年净收入等对农村老年人的养老模式选择意愿影响显著（熊波、林丛，2009；王学义、张冲，2013；顾永红，2014；郝金磊，2014），也有学者认为家庭因素对农村老年人养老模式选择意愿的影响不显著（孔祥智、涂圣伟，2007）。地理因素也是影响农村老年人养老模式选择的重要因素之一，一般而言，农村居民从居住地到城市的距离对其养老模式选择意愿有着显著影响（吴海盛、邓明，2010）。此外，新农保的实施对中国农村老年人的养老模式产生了深远影响（程令国、张晔等，2013），实证结果表明，农村居民是否参加新农保对老年人养老选择意愿具有显著性影响（顾永红，2014）。但尽管如此，新农保仍未根本性动摇农村老年人的家庭养老模式（程令国、张晔等，2013）

在农村养老模式中的地位。

（四）子女外出务工对父母养老的影响

在人口移出老龄化背景下，农村青壮年外出打工使得农村老年人的养老问题面临巨大挑战。健康方面，子女外出将加大老年人的劳动负担，不利于老年人的身体健康（杜鹏、丁志宏等，2004；郭德奎，2012）；并且子女外出使得老年人缺少子女的精神赡养（穆光宗，2002；宋延生，2011；徐拯，2013），不利于老年人的心理健康（龙方，2007；宋月萍，2014；宋璐、李亮等，2015）。经济方面，子女外出基本不能增加老年人的经济收入，留守老年人的生活条件并没有得到显著改善（叶敬忠、贺聪志，2009），超半数之上老年人还在依靠自己的劳动获得收入，并且老年人是支付医疗费用的主体（叶敬忠、贺聪志，2009；宋月萍，2014）。但也有学者指出，子女外出务农可以给予其父母更多的经济支持（张烨霞、李树茁等，2008）。道德方面，大量人口移出对我国传统孝文化产生较大冲击。大规模人口流动打破了维护道德的基础，诸多原因共同作用降低了子女的养老意愿，孝道不彰问题逐渐显露（聂焱，2008；付光伟，2012）。照护压力方面，大量农村青年劳动力移出将加大农村留守人员，尤其是农村留守妇女对老年人的照护压力。农村留守妇女要同时承担家庭生计和家庭角色责任双重压力，在这些压力之下，她们很难给予老年人细致入微的照料（杜娟、杜夏，2002）。加之村集体和地方政府对此的支持缺位，难以减轻照护人员的沉重压力（叶敬忠、贺聪志，2009），使我国农村失能老年人的照护状况面临巨大危机。

（五）农村养老模式的选择

农村养老问题已经成为中国养老事业的关键问题（于景元、袁建华等，1992）。解决好农村的养老问题就等于解决了中国大部分老年人的基本生活问题（江丽、周春蕾，2003）。长期以来，农村家庭养老的功能虽然减弱，但国内大部分学者一致认为农村家庭养老模式仍然是农村的主要养老模式（唐仲勋、叶南客，1990；曲玉清、赵为民，1997；张仕平，1999；杨群红、张淮云，2000；刘泰洪，2001；张文娟、李树茁，2004；李建新、于学军等，2004；于秋华，2006；初炜、胡冬梅等，2008；吴海盛，2008；吕林、杨建辉等，2011；徐拯，2013；戴稳胜，2015；赵强社，2016），家庭养老最终不会必然被社会养老完全取代（于秋华，2006）。但也有学者认为，社会化养老模式终将取代农村的家庭养老模式

(樊海林，1997；唐钧，2010；张川川、陈斌开，2014）。考虑到我国农村养老问题的复杂性，国内学者们对于解决农村养老问题的路径选择也各有不同（朱晓、吴敏，2016）。有学者提出，完善与发展农村社区养老模式（徐志文、侯军歧，2005；赵立新，2009；孙音音、曹峰旗，2010；任祥君、韩俊江，2012；黄建，2015；郑文换，2016）、农村居家养老模式（周湘莲、梁建新，2013；王晓亚、孙世芳等，2014）、农村互助养老模式（赵志强、杨青，2013）、农村住房反向抵押贷款养老模式（罗永恒、邓永红等，2015）、农村老年公寓（刘慧君、唐荷娟，2016）、农村幸福院养老模式（周娟、张玲玲，2016）。此外，还有学者提出在有农村合作社的地方，可以开办农村合作社养老模式，使其成为其他养老模式的有益补充（陈世海，2014；汲朋飞、王健等，2015）。综合中国当前的经济社会发展状况看，未来农村养老模式的发展趋势应该以家庭养老为基础，社会化养老为支撑，同时也要大力提倡发展其他养老模式，从而构建多元化、多层次、多渠道的养老保障体系（熊茜、李超，2014）。

（六）解决农村失能老年人养老问题的其他途径

为解决人口老龄化背景下农村失能老年人的照护问题，我国学者还提出了一些其他途径。第一，完善农村养老体系，加大农村地区卫生医疗设施的投入，并加大对失能老年人的津贴力度（李辉、王瑛洁，2012；邹湘江、吴丹，2013）。第二，采取措施增加农村照护资源供给并保护农村照护提供者的可持续生计能力，如扩大招商引资规模并加大农村居民自主创业的政策扶持力度，实现劳动力就地转移就业（熊吉峰，2014）。第三，建立长期护理保险制度（荆涛，2006；朱铭来、贾清显，2009），利用该制度对我国农村失能老年人的照护服务进行筹资（李文杰，2012）。第四，广泛发动社会力量，多方力量合作提供养老资源（陆春丽、韩旭峰，2015；高利平，2015）。

三 研究评述

国际上对养老服务和养老模式方面的丰富研究可以为深化我国农村老年人养老保障问题提供良好的启示和借鉴。同时，国外学者在养老需求和供给的影响因素研究上方法规范、视野新颖，为本书的实证研究提供了较好的文献基础。

国内学者在中国农村养老模式的研究方面也做出了积极的探索并取得

了丰富的研究成果。然而，在目前农村青壮年人口持续性移出及老龄化不断加剧的背景下，农村的养老问题比城镇更为严峻，并且还存在一些新的问题，这就需要用一些新的研究方法和思路深入研究这些问题。本书在前人研究基础上，创新性地提出构建家庭、政府以及第三方协作机制下符合我国国情的新型农村养老模式，为推进我国农村养老保障制度的发展提供有益参考。

第四节 研究内容及方法

一 研究目标

本书的研究目的是在人口移出老龄化背景下设计一个能满足我国农村失能老年人照护需求和养老意愿的新型养老模式，以解决我国农村失能老年人的照护难题。具体研究目标如下。

目标1：以代际关系理论、人力资本投资理论、效率理论和博弈理论为理论基础，分析"居家扶助型"养老模式在我国农村地区实施的可行性，为"居家扶助型"养老模式在全国农村范围内的推广提供理论依据。

目标2：通过问卷调查和入户走访等方式，对我国目标农村地区"居家扶助型"养老模式的照护服务需求者和提供者的模式选择和照护服务时间选择进行征询及调查，并对影响选择的因素进行实证分析，以了解该模式发展的潜力，为"居家扶助型"养老模式的引入和发展提供实证依据。

目标3：借鉴国外对失能老年人养老照护项目的经验，并结合我国国情提出构建我国农村失能老年人"居家扶助型"养老模式的具体实施机制。

二 研究内容

本书以农村失能老年人"居家扶助型"养老模式及其照护服务的供求为出发点和落脚点，沿着"理论分析—实证研究—经验借鉴—路径设计"的思路展开。首先，在对常用概念进行辨析的基础上，对"居家扶助型"养老模式的概念、特点进行阐述，并结合多学科理论提出发展

"居家扶助型"养老模式的理论基础;其次,通过实地抽样调查对"居家扶助型"养老模式照护服务供需主体的选择意愿以及供需主体在每种失能程度下对照护服务时间的选择进行分析,了解该养老模式的市场供需平衡问题,进而总结出该模式在农村地区的发展潜力;然后,对美国、英国、德国和荷兰四个 OECD 国家的相关项目进行详细介绍,为发展我国"居家扶助型"养老模式提供经验借鉴;最后,系统性地提出构建家庭、政府以及第三方协作机制下符合我国国情的新型农村养老模式——"居家扶助型"养老模式,为推进我国农村养老保障制度的发展和完善提供有益参考。

具体研究内容如下:

第一章绪论。首先,以国内城市和农村养老背景变化为基础提出本书的研究意义;其次,对国内外学者在相关领域的研究成果进行系统梳理并做出研究评述;最后,介绍本书研究的主要内容和研究方法,进而提出本书的创新及不足之处。

第二章"居家扶助型"养老模式的概述。本章首先界定论文研究中涉及的几个重要概念,如农村失能老年人、养老模式和长期照护等;其次,对"居家扶助型"养老模式进行介绍,包括该模式的界定、核心要素的设计及具有的特点等;最后,通过对比分析家庭养老、机构养老和社区养老等传统养老模式,总结出"居家扶助型"养老模式与传统养老模式的关系。

第三章是"居家扶助型"养老模式的理论基础。首先,阐述本研究中所涉及的相关理论,包括代际关系理论、人力资本投资理论、劳动力市场理论、福利经济学理论、博弈论理论等,为论文后续的研究奠定理论基础;其次,从效率理论视角,采用效用模型分析"居家扶助型"养老模式对利益相关方产生的影响,判断该模式的推行是否存在帕累托改进;最后,从博弈论视角分析"居家扶助型"养老模式存在的道德风险问题,为该养老模式的机制设计进而提高运行效率提供理论上的支撑。

第四章对"居家扶助型"养老模式照护服务主体的选择意愿进行分析。首先,对模式供需主体的选择意愿及供需均衡问题进行统计分析;其次,通过构建计量模型分析影响供需主体做出选择的主要因素;然后,对重要解释变量的基本特征做统计性描述分析;最后,分析实证结果并进行总结。

第五章对"居家扶助型"养老模式照护服务的时间供需问题进行分析。首先,分析供需主体在每种失能程度下的照护服务时间,以及供需之间的时间是否匹配等问题;其次,对影响照护服务时间选择的因素进行分析,并构建影响因素的计量模型;最后,分析实证结果并进行总结。

第六章国外的经验与借鉴。本章通过分析美国"现金与咨询"项目、英国"直接津贴"项目、德国长期护理保险制度以及荷兰"个人预算"项目的实践情况,为中国在农村地区推广"居家扶助型"养老模式提供经验借鉴。

第七章构建人口移出背景下我国农村失能老年人"居家扶助型"养老模式的机制。学习国际经验并结合我国国情,提出构建"居家扶助型"养老模式的具体机制,包括失能等级评估机制、资金来源与分担机制、监督机制、与现有模式的衔接机制以及其他配套机制等。

三 重点及难点问题

(一) 本书的重点问题

1. 农村失能老年人"居家扶助型"养老模式是一种创新型养老模式,因此,该模式是否具有经济上的可行性、是否可以推广成为我国普遍适用的农村养老模式,并最终成为缓解社会养老压力的有效方式是本书研究的第一个重点问题,也是本书研究的理论基础。

2. 研究农村失能老年人"居家扶助型"养老模式在我国农村地区的市场潜力是本书的第二个研究重点,通过了解潜在的市场需求和供给情况,有利于找出开拓该市场的最佳切入点以及阻碍其发展的不利因素,为模式的引入和发展提供实证依据。

3. 人口移出老龄化背景下,如何设计出一套公平公正、具有客观性和科学性的机制,尤其资金来源与分担机制是本书的第三个研究重点。在本书中,如何设定提供给照护服务者的补贴标准、如何确定各级政府应该分担的照护服务补贴金比例以及如何通过长期护理保险进行筹资等都是本书研究的重点问题。

(二) 本书的研究难点

本书研究的难点之处是数据的获取和分析。只有获取全国农村人口对农村失能老年人"居家扶助型"养老模式的一手资料才能更客观、真实地了解该模式的市场潜力,才能有的放矢地提出在全国农村范围内推广的具体实施方案。因此,在实地调研的过程中,如何设计问卷、如何选择调研对象、如何量化各种因素以及如何构建计量模型等问题都是本书研究的难点所在。

四 研究方法

本书将采用文献分析和归纳研究等方法收集相关资料,运用问卷调查、计量经济模型等方法对所收集的资料进行分析。具体方法如下。

(一) 文献分析与归纳研究

文献研究是进行科学研究的必要前提及基础。本书在研究的过程中,广泛收集有关农村养老的国内外文献,通过阅读、思考和整理,从中汲取营养,提取有价值的信息、方法和观点,修正或纠正认识偏差,从而建立科学、系统完整的理论体系。

(二) 问卷调查法

实地调查与问卷调查相结合,采取多阶段随机抽查的方法,调查全国25个省(市、自治区)的农村失能老年人对"居家扶助型"养老模式的需求意愿及该养老模式下照护服务提供者的供给意愿,获取大量有价值的第一手数据资料。同时通过实地调研,增加对农村养老现状的感知和认识,扩展了知识视野,为本书研究提供了有力资源和素材支持。

(三) 博弈分析法

通过构建不完全信息博弈模型,分析在"居家扶助型"养老模式下,养老照护服务需求方、供给方和政府之间的最优策略选择,以解决该养老模式中存在的道德风险问题。

(四) 计量模型分析法

计量分析是实证研究的重要手段和工具。本书在深入调研获取大量数据资料的基础上,本书通过构建计量模型,从微观层面分析影响我国农村失能老年人对"居家扶助型"养老模式需求意愿及时间选择的因素,以及分析影响照护服务提供者供给意愿及供给时间的因素,为"居家扶助型"养老模式在全国农村范围内的推广提供实证依据。

五 资料来源

本书的资料来源主要包括以下三个方面。

一是来源于作者参与导师教育部课题获得的实地调研数据(问卷调

查表见附录 A）。调研的时间为 2017 年 1—2 月①，调研省份包括北京市、河北省、黑龙江省、吉林省、辽宁省、山东省、河南省、安徽省、江苏省、浙江省、广东省、云南省、贵州省、四川省、重庆市、湖北省、湖南省、江西省、山西省、陕西省、甘肃省、青海省、宁夏回族自治区、广西壮族自治区、新疆维吾尔自治区 25 个省市及自治区。调查对象为农村户籍且年龄在 18 岁及以上的人口。问卷发放共计 2000 份，回收 2000 份，有效问卷 1832 份，有效率为 91.6%。按照中国地理七大区域的划分，有效问卷的区域分布如图 1-6 所示。

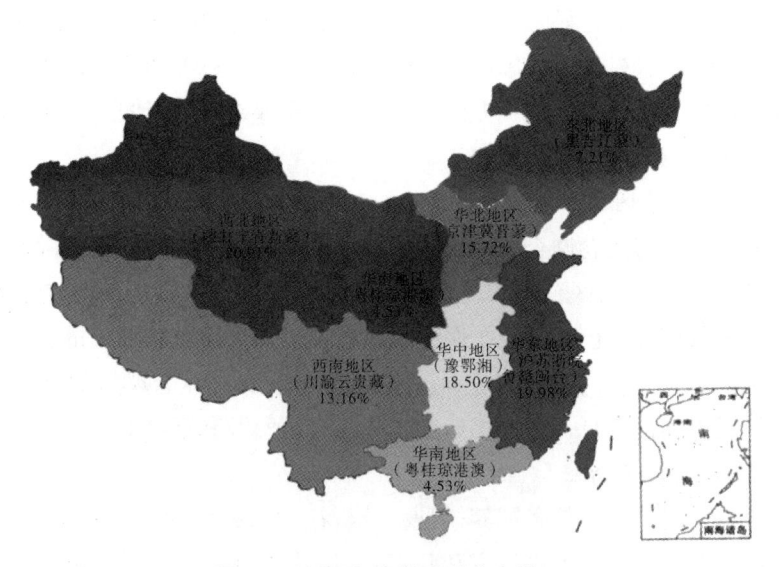

图 1-6 调研问卷的区域分布情况

二是公开的统计数据。主要指国家统计局或地方统计局发布的各种统计数据及年鉴，如《第五次全国人口普查数据》《第六次全国人口普查数据》《中国农村统计年鉴》《中国人口统计年鉴》《中国劳动与社会保障年鉴》以及调研地区的相关统计年鉴。

三是政府相关部门的文件、全国性或地方性相关调查数据，如《中国老龄事业发展报告》《中国养老金融发展报告（2016）》《第四次中国

---

① 2017 年 1—2 月正值农村外出劳动力春节返乡之际，利用此时间段进行调研，是因为本研究设计的养老照护服务提供方有一部分是农村的中青年群体，他们中的绝大部分人会回家过年，从而能够更好地充实农村"居家扶助型"养老模式的养老照护服务供给一方的数据，在一定程度上减少主观选择的样本偏差问题。

城乡老年人生活状况抽样调查成果》《2006年中国城乡老年人口状况追踪调查》《2010年中国城乡老年人口状况追踪调查》《中国家庭发展报告》《农民工监测调查报告》和《2017中国长期照护调研报告》等。

六 创新与不足之处

（一）创新点

本书的创新点主要体现在以下四个方面：

（1）本书以人口移出老龄化为背景，创新性地提出符合我国农村失能老年人特点的新型养老模式——"居家扶助型"养老模式。虽然我国目前个别城市已开始实施"自主雇佣"特点的养老模式或向老年人发放老龄津贴等项目，但其中的大部分养老模式或政策都以城市为试点，且在对象和范围上都存在一定的局限性。以南京市的"家属照料型"养老模式和北京市的老年人高龄津贴制度为例，"家属照料型"养老模式的照护服务对象只涉及家属，而将朋友、邻居等人排除在外，同时该模式相关配套政策较为滞后，即不具有完善的运行机制；北京市高龄津贴项目的适用对象和范围有诸多限制，如只能用于购买定向单位的七种照护服务，并未提出高龄老人可自行使用津贴购买养老服务，尤其是不能将津贴用于购买由家庭成员或邻居提供照护服务。因此，目前国内存在的类似养老模式或项目和本书提出的"居家扶助型"养老模式有诸多不同。可以说，"居家扶助型"养老模式是融合了目前多种养老方式优势的一种养老模式。同时，本书通过对"居家扶助型"养老模式的性质、理论可行性和实践可行性的研究，系统性地提出构建该养老模式的运行机制及相关配套机制，进而推进我国农村养老照护服务体系建设的进程。

（2）本书创新性地提出缓解农村失能老年人照护服务人力资源和财力资源短缺的办法：首先，"居家扶助型"养老模式照护津贴的发放鼓励了失能老年人的家人、朋友等非正式照护人员提供照护服务，既扩充了我国非正式照护人力资源队伍，又为这部分人员将来转为正式照护人员提供了有利条件，进而弥补我国农村地区在照护人力资源配置方面的不足；其次，创新性地提出将"居家扶助型"养老模式和社会性质长期护理保险相结合的办法为农村养老照护服务提供可持续性的财力资源。两者的融合使得农村失能老年人在照护服务对象和内容的选择上更具有自主性，进而有效地解决农村人力资源和财力资源缺失的问题，同时也能加快农村长期护理保险制度建设的进程。

（3）本书创新性地将家庭养老因素纳入 Becker 的家庭生育决策分析模型，通过建立居民家庭养老效用模型，分析居民花费在子女上的人力资本投资以及其预期能从子女身上获得的赡养回报之间的关系，即从人力资本理论视角出发，通过构建数理模型揭露我国传统家庭养老的运作机理。同时，运用博弈理论分析我国养老照护服务主体之间在不同阶段的利益关系也是本书的创新之一。

（4）本书从市场均衡角度出发研究农村失能老年人照护需求及照护服务供给状况。国内学者多研究人口移出对农村老龄化、老年人经济、生活等造成的影响，鲜有学者结合人口移出以及老龄化的特点，对农村失能老年人的照护需求意愿以及潜在照护服务提供者的供给意愿进行实地调查，或只对照护需求（供给）进行调查，而忽略了市场均衡方面的分析。本书从市场均衡角度出发，分析我国农村地区对"居家扶助型"养老模式照护服务选择意愿的总体市场均衡及区域均衡问题，扩展了以往学者仅从养老服务供需主体一方进行研究的思路。

（二）不足之处

尽管本书基于微观调研数据获得农村居民对"居家扶助型"养老模式的发展潜力，并以此为依据提出发展农村失能老年人"居家扶助型"养老模式的具体设想，但由于问题的复杂性、数据的有效性和自身能力所限，仍然存在不足之处：样本的代表性问题。任何横截面方面的实证研究都会涉及样本代表性的问题（李放、张娜、深苏燕，2016），本书也不例外。在对农村失能老年人"居家扶助型"养老模式的需求和供给方面的问卷调查时，由于受到人力和财力的制约，本书只选取了中国 25 个省市及自治区（缺少 9 个省区，分别为：天津市、上海市、福建省、海南省、台湾省、内蒙古自治区、西藏自治区、香港特别行政区、澳门特别行政区）进行抽样调研，虽然尽可能扩大样本所在地区的覆盖范围，并检验了本书所构建的计量模型，但样本的代表性问题始终存在。

第二章

"居家扶助型"养老模式概述

本章首先对论文研究中涉及的几个重要概念进行界定,如"人口移出""失能老年人""长期照护""养老模式"等;然后对农村失能老年人"居家扶助型"养老模式的核心要素进行介绍,包括该模式的含义、覆盖对象、资金来源和实施步骤及特点;最后,通过对比分析农村主要养老模式,总结出"居家扶助型"养老模式与其他养老模式的联系和区别。

第一节 相关概念

剖析相关概念,明确研究的范围和边界,是确保问题得到有效解决的基本前提(赵秋成,2016)。因此,要把握好"人口移出老龄化背景下农村失能老年人'居家扶助型'养老模式研究"这一主题的研究范围和边界,首先必须对这一主题的相关概念进行讨论和界定。

一 人口移出

人口移出是本书进行研究的一个重要背景,要想在这一背景下对研究主题进行深入研究,必须先弄清楚有关人口移出及相关概念的联系和区别。目前,社会各界对人口移出、人口迁移和人口移动概念的使用存在较大分歧,本书需要对此做出辨析。

人口移动,或人口移出,是指人口在地理上的位置变更,这种位置变更或是地理上暂时性的移动或是永久性的改变。有关人口移动和人口迁移的关系,学界认识不一。有的学者认为人口迁移通常是指改变常住地超过半年或一年的人口移动(李通屏、朱雅丽等,2008)。该观点包括了两层含义,一是人口迁移是人口移出的一种形式,两者是从属关系;二是人口迁移是指人口在空间位置上的长期变动,该变动"通常涉及永久性居住地由迁出地到迁入地的变化"(联合国国际人口学会,1992),并将暂时性的人口移动排除在外。有的学者认为人口迁移有正式迁移和非正式迁移两种形式(田明,2008),即无论是短期内改变居住地的暂时性人口流动(非正式迁移),还是长时期改变居住地的长期性或永久性人口迁移(正式迁移)都属于人口迁移的范畴。该观点认为人口迁移可以与人口移动的概念作为同一语来使用,即两者是等同关系。目前,第一种观点已为学界大多数学者所接受(赵永春,2012),本书也赞同从属关系的观点,认为人口迁移是人口移动的一种形式,在时间范围上仅指居住地的永久性改变。

在明确人口移动和人口迁移的概念之后,基于本书的研究背景和目的对"人口移出"的概念做出解释。农村"人口移出",又称农村"人口移动",是基于中国在工业化、城市化和现代化发展的过程中,农村青壮年劳动力离开自己户籍所在地,以工作、生活为目的在当地或异地①从事非农产业的劳动力转移,既包括暂时性的劳动力移动,也包括永久性的迁移。

二 人口老龄化

人口老龄化是人类迈进工业化社会之后,人们生活水平提高和寿命延长的必然结果,即人口老龄化是社会经济发展到一定阶段的产物。有关人口老龄化的含义,联合国国际人口学会编著的《人口学词典》(1992)把人口老龄化界定为:"当老年人口在总人口中的比例增大时,称之为人口老龄化。"我国《国家人口发展战略研究报告2007》把人口老龄化界定为"人口中老年人比重日益上升的现象"。由此来看,人口老龄化是老年人口占总人口比例不断上升的动态过程(邬沧萍、杜鹏,2012),反映出一个国家或地区全体人口的年龄结构变化的动态性。

人口老龄化在当今是一个世界性问题,已经形成向全球化蔓延的趋势。判断一个国家或社会是否处于人口老龄化状态,国际上通常有两种划分标准,一是当一个国家或地区60岁以上老年人口占人口总数的10%

---

① 本地是指农村劳动力在自己户籍所在乡镇地域内从业;外出是指农村劳动力在户籍所在乡镇地域外从业。

(1982年维也纳老龄问题世界大会确定的标准），或65岁及以上老年人口占人口总数的7%（1956年联合国《人口老化及其社会经济后果》确定的划分标准），即意味着这个国家或地区的人口处于老龄化社会。以此为标准，我国自2000年已进入老龄化社会，截至2017年年底，我国65周岁及以上的人口占中国总人口的11.4%，已成为世界上老年人口总量最多的国家，也是老龄化程度最严重的国家之一。

人口老龄化包括三种类型（穆光宗，2013）：一是人口绝对老龄化，即由于老年人口的长寿化和新增化①导致的老年人口数量的绝对值增加，人口学根据人口年龄结构变化称之为"顶部老龄化"；二是人口相对老龄化，即通常说的总人口老龄化。常见的描述有："少子老龄化""独子老龄化""无子老龄化"，称为"底部老龄化"；三是人口移出老龄化，即人口迁徙老龄化，是年轻人口外流导致父母"空巢"的代际人口离散老龄化，称为"腰部老龄化"。

三 失能老年人

国际上关于失能的定义经历了从医学模式到社会模式的发展过程（Katz, Ford, et al., 1963; Nagi, 1965; WHO, 1980; Spector & Fleishman, 1998; Denise & Pledger, 2003）。在老龄研究和实践工作中，失能通常是指由于意外伤害或疾病导致身体性功能障碍或精神上认知功能障碍，从而导致生活或社交能力的丧失。由定义可知，失能的表现形式包括两个方面，一是身体功能性障碍，主要指日常生活自理能力（Activities of Daily Living, ADL）或工具性日常生活活动能力（Instrumental Activities of Daily Living, IADL）的障碍，前者主要包括洗澡、穿衣、如厕、室内走动和吃饭等维持生命持续性条件的日常生活必备的能力；后者主要包括做饭、洗衣服、购物、财务规划、打电话、乘坐交通工具等社会性活动所需的能力。二是认知功能障碍，主要指记忆、语言、视觉、计算及理解判断等认知功能中出现一项或多项受损，从而影响了个体的日常或社会能力，即通常说的"智障"。

失能老年人是指因高龄、疾病、伤残等情况导致的生活自理能力部分

---

① 长寿化是指随着人口平均预期寿命的增加，长寿老人越来越多；新增化指每年非老年人在达到一定年龄后转变为老年人的数量有增加的趋势，是过去出生高峰的后续效应显化，变成了现在的老年人口增长高峰。

或完全丧失的老年人。失能老年人有狭义和广义的概念之分，狭义的失能老年人仅包括身体功能性障碍的老年人，而广义的失能老年人不仅包括身体失能，还包括"失智"。对失能老年人的界定标准，国际上通行的做法是采用 ADL 量表，现阶段多采用 Katz 指数量表测量老年人的日常生活自理能力（景跃军、李元，2014），该量表因操作简单、实用性较高因而被学术界和研究部门广泛使用。ADL 量表包括吃饭、穿衣、上下床、上厕所、室内走动、洗澡 6 项指标，老年人若 1—2 项"做不了"，则认定为"轻度失能"，若 3—4 项"做不了"，则认定为"中度失能"，若 5—6 项"做不了"，则认定为"重度失能"。

综上，本书将农村失能老年人界定为：具有农村户籍、年龄在 60 岁及以上[①]，由于年龄、疾病或伤残等原因造成的生活不能完全自理，在吃饭、穿衣、上下床、上厕所、室内走动、洗澡六项日常生活活动能力中需要他人经常性帮助的老年群体。并按照 ADL 标准将农村失能老年人划分为轻度失能、中度失能和重度失能三种程度。

四 养老模式

养老，乃"赡养、抚养或养护老年人"之意（赵秋成，2016），包括养老、敬老和送老（送终）三方面的内涵（王萍、李树茁 2011）。当老年人因年龄或疾病而部分或全部丧失劳动能力之后，其生活自理能力下降且经济来源也变得不再稳定，此时老年人需要他人给予自己必要的经济或非经济性支持。其中，前者是指在经济上给予老年人支持，如钱和物是老年人赖以生存和生活的必要和首要资源；后者主要是对劳务和情感等资源的需求，包括生活照料、疾病照护、情感及精神慰藉（包括临终关怀）等支持。养老的内涵贯穿于经济或非经济支持中。从养老需求角度来看，养老包括对经济性养老资源和非经济性养老资源的需求，也可以理解为养老是满足老年人经济需求和非经济需求的过程。

养老的基本内涵包括三个层次：一是"谁来养老"，即提供养老资源的经济支持力主体是谁，可以用"Who"表示；二是"养老服务的内容"，即对老年人提供哪些方面的养老资源，可以用"What"表示；三是"在哪里养老"，即奉养老年人的地点所在，可以用"Where"表示。

---

① 按照《老年人权益保障法》规定："60 岁以上的公民是老年人。"

"3W"（Who、What、Where 的首字母组成）是对养老方式或模式进行划分的依据。关于养老模式和养老方式的内涵是否相同，大部分学者对此不加以区分，但也有学者认为两者之间既有联系又有区别：养老模式是指养老过程中长期沿用并流传下来的样板，包括养老思想、价值观念以及行为方式等（苏保忠，2009）；而养老方式是指养老的具体运作形式或行为方式（赵秋成，2016）。养老方式经过长期沿用变为样板之后转变为养老模式，而养老模式在养老实践中的具体实施形式和途径即为养老方式（苏保忠，2009）。本书不对养老模式和养老方式做特别的区分，当从提供养老资源的经济支持力主体的角度分析养老问题时称为"养老模式"，从老年人养老的居住地点分析时称为"养老方式"。

从提供养老资源的主体来看，主体既可以是个人、老年人的家庭成员（如配偶、子女、儿媳、女婿等血亲亲属），也可以是社会成员（如政府、企业、农村集体或个体志愿者等）。若将"个人"纳入广义上的"家庭"，此时养老模式可以分为"家庭养老""社会养老"以及处于家庭养老功能向社会养老转移过程中出现的"社会化养老[①]"三种模式。无论是目前社会上存在的"共居养老""分散养老""土地养老"，还是"以房养老"或"公寓养老"等，都只是称谓上和形式上不同，归根到底都属于"家庭养老""社会养老"和"社会化养老"三种基本养老模式。

若从老年人养老的居住地点进行分类，可以分为居家养老和机构养老两种方式。其中，居家养老是老年人在"家中"接受照护服务的养老方式，照护服务既可以来自家庭成员的支持（传统的家庭养老），也可以来自政府和社会的支持（社会养老），还可以来自由家庭和社会的共同支持（社会化养老）；机构养老是指由老年人在由政府、社区、非营利组织、企业或个人开办的服务型组织中接受照护服务的养老方式（赵秋成，2016）。从社会福利和市场化程度看，养老机构可以分为福利性养老机构（照护服务的经济支持力完全来源于政府，本质属于社会养老）、市场化养老机构（照护服务的经济支持力完全来源于个人及家庭，本质属于家庭养老）和半福利性养老机构（照护服务的经济支持力来源于政府、社

---

① 社会化养老是指养老资源从由家庭提供向社会提供的转化过程及由这一过程产生的结果。社会化养老的经济责任由家庭和政府分担，由此可以减轻家庭养老或政府养老经济负担较重的问题（赵秋成，2016）。

会、个人及家庭，本质属于社会化养老）三种。由此可见，"居家养老"并不必然等于"家庭养老"，正如"机构养老"并不必然等于"社会养老"一样（穆光宗，2000）。居家养老或机构养老既可以是家庭养老模式的变形，也可以是社会养老模式的变形，还可以是社会化养老模式的表现形式。养老的基本内涵（包括养老模式/方式的划分、服务内容以及服务对象等方面）如图2-1所示。

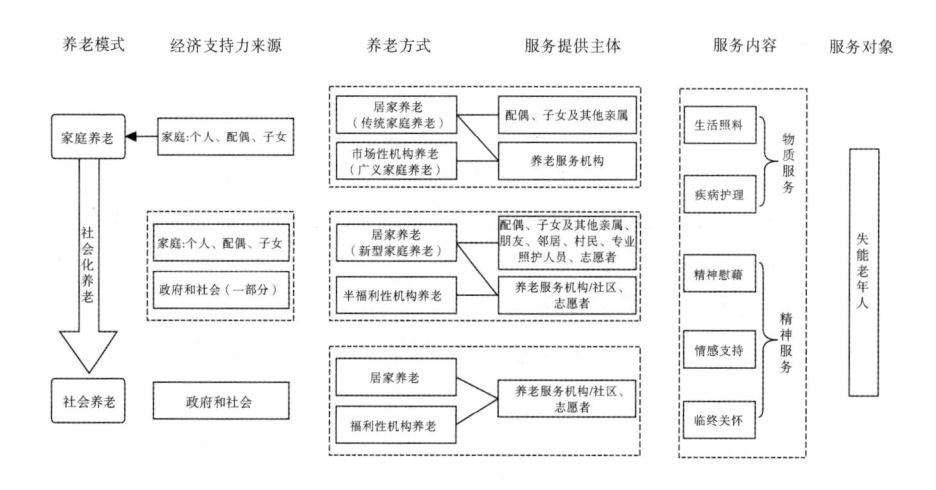

图 2-1 养老的基本内涵

按居住地点划分的居家养老和机构养老方式，与按提供养老资源（主要指经济）主体划分的家庭养老模式、社会化养老模式和社会养老模式之间的关系如图2-2所示。本书仅对居家养老方式和机构养老的部分类型进行归纳，该归纳可以总结出养老模式和养老方式基本关系的一般规律。其他的养老模式可以按照上述方式进行划分，如互助式养老按照居住地点可以划分为互助式家庭养老和互助式机构养老，前者的实质是一种社会化养老模式，后者既可以是社会化养老模式，也可以是社会养老模式；再如目前比较流行的以房养老，虽然其表现形式多达数十种，但归根到底也可以按照上述一般规律进行划分。

五 长期照护

长期照护（Long Term Care），又称长期护理或长期照料，是本书一个重要的关键词。根据美国健康保险学会（Health Insurance Association of

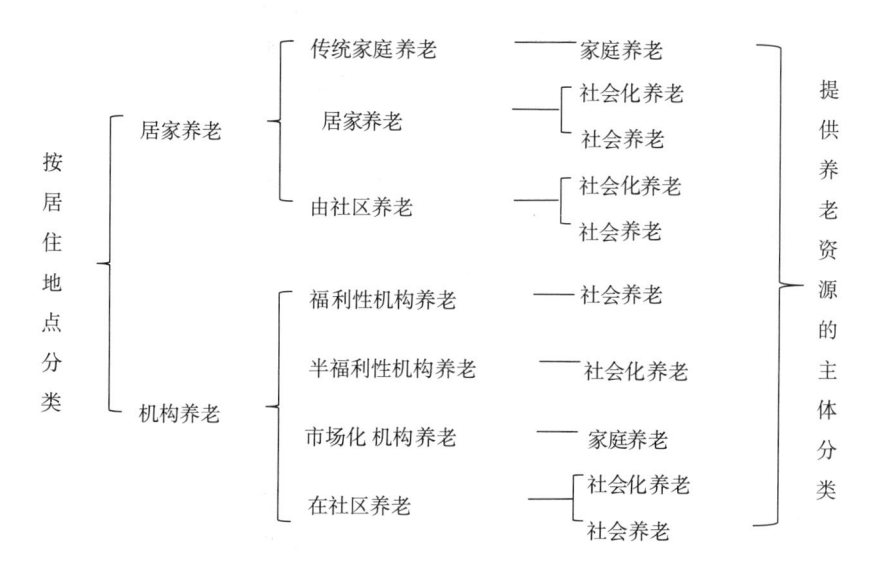

```
                    ┌─ 传统家庭养老 ──── 家庭养老
            ┌─ 居家养老 ─┤ 居家养老 ──┬── 社会化养老
按           │          │            └── 社会养老
居           │          └─ 由社区养老 ┬── 社会化养老     提
住           │                       └── 社会养老       供
地 ─┤                                                   养
点           │          ┌─ 福利性机构养老 ──── 社会养老   老
分           │          │                              资
类           │          │─ 半福利性机构养老 ── 社会化养老  源
            └─ 机构养老 ─┤                              的
                       │─ 市场化机构养老 ──── 家庭养老    主
                       │                              体
                       └─ 在社区养老 ─┬── 社会化养老      分
                                    └── 社会养老        类
```

图 2-2 养老模式/方式关系的一般规律

American，HIAA）的定义，长期照护是指"在一个较长的时期内，持续地为患有慢性疾病，譬如早老性痴呆等认知障碍或处于伤残状态下，即功能性损伤的人提供的照护服务。这些服务包括：医疗服务、社会服务、居家服务、运送服务或其他支持性的服务"。我国学者荆涛（2006）对长期护理的定义是"个体由于意外、疾病或衰弱导致身体或精神受损而致使日常生活不能自理，在一个相对较长的时期里，需要他人在医疗、日常生活或社会活动中给予广泛帮助"。长期照护不同于医疗保健，因为其通常是帮助身体失能者保持原来的生活状态，而非改善或治疗其医疗问题。综上可知，长期照护是为了保障失能人员的生活质量和生命质量而需要他人向其提供长期医疗照护和日常生活照护的服务。其中，前者包括在医院临床护理、愈后的医疗护理以及康复护理和训练等，通常由经受过专业培训的正式照护人员提供；后者包括生活照料服务（如用餐、身体清洁、保洁服务、物品代购等服务）、精神慰藉以及临终关怀。日常生活照护服务既可以由家庭成员，即非正式照护成员提供，也可以由经受过专业培训的正式照护成员提供。

六 长期护理保险

随着老年人预期寿命的延长和疾病风险因素的加大，失能老年人群体的日常生活护理需求不断上升。作为解决老年人口长期护理需求的经济手段——长期护理保险应运而生。长期护理保险在我国是一个较新的概念，即使在保险业较为发达的国家也是最"年轻"的保险产品（荆涛，2015）。有关长期护理保险的定义各国大致相同，比较权威的是美国HIAA给出的定义：长期护理保险是为消费者设计的，对其需要长期照护时发生的巨额潜在护理费用提供保障（HIAA，1997）。国内对长期护理保险引用最多的定义是荆涛学者对长期护理保险做出的概念：长期护理保险是指对被保险人因身体上的某些功能全部或部分丧失，生活无法自理，需要入住安养院或在家中接受他人护理时支付的各种费用给予补偿的一种健康保险（荆涛，2004）。简单地说，长期护理保险就是利用保险的方式对长期护理费用进行补偿，其重点在于最大可能地维持或增进失能人员的身体机能，提高其生存质量。

从长期护理保险筹资来源的渠道上来看，国际上通常包括以下三类长期护理保险制度：第一类是以企业和个人缴费为主的社会性长期护理保险模式（Geraedts & Heller et. al, 2000; Campben& Ikegami, 2003; Matsuda & Yamamoto, 2000），如日本、德国、韩国和以色列；第二类是以个人缴费为主的商业性长期护理保险模式（Chen, 2001），如美国；第三类是来源于税收的福利性长期护理保险模式（Brodsky, 2000），如澳大利亚和奥地利。面对中国人口老龄化日益严重的趋势，学者们对我国应该建立长期护理保险制度这一观点基本已达成共识，但对于应该采取何种模式却存在不同的见解。有些学者认为，我国目前的人均收入不能满足购买商业长期护理保险的能力，因此应该建立保障范围广泛的社会性长期护理保险制度（戴卫东，2011；曹信邦，2014），但也有很多学者认为社会保险已经给企业和政府带来很大压力，如果再开发一个新型的社会险种会加重企业和政府负担，尤其会增加企业的负担，因此建议探索商业性质的长期护理保险制度（陈红，2012）。同时还有学者综合提出以商业长期护理保险为主、社会长期护理保险为辅的制度（蒋虹，2007），或者以社会长期护理保险为主导、商业长期护理保险为补充（朱铭来、贾清显，2009；吕国营、韩丽，2014）。此外，荆涛（2010）认为，中国在短期内应先发展商业长期护理保险，然后逐渐过渡到社会性长期护理保险制度，并提出过渡时期可以发展商业保险和社会长期护理保险相结合的过渡模式——政策性长期护理保险模式（荆涛、杨舒，2016）。

第二节 "居家扶助型"养老模式概述

一 "居家扶助型"养老模式的内涵

"居家扶助型"养老模式立足于家庭、政府和社会,针对农村 60 岁及以上的失能老年人,由其子女、亲属、邻居、朋友或陌生人等在经过培训后承担居家照护服务工作,并根据照护服务提供者的工作强度获得政府部门发放的一定金额的资金补贴,该补贴可以直接由政府部门发给照护服务提供者,也可以委托第三方机构发放,还可以先发给失能老年人,再由其对补贴资金进行分配(间接发给照护服务提供者)。通俗地讲,"居家扶助型"养老模式是以家庭为养老载体,让农村失能老年人居住在自己的家中接受来自家庭或家庭外部人员的照护服务,并且老年人养老资源的支持力由家庭和政府共同承担。"居家扶助型"养老模式在一定程度上借鉴了南京市"家属照料型"养老模式和美国"居家扶助服务"模式,是一种适用于农村失能老年人养老需求特点(例如不脱离家庭亲情)的新型居家养老方式,是家庭养老模式和社会养老模式的有机结合,其实质是社会化的养老模式。"居家扶助型"养老模式的提出并不是以替代传统的养老模式为目的,而是给予农村失能老年人更多的选择,是对传统养老模式的有益补充。

二 "居家扶助型"养老模式的核心要素

实施对象、资金来源以及准入机制等问题是"居家扶助型"养老模式的核心要素,本小节先对核心要素进行简要介绍,在本书第 7 章如何构建"居家扶助型"养老模式的具体机制时再做系统性论述。

(一)实施步骤及覆盖对象

为了使"居家扶助型"养老模式在全国农村地区全面、顺利且稳定的实施,可以遵循"由点到线,由线到面"的实施原则,即将模式的运行分为试行发展(试点)阶段和成熟发展(推广)两个阶段。首先,试行阶段包括两个层次,一是照护对象的覆盖范围实行"由点到线",即针对农村身体失能的弱势群体,如五保人员、低保人员、失独家庭、70 周岁及以上的计生特扶老人及百岁老人等,为缓解此人群养老照护问题的矛盾,先行对这部分人群实施具有福利特性的"居家扶助型"养老模式。二是在地理范围上也实行"由点到线",即在全国范围内正式推广该养老模式之前,先选择一些具有代表性的农村地区进行试点,投石问路,趋利避害。其次,通过试点后,"居家扶助型"养老模式的服务体系构建已较为完善,已具备在全国农村进行推广的条件,此时将该养老模式的覆盖范围扩大到农村 60 岁及以上的全部失能人员,并在全国所有农村地区推行,由此完成"由线到面"的发展。

(二) 资金来源

根据"居家扶助型"养老模式的实施步骤,可以将政府提供照护服务补贴金的来源分为两个阶段。在养老模式实施的第一阶段,无论是试点还是面向全国的农村弱势群体,照护服务补贴金全部来源于政府。此时,中央、省级和市级政府共同出资提供照护服务补贴金,其中中央政府设定并承担为照护服务提供者提供的照护服务补贴金的基准线,省级政府和市级政府则根据各地区的经济发展水平按照基准线的一定比例提供照护服务补贴金。由于照护服务补贴金的额度较低(如南京的市级地区实施的补贴金仅为 300—400 元),所以短期内不会对政府财政造成过大压力。但由于此阶段提供给照护服务者的补贴金较低,不利于激励子女、亲属、邻居、留守妇女等潜在照护服务提供者参与其中,同时也不能惠及所有老年人,可能会使得该养老模式中途"崩溃"。因此,在模式实施的第二阶段,即当覆盖对象扩大到农村所有失能老年人时,支付给照护服务提供者的补贴资金可来源于由商业保险公司经营的不以营利为目的的政策性长期护理保险(保费由投保人和政府按比例分摊)或是社会保险性质的社会性长期护理保险,即如果被保险人——农村居民发生失能照护费用支出,则保险公司或政府社保机构以现金方式进行补偿,继而由被保险人(失能老年人)自己通过聘用家人、朋友、邻居等进行照护,并且失能老年人可亲自或授权第三方机构将保险金的一定比例(部分或全部)作为照护补贴金支付给照护服务提供者。

(三) 准入机制

1. 年龄标准。关于申请人年龄起点,可将年龄设定为 60 岁及以上的农村老年人,一旦其身体发生失能情况,可申请采用"居家扶助型"养老模式得到照护服务资源。

2. 失能等级。"居家扶助型"养老模式的准入机制之一为申请者必须为身体失能人员。根据 ADL 标准可将失能等级分为轻、中和重三种程度，本书建议农村各地区政府重点考虑将中度失能和重度失能老年人纳入"居家扶助型"养老模式中来，同时根据本地区的财政补贴能力决定是否将轻度失能老人也纳入"居家扶助型"养老模式中。

3. 经济标准。在"居家扶助型"养老模式运行的第一阶段，申请人必须属于以上五类特殊人群之一，且家庭人均收入不能高于当地政府公告的最低生活标准。可用于养老的可计量资产（必要的交通工具和住房除外）不得高于"居家扶助型"养老模式特设负责机构规定的某一个资产额，这个资产额是在考虑该地区的生活成本、养老成本等因素基础上得出来的最低生活保障资产金额。在"居家扶助型"养老模式运行的第二阶段，申请人为按照规定缴纳了政策性或社会性长期护理保险金的农村居民。

（四）服务项目及标准

申请人通过"居家扶助型"养老模式的资格审核之后，按照其失能等级给付现金补贴。相关政府部门每月定期划转到失能老年人的专用照护补贴金账户。失能老年人的现金补贴可以使用在以下三个方面：一是可以聘用能够为自己提供照护服务的人员，包括自己的家人、朋友、邻居或陌生人，在照护者按质按量提供照护服务之后，失能老年人将照护补贴金的部分或全部支付给照护者；二是可以用来购买由专业医疗照护人员提供的医疗照护服务，如打针、换药等专业性服务；三是可以用来购买辅助生活设施用品（需限定使用比例）。照护者提供的照护服务包括为失能老年人洗漱、梳头发、穿衣服、洗衣服、打扫卫生、准备饭菜、喂饭、喂药、陪聊、陪同就医等服务。

（五）监督

为了保证现金补贴的有效使用，政府相关部门会对失能老年人的现金使用状况及照护者提供的照护服务质量进行定期检查，并辅助不定期的抽查，以确保"居家扶助型"养老模式能够在农村地区发挥出应有的作用。

三 "居家扶助型"养老模式的特点

结合"居家扶助型"养老模式的概念及与其他养老模式的比较分析，本书得出"居家扶助型"养老模式以下四个特点。

(一) 照护服务主体的双向选择性

"居家扶助型"养老模式照护服务主体的自主选择性主要表现在两个方面。一方面，照护服务的需求方（接受者）——失能老年人在选择由谁来照护自己、在哪些方面进行照护以及照护的时间上具有自主性，即失能老年人可结合自己的照护偏好灵活选择照护服务的"人""内容"和"时间"。老年人应是养老服务的核心，老年人感受才是服务好坏的检验标准。"居家扶助型"养老模式将老年人的照护需求放在了核心位置，从而有助于提高失能老年人对养老服务的满意度；另一方面，照护服务的供给方（提供者）——提供照护服务者在照护对象、照护哪种失能等级的老年人以及照护的内容和时间选择上也同样具有自主性，可根据自己的偏好进行选择。综上，"居家扶助型"养老模式是一个需求方和供给方在具有自主选择性的基础上进行相互匹配的机制，具有双向选择性。

(二) 照护服务供给主体及内容的多样性

"居家扶助型"养老模式的多样性由双向选择性这一特点引申而来。一方面，照护服务的提供者既可以是自己的家人，也可以是朋友、邻居、甚至是陌生人。从此方面考虑，照护服务的供给主体具有多样性。另一方面，照护服务提供者可以选择自己愿意供给的照护服务内容，从此方面考虑，照护服务的供给内容也具有多样性。因此，"居家扶助型"养老模式可以让照护服务需求者能从多样性的照护服务供给主体和内容中获得最高的照护收益。

(三) 政府的照护补贴具有激励性

在"居家扶助型"养老模式下，政府部门向照护失能老年人的亲属、朋友、邻居等照护服务提供者（直接或间接）发放补助金这一具有福利性质的举措（多元福利主义理论的实际应用），实质上是政府为养老服务"买单"的行为，能彰显出政府在农村养老服务问题上的重视及大力支持。政府提供照护资金补助的政策能够激励老年人的亲属及身边的人积极参与到农村养老服务的供给中来，使得老人在熟悉的生活环境中和熟人的照护下能享受到高水平的亲情关怀和精神慰藉。同时，补贴制度的存在能够激励部分潜在的农村居民成为照护服务的供给者，从而在一定程度上促进我国农村地区照护资源的合理配置与利用。

(四) 重视培育我国照护服务的人力资源

为了确保照护服务提供者的服务质量，政府相关部门定期会对照护服务提供者开展照护服务培训课程。同时，在"居家扶助型"养老模式实施的过程中，政府可委托第三方测评机构对照护服务者提供的服务进行定期或不定期的测评，保证照护服务的质量。因此，"居家扶助型"养老模式下，失能老年人的子女、亲属、朋友、邻居等在经过培训后加入我国养老服务供给大军，既保证了"居家扶助型"养老模式的养老服务质量也一定程度上填补了我国养老照护人员的缺口。

第三节 与现行农村主要养老模式的对比分析

"居家扶助型"养老模式是一种将传统家庭养老和现代化居家养老相结合的养老模式，其实质是一种社会化的养老模式。"居家扶助型"养老模式与其他养老模式的关系如图2-3所示，对比分析如下。

一 与传统家庭养老比较

家庭养老是人类社会最古老、最原始、最基本和最重要的养老方式（陈永杰、卢施羽，2013），主要通过具有血缘关系的家庭成员提供照料、关心、支持和帮助，来满足老年人基本需求的一种养老方式。也可以说，家庭养老是由家庭成员承担养老责任的文化模式和运行方式的总和，包括家庭养老模式和家庭养老方式两个层次[①]（姚远，2000）。由此可知，"居家扶助型"养老模式和传统的家庭养老只是提供养老主体的范围不同，在养老的场所、服务内容等方面差异性不大。

两种模式主体范围的差异主要体现在：（1）"居家扶助型"养老模式中，为失能老年人提供照护服务的人员既包括具有血缘关系的家属，还包括不具有血缘关系的朋友、邻居甚至陌生人，而家庭养老的照护服务主体只包括具有血缘关系的家属。（2）在提供照护服务的经济支持方面，"居家扶助型"养老模式中，不仅老年人的子女为其提供养老经济支持，政府还会为失能老年人提供照护服务补贴金，这在一定程度上分担了失能老

---

① 其中，家庭养老模式是以血缘关系为基础由家庭成员承担责任的一种养老模式，体现了一种具有长时间稳定性的文化体系，反映了家庭代际的互动以及价值观和情感模式的继承；而家庭养老方式是指家庭成员履行养老责任时的运作形式，容易受到经济社会发展水平的制约，因而具有不稳定性。

年人的照护经济支持力（在该养老模式资源来源为长期护理保险的第二阶段，此时养老资源的经济支持力主体为老年人个人、家庭和政府，甚至包括保险机构）。而家庭养老模式下的失能老年人的经济支持力主要依靠自己及家庭，政府和保险公司发挥的作用较小。

两种模式的相似性主要体现在：（1）"居家扶助型"养老模式的一个重要特点是农村失能老年人不离开自己的住所，也不离开原来的人际交往圈，这点和家庭养老极为相似。由于"居家扶助型"养老模式并没有改变失能老年人几十年来生活的环境和生活习惯，使农村失能老年人在精神上不会感到孤单和寂寞。同时，"居家扶助型"养老模式和家庭养老一样，也比较符合中国传统文化中"在家中颐养天年"的观念，能够满足老年人情感上的需求。（2）"居家扶助型"养老模式中，失能老年人享受到的照护服务内容和家庭养老差异不大。和家庭养老一样，"居家扶助型"养老模式提供的养老服务不仅包括与失能老年人基本生存和日常生活密切相关联的衣、食、住、行和医疗等物质性服务支持，还包括与失能老年人心理或精神慰藉相关联的情感支持。此外，两种模式都以保障失能老年人在晚年有"价值"和有"尊严"的生活为目的。

在当前社会、经济和文化变迁的背景下，受到一系列冲击的传统家庭养老向社会养老过渡是中国养老方式的必然趋势。而"居家扶助型"养老模式是这种转变过程中以家庭养老为依托的一种社会化养老方式，是对农村养老主体、功能等方面逐渐向社会转移过程中的一种探索，也是目前世界各国在应对人口老龄化问题上的普遍做法。

二 与居家养老比较

居家养老的概念有广义和狭义之分：从广义角度来理解，居家养老是相对于非居家养老（如机构养老）的一个概念，因此，所有以在家居住为养老形式的养老均可成为"居家养老"，传统的家庭养老（狭义的家庭养老）也是广义的居家养老（赵秋成，2016）；从狭义角度解释，居家养老是由个人、家庭、社区及国家的共同支持下为居住在家中的老年人提供日常生活照护、医疗照护、精神慰藉等服务的一种社会化养老模式，是家庭养老和社会养老的有机结合。

由居家养老的内涵可知，"居家扶助型"养老模式和居家养老模式具有极其高的相似性：都不脱离家庭环境，即都以家庭作为养老的主要载体，同时又都为社会化的养老方式。但两者也存在显著差异：(1)"居家扶助型"养老模式提供照护服务的主体是以家庭成员为主，朋友、邻居、农村居民、社区、社会组织、志愿者及国家等为辅，而居家养老服务的主要阵地是社区（张国平，2015），即两种模式中提供养老服务的首要主体存在差异。(2)居家养老是在一个国家的社会保障体系非常完善的背景下发展起来的养老服务方式，需要发达的经济基础作为保障，而"居家扶助型"养老模式的发展条件没有居家养老"苛刻"，是在我国农村社会保障体系尚不健全阶段的有益尝试。(3)"居家扶助型"养老模式作为一种社会化养老模式，其社会化程度低于居家养老。因此，若从居家养老的狭义视角考虑，"居家扶助型"养老模式可以看成是低社会化程度的居家养老模式。

由此可知，居家养老以完善社会保障体系为发展前提，并且其高社会化养老程度的属性在我国农村经济社会发展尚不发达、社区发展滞后的背景下，至少短期内并不具有普遍的适用性。而在社会保障体系较为健全[1]、经济水平较高以及社区发展较为成熟的城市地区，居家养老能够发挥出较大的作用。因此，本书提出的"居家扶助型"养老模式可以作为农村地区在未来发展居家养老方式的一种有益尝试，并从中积累居家养老的经验，待我国农村社会保障体系较为完善以及经济发展水平足够高时，再考虑将"居家扶助型"养老模式的社会化程度提高到居家养老的相应水平。

三　与社区养老比较

社区养老是在政府、社会（包括社区本身）的支持下，由社区及其内在组织向社区内老年人提供免费的或低收费的日常生活照护、医疗照护、精神慰藉等服务的一种养老方式。通常，社区养老包括"由社区"（Care by the Community）和"在社区"（Care in the Community）两种方式。"由社区"是指老年人居住在家中接受由社区提供的养老服务，其实质是由社区作为提供照护服务主体的居家养老模式，即人们常说的社区居家养老；"在社区"是指老年人在居住在社区开办的养老机构（如托老所、老年照料中心等）接受照护服务，其实质是机构养老。由此可知，

---

[1] 目前我国城市的社会保障体系至少比农村健全。

"居家扶助型"养老模式与具有居家养老属性的"由社区"养老方式有较高的相似性，而与具有机构养老属性的"在社区"养老方式的关联性较小。然而目前受到经济、社会等多方因素的影响，社区养老在我国农村地区的发展较为滞后（滞后的原因可见下文），短期内很难成为适用于全国农村老年人的主流养老模式，尤其是难以满足目前已经失能老年人对照护服务的即时需求。但也正是因为其滞后性为发展"居家扶助型"养老模式提供了机遇。

四 与机构养老比较

机构养老是指由老年人在由政府、社区、非营利组织、企业或个人开办的服务型组织中接受专业化服务的养老方式，是一种具有集中化特点的养老形式。如前所述，从经济支持力来源上划分，养老机构可以分为福利性养老机构、市场化养老机构和半福利性养老机构三种；从机构养老的居住特点划分，可分为福利院、敬老院、养老院、老年公寓、托老所、老年照护院、老年康复医院等。除福利院、敬老院等福利性的养老机构属于典型的社会养老方式外，其他类型的养老机构多为由个人和政府负担的社会化养老方式，并且由于其市场化程度较高，其提供照护服务的价格较其他

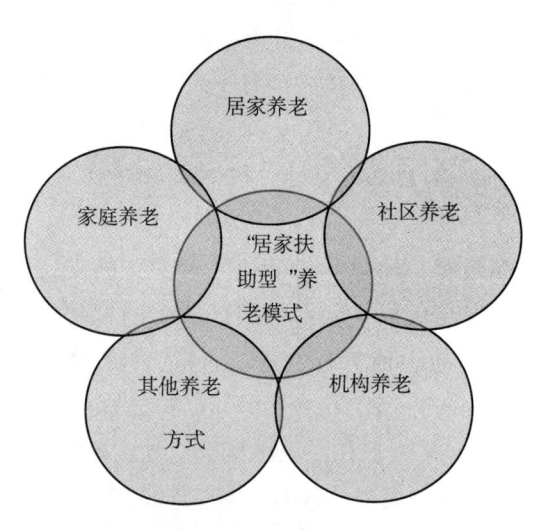

图 2-3 "居家扶助型"养老模式与其他养老模式的关系

养老模式昂贵。由此可知，一方面，"居家扶助型"养老模式和非福利性的养老机构的属性一致，都属于社会化养老方式，只是前者的社会化程度

较低,而后者的社会化程度较高(且高于居家养老的社会化养老程度);另一方面,"居家扶助型"养老模式和机构养老的居住地点存在差异,前者是在家中接受一系列照护服务,而后者是在某一集中供养型的机构内接受照护服务。该点体现出机构养老与"居家扶助型"养老模式的明显差异:机构养老的"非在家养老"特点使得老年人远离家人、甚至感觉不到家庭的温暖,进而在精神需求方面得不到满足。同时,农村养老机构的硬件、软件管理和服务方面存在的问题以及其较高的收入门槛和农村居民对机构养老的排斥心理都制约着机构养老在农村的发展,至少短期内其在农村将举步维艰。机构养老在农村发展的不成熟性为"居家扶助型"养老模式提供了发展机遇,该模式是我国在未来较长一段时间内完成向高程度社会化养老乃至最终的社会养老方式发展的一个必然趋势。

本章小结

本章从"居家扶助型"养老模式的相关概念出发,对与本书研究相关的重要概念进行界定,包括人口移出、人口老龄化、失能老年人、长期照护、长期护理保险以及养老模式。在此基础之上,本书给出"居家扶助型"养老模式的内涵:"居家扶助型"养老模式的实质是社会化的养老模式,该养老模式的提出并不是以替代传统的养老模式为目的,而是通过将家庭养老模式和社会养老模式的有机结合进而给予农村失能老年人更多的选择,是对传统养老模式的有益补充,具有主体的双向选择性、内容多样性、人才培养的激励性等特点。

"居家扶助型"养老模式和其他养老模式相比,既有共性又存在差异,是一个具有多元化特点的养老模式。同时,"居家扶助型"养老模式相较于其他养老模式有着不可替代的优势:不仅具有低成本性,还较为符合老年人的心理特征;可以使失能老年人在自己熟悉的家庭环境中安度晚年,进而能够获得较高的安全感和归属感。在农村家庭养老功能弱化、全面推广农村居家养老、机构养老及社区养老的条件还不成熟的情况下,"居家扶助型"养老模式吸取了上述模式的各种优点,既是对传统养老模式摆脱困境的一条出路,也是家庭养老模式向社会养老模式逐渐转变过程中的有益尝试,同时也符合我国国情的现实选择。

第三章

"居家扶助型"养老模式的理论基础

"居家扶助型"养老模式推出的目的是在人口移出老龄化背景下设计一个能满足我国农村失能老年人照护需求和养老意愿的新型养老模式,以解决我国农村失能老年人的照护难题。但"居家扶助型"养老模式在理论上以及实践上是否具有可行性是决定该模式有效性的关键问题。本章首先对与"居家扶助型"养老模式相关的理论进行阐述,其次以效率理论和博弈理论为基础,分析在我国农村地区实施该养老模式的理论基础;从效率视角分析"居家扶助型"养老模式对利益相关方产生的影响,判断该模式是否存在帕累托改进;从博弈论视角分析"居家扶助型"养老模式中存在的道德风险问题。照护服务提供者和政府是两个核心的利益相关者,两者既存在对立冲突,又存在相互依赖的利益关系,本书拟探究该模式利益主体的行为倾向以及政府的监管态度,并在此基础上分析两者的利益冲突,通过构建博弈模型找出混合策略下的纳什均衡解,为该养老模式在全国农村范围内的推广提供理论支撑。

第一节 基础理论

本书是对农村养老保障问题的分析和思考,属于社会保障理论的范畴。社会保障是一门交叉性学科,不仅和经济学、社会学密切相关,还和管理学、法学及政治学密不可分。受篇幅所限,本书仅对与本书相关的部分理论进行介绍,并结合"居家扶助型"养老模式说明这些理论在本研究中的具体应用情况。基本理论的框架如图3-1所示。

一 家庭代际关系理论

家庭代际关系是家庭内部具有血缘关系或姻缘关系的多代人之间产生

第三章 "居家扶助型"养老模式的理论基础

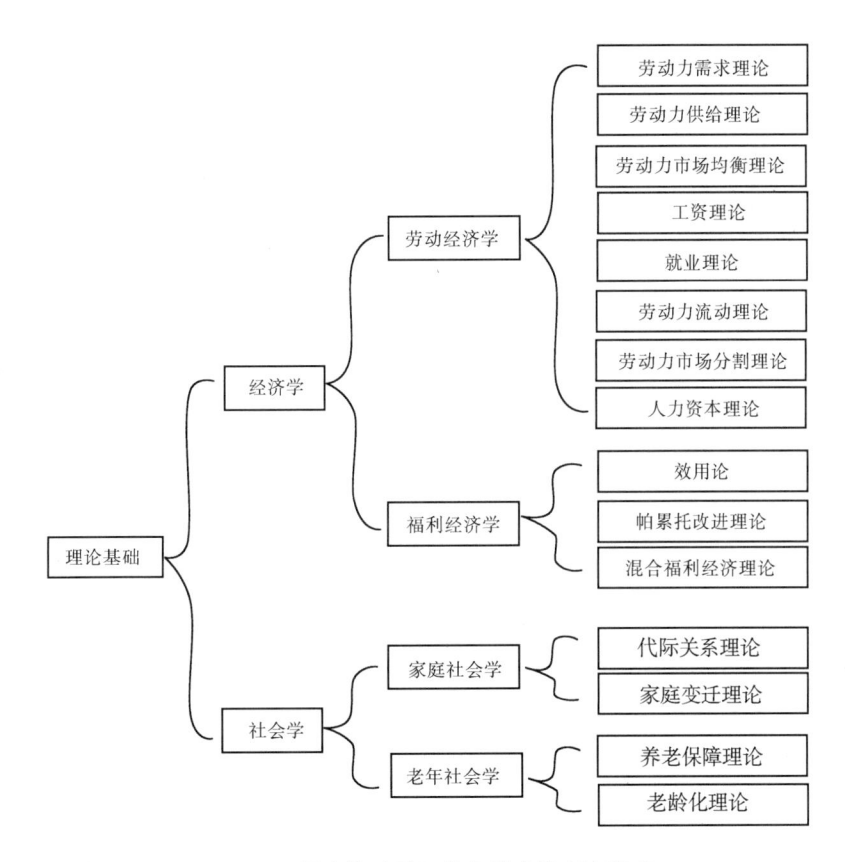

```
理论基础 ┬ 经济学 ┬ 劳动经济学 ┬ 劳动力需求理论
        │       │             ├ 劳动力供给理论
        │       │             ├ 劳动力市场均衡理论
        │       │             ├ 工资理论
        │       │             ├ 就业理论
        │       │             ├ 劳动力流动理论
        │       │             ├ 劳动力市场分割理论
        │       │             └ 人力资本理论
        │       └ 福利经济学 ┬ 效用论
        │                   ├ 帕累托改进理论
        │                   └ 混合福利经济理论
        └ 社会学 ┬ 家庭社会学 ┬ 代际关系理论
                │             └ 家庭变迁理论
                └ 老年社会学 ┬ 养老保障理论
                              └ 老龄化理论
```

图 3-1 "居家扶助型"养老模式的理论基础

的交换和结构化的动态关系,其本质是代与代之间对经济资源和非经济资源的分配与共享。其中,经济资源主要指经济支持,非经济资源主要包括生活照料和情感交流。迄今为止,代际关系有多种理论或模式。在西方社会,比较经典的代际关系理论是 Bengtson 和 Roberts 于 1970 年提出的"代际团结理论",其强调代际之间的团结和凝聚力,包括联系性团结、情感性团结、一致性团结、功能性团结、规范性团结和结构性团结六大维度;但考虑到家庭代际关系中存在的诸多不一致现象(Lowenstein,2007),Bengtson 及其他学者与 1999 年对代际团结理论提出修正,将在家庭关系中具有普遍存在性的"冲突"纳入代际关系理论框架;2002 年,Bengtson 以代际团结为理论基础,结合代际冲突的实证研究,提出"代际团结—冲突"理论(孙桂梅,2015),该理论提出代际团结是家庭生活的核心元素,同时肯定了代际冲突在代际关系中的地位。代际团结和代际冲突是代际关系的一对矛盾属性，代际关系在两者之间寻找平衡。此外，西方学者对老年人家庭代际支持理论的解释还包括权利与协商模型、交换模型和合作群体模型，这些模型中关于家庭内部子女与父母之间物质性代际交换的描述仅从"经济人"的角度出发，未涉及价值观念、社会文化及情感支持等主观因素（王萍、李树茁，2011）。

与西方社会的理论相比，我国学者不再单从经济角度考虑家庭代际关系问题，同时还将一些社会、文化等因素引入其中，构成了具有中国特色的家庭代际关系理论。从中国目前的社会文化经济背景出发，中国传统养老方式下的代际关系理论包括以下几种：生产方式论、经济交换论、社会交换论、需要论、反馈论、依赖论和责任内化论（姚远，2001），其中最具有代表性的理论有反馈论、代际交换论和责任内化论，本书仅对这三种理论进行分析。

（一）反馈论

反馈论或反馈模式是研究农村养老问题的重要理论之一，由我国著名社会学家费孝通教授提出，他认为中国的家庭成员之间存在双向关系：父母对子女有抚养义务，而子女对父母也有赡养义务。其中，抚养指父代为子代提供衣、食、住、行、教育、婚姻等资源；赡养指子代在父代年老失去劳动能力时为其提供衣、食、住、行及其他方面的生活照料，是子代对父代"抚养"的回馈，体现出资源在代际之间的双向流动，同时体现了代际成员之间给予和索取的均衡互惠原则。我国流行数千年的"养儿防老"观念是反馈论在中国化实践中的具体表现。与此相对应的是适用于西方社会的"接力模式"，即父代与子代之间表现为单向关系：只存在父母对子女的抚养关系，而缺少子女对父母的赡养这一义务（费孝通，1983）。

（二）代际交换理论

交换理论分为经济交换理论和社会交换理论，前者是从理性经济人视角出发将代际之间的交换视为一种"投资"：父母对子女的抚养是父母对未来的一种"投资"，期望在未来自己年老时收回在儿女身上的投资（详见下文有关的人力资本投资理论分析）；后者重视代际之间的互惠关系：子女对父母的赡养是子女对父母养育之恩的回报。两者的区别在于经济交换是基于利益考虑的对等性物质或商品交易，而社会交换是基于社会道德或情感支持等对资源的重新流动或分配（熊跃根，1998）。中国亲子间的抚养和赡养关系被一些学者视为交换关系（王跃生，2008）。学者郭于华（2001）认为，在反馈型的代际关系中存在着一种交换逻辑，即传统社会中代际传承和亲子间的互动依循着一种交换原则，不仅包含物质、经济的有形交换，还包括在情感方面的无形交换。"交换"贯穿于个人生命周期的所有阶段，但集中体现在抚养阶段和赡养阶段的中间环节。此阶段中，一方面，青年时期的子女对虽已年老但身体尚未发生失能状况的父母提供经济支持和物质照料；另一方面，身体健康的父母对青年时期子女提供力所能及的帮助，如提供教育机会、打理家务、照看孙代等。该理论强调，两代人之间的交换虽不是一种对等的交换关系，但两代人之间能从交换的过程中达到互惠的结果。

如果将人的一生划分为三个连续时期：被抚育期、抚育期和老年期，结合中国传统的反馈理论和代际交换理论，三代之间的代际关系如图2-5所示。

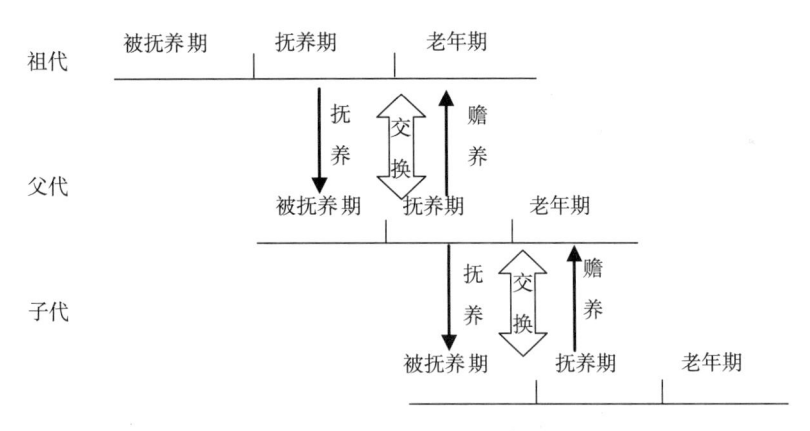

图3-2 基于生命周期的家庭代际关系

（三）责任内化论

责任内化论几乎论证了"尊老敬老"是中国传统美德这一观点（张新梅，1999）。该理论认为，经过数千年儒家文化对"孝"的强调和重视，子女赡养父母的义务已成为每一个中华儿女的内在责任要求和自主意识，并变为其人格的一部分。换句话说，中国人历来具有极强的家庭观念是由"孝道"来维系的（魏章玲，1990）。责任内化论的一个特点是费孝通教授提出的差序格局（费孝通，1998）。所谓差序格局，即人与他人之间的关系有亲疏远近之别：若自己是圆心，那么离自己越接近的人与自己的关系就会越密切，自己对其的道德感与责任感也会越重。根据差序格局，子女承担与自己关系最密切的父母的赡养责任体现了责任内化的过程。在家庭内部，父子关系是主轴，夫妻关系是配轴。根据责任内化论，子女成为赡养老年人的首要人选。

综上所述，中国几千年的孝文化使中国传统家庭中的代际关系来解决抚育子女、赡养老人的问题。而当代农村正处于变革和转型阶段（王跃生，2010），在社会变迁的作用下，传统的文化价值观念不可避免地受到冲击，代际关系也同样发生深刻变化，出现代际关系的重心下移、权利与义务及代际之间对资源的相互支持比例失衡的趋势。虽然传统的代际关系受到一系列制度变革的冲击并逐渐弱化，但在未来较长一段时间内，中国传统文化支撑的代际关系其基本地位不会改变，传统家庭养老以其优越性[①]仍然是中国农村养老的坚实基础。这也是本书基于传统代际关系理论提出在农村发展具有家庭养老特征的"居家扶助型"养老模式的理论基础之一。

二 人力资本理论

人力资本是指蕴含于人自身中的各种生产知识和技能的存量总和（Eatwell、Milgate & Newman，1987），而人力资本投资是人力资本形成的主要途径，指为了增加个人的知识和技能所采取的一系列行为。人力资本投资的方式主要包括个人及子女的教育、对子女的培养、寻找工作、参加培训、劳动力流动及健康保健投资等。在人力资本理论的研究上，西方经济学家的开拓性贡献是举世公认的（郭龙、付泳，2014）。人力资本理论的发展在最初有几条主要线索：一是美国经济学家 Schultz 结合经济增长问题的分析明确提出了人力资本的概念，阐明了人力资本的内容及其对经济增长的重要作用；二是 Minncer 在对有关收入分配和劳动力市场行为等问题进行研究的过程中开创了人力资本的方法；三是 Becker 从其关于人类行为的一切方面均可以诉诸经济学分析的一贯方法论出发，将新古典经济学的基本工具应用于人力资本投资分析，提出了一套较为系统的人力资

[①] 这种优越性包括：一方面作为一种合理有效的制度安排，其交易成本很低；另一方面，家庭养老的精神慰藉功能较强。优越性决定了农村家庭养老地位不可替代。

本理论框架①（张凤林，2001）。人力资本理论在本书中的应用主要包括以下两个部分。

（一）家庭养老与人力资本理论

家庭养老的运行机制可以用人力资本投资的理论来解释，它实质是人力资本在家庭内部代际之间的投资与回报：家庭稀缺资源在子女未成年之前先是由父母流向子女，待子女成年后再从子女流向父母。人力资本投资的动机是获取"某种或某些"回报，在父母做出生育和抚养孩子的决策时，理性的父母已经能预期到未来可以获得的各种收益，从而根据收益和成本做出是否生育和抚养的决策。父母在生育以及抚养子女的过程中支付了大量的人力资本投资费用，包括衣、食、住、行、教育等方面的花费；同时父母预期能从子女那里获取的收益主要包括两部分：一是在父母年老时，子女从其就业后获得的劳动性收入中拿出一定比例回报父母，为父母的老年生活提供物质保障，正如 Lee 和 Xiao（1998）所说："子女对父母的经济支持既是基于父母的需要，也是对于父母为他们早期做的人力资本投资回报。"二是无论是抚养子女的时期，还是被子女赡养的时期，父母都可以从子女处获得情感支持和精神慰藉等非物质性回报。父母对未来养老保障的需求催生了其对子女的人力资本投入，从而形成了一种人力资本内生积累机制，进而有助于家庭养老保障机制更好地发挥作用（郭庆旺、贾俊雪等，2007）。

基于 Becker 的家庭生育决策分析框架，本书将家庭养老因素纳入居民的生育决策模型中，并建立居民的家庭养老效用模型，用来分析居民在子女上的人力资本投资以及其预期能从子女身上获得的赡养回报之间的关系。家庭养老效用模型有以下几方面重要假设：（1）居民的整个生命周期包括生产期和养老期两个部分（牛楠、王娜，2014），假定居民仅在生产期进行劳动获取收入。首先，生产期的收入一部分用于自己的消费，一部分用于子女的消费，子女消费中既包括日常吃、穿、玩等消费，也包括对子女教育及其他人力资本投资的消费（可以将对子女的消费看成是广义的人力资本投资），另一部分进行储蓄，以便自己在年老丧失劳动能力时进行消费（即未来消费）；其次，居民年老时的消费一部分来源于自己

---

① 本部分引用于张凤林教授翻译美国著名经济学家雅各布·明塞尔著作《人力资本研究》时写的"译者序"。

的储蓄，另一部分来源于子女对其的经济支持。（2）本书不考虑通货膨胀和储蓄利率等因素。（3）模型不考虑儿子和女儿在提供养老支持方面的差异，即不仅每个子女提供的养老支持相同，儿子和女儿提供的养老支持也相同。（4）模型抽象掉了子女不赡养老年人的道德风险问题。基于以上假设，本书建立的模型如下：

$$I = C + NH + S \qquad 式（3-1）$$

$$U = C^{\alpha}(NP)^{\beta}S^{\gamma} \qquad 式（3-2）$$

其中，式（3-1）中的 I 表示居民在生产时期的收入，C 为居民自己的消费数量，N 为子女数量，H 为子女的消费数量，是广义的人力资本投资，S 为居民用于未来消费的储蓄。式（3-2）为柯布—道格拉斯函数形式的居民消费效用，消费效用来源于三个部分：一是生产期消费 C 带来的效用；二是年老时期得到每个子女赡养 P 的效用，该效用和人力资本的投资量有关，即 P 是 H 的函数 $[P=F(H)]$；三是年老时使用自我储蓄进行消费的效用。根据柯布—道格拉斯函数的性质，α、β 和 γ 分别为居民生产期消费、子女养老支持以及使用自我储蓄进行消费的偏好。

根据居民的收入预算约束以及效用函数，居民效用最大化的拉格朗日方程为：

$$L = C^{\alpha}(NP)^{\beta}S^{\gamma} - \lambda(C + NH + S - I) \qquad 式（3-3）$$

拉格朗日效用最大化下的一阶条件如下：

$$\frac{\partial L}{\partial C} = \alpha C^{\alpha-1}(NP)^{\beta}S^{\gamma} - \lambda = 0$$

$$\frac{\partial L}{\partial N} = \beta P C^{\alpha}(NP)^{\beta-1}S^{\gamma} - \lambda H = 0$$

$$\frac{\partial L}{\partial P} = N\beta C^{\alpha}(NP)^{\beta-1}S^{\gamma} - \lambda NH' = 0$$

$$\frac{\partial L}{\partial S} = C^{\alpha}(NP)^{\beta}\gamma S^{\gamma-1} - \lambda = 0$$

$$\frac{\partial L}{\partial H} = C^{\alpha}N^{\beta}\beta(P)^{\beta-1}P'S^{\gamma} - \lambda N = 0$$

$$\frac{\partial L}{\partial \lambda} = C + NH + S - I = 0$$

解上述公式可得：$H = \frac{\beta C}{\alpha N}$、$C = \frac{\alpha S}{\gamma}$、$H' = \frac{H}{P}$、$P' = \frac{P}{H}$

整理得年老时期老年人得到子女赡养 P 的函数：

$$p = \left(\frac{\gamma NH}{2\beta S}\right)^2 \qquad 式（3-4）$$

式（3-4）说明：(1) 居民在生产时期的储蓄与年老时得到的子女赡养呈反向关系，即自己在生产期对未来消费的储蓄越多，年老时依靠子女的养老支持就越少，这也是我国家庭养老的现实反映：父母有能力养老时尽量少麻烦子女；(2) 居民在年老时得到子女的养老支持数量与子女数量、对子女的人力资本投资数量成正比，这正是"养儿防老""多子多福"观念在本模型中的体现，也在一定程度上说明居民对子女的人力资本投资，同时也是对自己养老的一项投资。

（二）照护服务工作与人力资本理论

在人力资本理论刚刚成立之初，Schultz 和 Becker 等认为只有通过正规或非正规的教育人力资本投资方式才能形成人力资本的积累。但随着该理论体系的不断发展与成熟，Arrow 和 Lucas 等学者都建立了人力资本积累的理论模型，并在模型中强调了"干中学"（Learning by doing）在人力资本积累中的作用。Arrow（1962）认为知识的获取也是经验的产物，知识会在实际生活中逐步积累，通过职业训练、学徒方式及工作过程都可以积累知识和技能，并提出学习过程中存在"溢出效应"。由此，Arrow 在工作过程中获得知识的过程内生于模型，认为生产经验的增长也是生产过程的一种投入。Lucas（1988）在 Arrow 提出的"干中学"观点之上，进一步认为正规教育和干中学都能促进人力资本积累，其中前者是人力资本投资的内在效用，后者是外部效用[①]（黄维德、王达明，2012）。

综上，"干中学"是指人们在生产产品与提供劳务的同时也在积累经验，并从经验中获得知识，体现了知识积累的外部性。由"干中学"理论可知，农村居民对失能老年人提供照护服务的过程其实质是自身人力资

---

① Lucas 认为人力资本存在内在效应和外部效应两种。内在效应通过人力资本投资形成，通常表现为生产要素的收益递增；外部效应是指随着每一单位人力资本的增加，除了因其产出的增加外，同时还引起社会平均人力资本水平的提升，从而使社会平均运作效率提高，进而使得个人和企业在这一社会效率的提高中获益及人力资本积累的外部性。前者通过学校的正规教育所产生，后者则通过干中学所产生。

本积累的过程。照护服务的技能是一种职业性的专用人力资本[①]，当农村居民在提供照护服务的过程中，通过"干中学"或潜移默化地掌握了照护专用的知识技能之后，相应地会形成职业专用性人力资本。无论以后是继续向他人提供照护服务还是进入专业化的照护服务市场，"干中学"积累的照护服务经验都能给自己带来相应的专用性投资收益。

三 劳动力市场理论

劳动经济学是一门即引人入胜又非常实用的学科（卢昌崇、高良谋，1997）。20世纪20年代，劳动经济学成为一门独立的学科，这门学科所涉及的问题不仅和每一个"经济人"有着这样或那样的直接联系，还可以解释诸多社会热点或有争议的问题。劳动力市场模型是劳动经济学理论研究的核心工具（郭正模，2009）。西方学者一般认为，市场因素、制度因素和社会因素对形成劳动力市场的结果都发挥了某种程度的作用。但究竟哪种因素起到主导作用以及这些因素如何引起特定的劳动力市场结果，学者们存在分歧（徐伟、杨波，2013）。围绕这些分歧，劳动经济学产生了两大流派：新古典学派和制度学派。新古典学派在当代劳动经济学领域是公认的主流学派，该学派以边际决策为主要规则，基于雇主利润最大化的劳动力需求边际生产力理论和个人效用最大化的劳动力供给理论，提出劳动力供给和需求的均衡决定工资水平。由此可知，新古典学派非常强调市场机制在劳动者工资水平和劳动力资源配置方面的作用，而将制度因素和社会因素排除在外或认为假定。制度学派是劳动经济学领域与新古典学派相抗衡的一支主要力量（卢昌崇、高良谋，1997），该学派拒绝接受新古典学派的经济人假设，认为人们不是以最大化为目标，而是追求不是最优的自我"满意"。同时，制度学派强调社会性要素（如社会地位、歧视）和制度性因素（如工会、内部劳动力市场）能够对劳动力市场产生影响，从而劳动力市场为不完全竞争性市场，而非新古典学派强调的高度竞争性市场。

---

① 人力资本可分为通用人力资本和专用人力资本两类，通用人力资本指的是员工所具备的能够跨企业运用的工作能力，而专用人力资本指的是员工所具备的只能为某个企业服务的工作能力。行业/职业专用型人力资本是介于通用性人力资本，本与企业专业性人力资本之间的一个概念：既没有企业专用性人力资本那么专用，又比普通性人力资本的适用范围窄一些（孟大虎，2009）。

劳动力市场的基本内涵是运用市场机制对劳动力资源进行配置，并调节劳动力供求关系的一种组织形式。国外学者对劳动力市场理论的研究主要涉及以下几个方面：劳动力市场的主体理论（包括劳动力市场需求理论、劳动力市场供给理论以及劳动力市场均衡和非均衡理论）、工资理论、劳动力流动理论、就业理论、劳动力市场歧视理论、劳动力市场分割理论（包括内部劳动力市场理论、二元劳动力市场分割理论等）以及劳资关系理论等。本书仅对与本书研究有密切相关的理论进行简要论述。

（一）劳动力需求与供给理论

劳动经济学的传统主题之一是劳动力的需求与供给。劳动力是人所特有的一种劳动"能力"，这种"能力"是一种商品，和其他商品一样具有使用价值和价值。根据劳动经济学理论，劳动力的价格由劳动力需求和劳动力供给共同决定。劳动力需求指的是对人的这种"能力"的需求：既可以是个人层面对他人劳动能力的需求（微观劳动力需求）、也可以是一个企业或行业对劳动能力的需求（中观劳动力需求），还可以是整个社会的需求（宏观劳动力需求）。劳动力需求受多种因素影响，有时是需求主体的客观需要，有时又受支付劳动力价格能力的约束。而劳动力供给是指劳动力主体在一定条件下自愿出让自己的劳动"能力"。劳动力供给也分为微观、中观和宏观三个分层面。微观劳动力供给是指劳动者个人对自己身上的劳动力供给、中观劳动力供给是指企业或行业对劳动力供给的偏好，宏观劳动力供给则从宏观视角出发研究整个社会的劳动力供给问题。但无论哪个层面的劳动力供给都面临着供给决策问题：是否供给劳动力以及供给多少。影响劳动力供给的因素较多，以个人劳动力供给为例，主要包括三个方面：从自然因素方面考虑，包括个人的年龄、性别、民族、教育程度等；从经济因素考虑，包括个人的财富状况、工作偏好、工资水平等；从社会制度方面考虑，主要包括社会保障制度、政治制度等。

在养老照护服务市场，对照护"服务"的需求和供给实质是对劳动力的需求和供给。养老照护服务是一件较为特殊的"商品"，这种特殊性之一表现在劳动力供给者提供的照护服务能够被劳动力需求者直接获得，而不必转移到其他商品的价值之中；特殊性之二表现在，若提供照护服务的市场为家庭内部市场，则家庭成员对照护服务的供给意愿（需求）以及供给（需求）量受该劳动力市场价格的影响程度被社会化的因素所削弱，削弱程度因个人的偏好而异。这种偏好多与社会关怀有关，家庭成员对身体失能的长辈提供照护服务的意愿往往是基于亲情、感情的考虑，而非长辈能够为该项服务支付的价格。抛开家庭成员之外组成的劳动力市场，由朋友、邻居等熟悉的人提供照护服务时，友情等道德素养因素也会削弱价格因素的作用，但被削弱的程度一般会低于对家庭内部劳动力市场的影响。

以劳动力需求与供给理论为基础，本书结合实地调研数据统计分析农村居民对照护服务的供给和需求意愿及其原因，并通过计量模型分析影响农村居民对照护服务的需求或供给做出选择的因素。

(二) 劳动力市场的非均衡理论

传统的劳动力均衡理论认为，当劳动力供给能够为社会所吸收，社会对劳动力需求又能完全得到满足时，劳动力市场达到均衡状态，此时市场出清，实现了完全就业。但完全就业在现实中较少出现，劳动力市场经常处于供大于求或供不应求的非均衡状态。20世纪初期，凯恩斯在其著作《就业、利息和货币通论》中首次提出非均衡理论。其后，在经济学家Patinkin、Clower、Leijonhufvud、Barro、Grossman 等人的研究和分析下更加生动（付嫦娥、李娜，2016）。一般认为，劳动经济学是一个比较典型的非均衡市场，即劳动力市场的非均衡状态是经常存在的结果。劳动力市场的非均衡现象是由多方面原因造成的：（1）劳动力市场的需求是派生需求，除了受到工资率的调节外，还受产品市场需求的调节（劳动力市场需求理论范畴）；（2）影响劳动力供给的因素较多，除了受工资调节，还受到劳动者个人的主观偏好、财富状况以及社会心理等方面的综合影响（劳动力市场供给理论范畴）；（3）工资作为劳动力市场的价格具有较大的刚性，使得价格机制往往不能在劳动力市场上发挥充分性的作用（工资理论范畴）。

目前，我国劳动力市场的总体特征是：无论是高端劳动力市场还是中低端劳动力市场，结构性矛盾都非常突出，这也是我国长期存在的问题。一方面，"民工荒"在部门地区、部分行业普遍存在，普通劳动力，特别是年轻女工相对短缺，尤其是在工资待遇低、工作环境差、劳动强度大的行业缺工情况严重；另一方面，"技工荒"，即高技能人才数量短缺是全国范围内各大行业普遍存在的现象。目前，我国照护服务作为专业技术较强的行业其劳动力市场的非均衡性比较明显，甚至在未来较长一段时间内，我国照护服务人力资源将持续性短缺：2030年之前缺口率会持续超过 50%，到 2040 年后会有所下降，但仍处于较高水平，接近 40%（廖少宏，2016）。面对我国养老照护服务劳动力市场的巨大缺口，如何结合劳动力市场的基本理论及完善养老照护服务人力资源的需求与供给机制，同时如何培育出高质量和高水平的非正式照护人力资源和正式照护人力资源队伍，是本书重点考虑的问题。

（三）二元劳动力市场分割理论

1954 年，Cole 发表了《劳动力市场的分割》一文，首次提出了劳动力市场有内部劳动力市场和外部劳动力市场之分。1971 年，Doeringer 和 Piore 提出了二元劳动力市场分割理论，该理论认为劳动力市场并不是一个统一的市场，而是被分割成了主要和次要劳动力市场两个部分；其中，主要劳动力市场收入高、工作稳定、工作条件好、就业稳定、培训机会多、具有良好的晋升机制，并且劳工者的工资不完全由工人的边际劳动生产率决定，而是由职位本身的特点所决定。对于主要劳动力市场的劳动者而言，教育和培训能够提高其收入；而次要劳动力市场则与之相反：收入低、工作不稳定、工作条件差、培训机会少、缺乏晋升机制，基本是没有"出路"的工作（郭正模，2009），且次要劳动力市场的劳动者接受教育和培训对于提高其收入作用甚微。此外，两种劳动力市场之间的流动较少。该理论提出后，各国学者利用本国相关数据对所在国家的劳动力市场进行实证检验，结果显示，每个国家都存在不同程度的二元劳动力市场，只是在程度上存在差异。我国学者郭丛斌（2004）也对这个问题进行了研究，发现我国也存在二元劳动力市场分割情况。目前，我国的次级劳动力市场的劳动者多由农村进入城市打工的外出务工人员（或称"农民工"）以及城镇的下岗职工构成。

我国的养老照护服务市场是一个典型的次级劳动力市场，具有收入较低、工作强度大、晋升机会小以及社会地位低等特征。目前，从事养老照护行业的照护服务者大多是年龄在 40—55 岁之间、文化程度相对较低的农村务工或下岗人员（赵玲、朱书翠，2013），这部分人员在上岗前几乎没有接受过相关培训，且在工作中也较少获得培训机会，基本上是依赖"干中学"获取经验。如何打破我国劳动力市场的分割制度，构建统一性的劳动力市场，培育照护服务的人力资源是本书构建"居家扶助型"养老模式的人才机制时重点考虑的问题。

四　帕累托改进理论

帕累托改进属于福利经济学的范畴。福利经济学从社会成员的总体福利出发研究如何对社会资源进行最优配置以增进社会成员的福利问题。福利经济学的萌芽是洛桑学派的重要代表人物意大利经济学家帕累托的经济思想（高启杰，2012），其提出的帕累托最优标准是福利经济学发展的基础（郭伟和，2001）。1920年英国经济学家庇古《福利经济学》一书的出版标志着福利经济学的诞生。因此，从时间上看，福利经济学在经济学发展史上属于诞生较晚的一门学科。自福利经济学诞生以来，该科学的相关理论成为分析养老方式效用、效率及效果的重要工具之一。

既然福利经济学是研究对社会资源的最优配置的问题，那如何衡量资源配置的结果是否合意？福利经济学家帕累托在序数效用理论的基础上提出了社会资源配置的价值判断标准，也称帕累托原理。帕累托原理包括两个部分：一是帕累托改进，属于动态社会资源配置判断标准；二是帕累托最优，属于静态社会资源配置标准。其中，帕累托改进是这样一种状态，即一项社会变革能够使一部分的社会福利增加的同时并不减少其他成员的福利。一般情况下，当一项社会经济政策的提出或变革使得所有社会成员的福利都有所改善时，我们称该项政策的提出或改革是有效率的，可取的；如果社会经济政策的提出或变革使得部分成员的福利有所改善，而又使得部分成员的福利受损，此时该项政策的提出或改革是否有效率，是否可取，是一个两难的选择。福利经济学理论中，对该问题的看法分为两派：一种是主张效率式改进，他们认为只要一项社会政策的提出或变革有利于现有福利水平较高者即可推行；二是罗尔斯改进，他们的观点与效率式改进相反，认为社会政策的推出或变革有利于福利水平较低者而不利于福利水平较高者时即可推行。两种改进分别反映了社会政策变动的两种价值观念或取向，不存在"对"或"错"之分。

现实社会中有很多属于帕累托改进的范例，一般认为，属于帕累托改进的社会政策变革容易受到社会成员的接受，反之则容易被社会成员"排斥"。而"居家扶助型"养老模式作为一种旨在改进农村失能老年人这一群体社会福利的经济社会政策，其对农村养老照护服务资源的配置是否有效？该养老模式的推行能否增进各行为主体的福利状况，即该政策的推行是否是农村养老模式的一种帕累托改进是值得进一步研究的内容，本书将在第二节分析这一问题。

五 多元福利主义理论

多元福利主义理论是 20 世纪 70 年代欧洲福利国家治理国家福利并兴起的一股思潮,并迅速在福利领域占据了主要地位(张国平,2015)。多元福利主义理论(也称混合福利经济)的基本观点是主张减弱政府的干预,其核心是强调福利供给主体的多元化,即政府将福利供给的责任和资源部分转移至其他部门,是一个政府放权/分散化责任和其他部门积极参与社会福利供给的过程。

在福利多元主义框架之下,学者们提出了不同的福利组合理论。Rose (1986) 是最早对多元福利主义进行明确论述的学者,并提出了福利三角概念,认为福利是全社会的产物,国家、市场和家庭三个部门中的任何一个部门单独提供社会福利都具有缺陷,而三者联合提供的福利才是一个完整的社会福利整体。德国学者 Evers (1988) 在借鉴罗斯的多元福利组合理论的基础上,提出福利多元主义的研究范式,认为福利三角的研究分析框架应放在文化、经济和政治的背景中,并将三者具体化为应对的组织、价值和社会成员的关系(如表 3-1 所示)。但随后,Evers 在后续的研究中发现福利三角并不能很好地解释福利国家的福利问题,进而提出福利多元主义四分法的分析框架,将福利供给主体分为国家、市场、社区和民间社会四个主体(Evers,1996),并且特别强调民间社会在社会福利中的特殊作用(彭华民、黄叶青,2006)。Johnson (1987,1999) 在研究中同样主张采取四分法分析问题,并在罗斯的三元部门组合中加入了志愿组织,丰富了多元组合理论(李学斌,2012)。在 Johnson 的福利部门下,分权和参与是实现社会福利多元化的途径(彭华民,2006)。

福利多元主义是社会政策的一个宏观分析范式,在福利国家陷入困境之时,给福利国家的社会政策吹来了一股新鲜的风(张国平,2015),同时对处于社会转型时期的中国社会保障制度改革具有借鉴意义。在以儒家伦理为核心的中国传统文化体制下,家庭在福利提供中有着不可替代的作用。但经济改革以来,受计划生育政策、人口老龄化以及城镇化等社会、经济因素的影响,家庭保障功能逐渐弱化。此时,家庭如何在新时代背景中发挥其保障作用?政府应不应该对老年人服务大包大揽?市场又如何进入老年人服务领域?多元福利主义给我们提供了一个可以借鉴的理论模式：平衡各福利主体的作用。首先，国家是养老服务供给的主导力量，但同时要对部分职能和养老服务资源进行分权，分权并不意味着卸下责任，而是转换了承担责任的方式，从包揽一切者转变为服务购买者、政策制定者和监督者；其次，市场、非营利组织、社区等组织是养老服务供给的核心力量，鼓励其积极参与和供给养老服务，并根据老年人的不同需求制订照护服务计划，提高养老服务供给的效率；最后，家庭是养老服务供给的基础力量，应强化家庭在养老保障中的基础性作用。本书以福利多元主义为理论基础，结合我国国情，探讨"居家扶助型"养老模式照护服务的供给主体在农村养老服务供给中的角色和定位，并为深入分析政府、家庭、农村集体及其他社会力量在"居家扶助型"养老模式资源供给中的关系提供理论依据。

表 3-1　　　　Evers 的福利三角：组织、价值和关系

福利三角	组织	价值（文化/社会经济和政治背景）	关系（文化/社会经济和政治背景）
（市场）经济	正式	选择、自主	行动者和经济关系
国家	公共	平等、保障	行动者和国家关系
家庭	非正式/私人	（微观）团结、共有	行动者和社会关系

资料来源：彭华民，《福利三角一个社会政策分析的范式》，《社会学研究》2006 年第 4 期。

六　博弈理论

博弈论，英文为 Game Theory，是经济学等社会学科中的一种重要的分析方法，主要研究决策主体的行为发生直接相互作用时候的决策以及这种决策的均衡问题（张维迎，2002）。博弈论包括合作博弈（Cooperative Game）和非合作博弈（Non-Cooperative Game），前者强调团体理性，讲求效率、公平和公正；后者强调个人理性及个人决策，其结果可能是有效的，也有可能是无效的。现代博弈论一般指非合作博弈，很少指合作博弈。现代博弈理论给出了非合作博弈模型的两种基本表达形式：标准式表述和扩展式表述。标准式表述又称为战略式表述或矩阵式表述。博弈的标准式表述有三个基本要素：参与人、战略和支付函数，主要用来表示静态博弈，如两人有限战略博弈的标准型可以用一个矩阵来表示。对比之下，扩展型表述在标准式表述的基础上，扩展了描述博弈局势的要素：参与人、参与人的行动顺序、参与人的行动集合、参与人的信息集合以及支付

函数。扩展式表述可以描述更复杂的博弈局势,极大地扩大了博弈理论所能描述的范围,一般用来表述动态博弈。而博弈树是扩展式表述的一种形象化表述,能够一目了然地显示出参与人行动的先后次序、每位参与人可选择的行动以及不同行动组合下的支付水平(张维迎,2002)。

"居家扶助型"养老模式作为一种旨在改进农村失能老年人社会福利的经济社会政策,必然涉及这类群体中所有成员之间的利益关系。正是由于利益的存在(政府出资给付失能老年人或照护服务提供者照护服务金),可能会诱发道德风险问题,如在老年人和照护者申请该养老模式的资金补贴资格阶段,可能存在照护者和被照护者串谋骗取照护补贴金的行为;或在被照护者(失能老年人)和照护者成功申请到养老模式的资格后,照护者可能出现不认真照护老年人、甚至虐待老年人的行为。博弈理论为解决这些道德风险提供了有力的分析工具。本书基于博弈理论,使用博弈矩阵及博弈树的表述形式分析"居家扶助型"养老模式中存在的这些道德风险问题,为"居家扶助型"养老模式在我国农村实施的可行性提供理论基础。

第二节 "居家扶助型"养老模式的效率分析

"居家扶助型"养老模式的主体主要包括三方:失能老年人、照护者(或护工)、政府部门。失能老年人为照护服务的需求者,照护者和政府部门是照护服务的供给者。其中,照护者是照护服务的直接供给者,而政府则是照护服务的间接提供者。本节结合效用理论分析该模式的实施为各方主体效用产生的影响。

一 失能老年人的效用变化

假设失能老年人的效用水平由消费一般商品的数量和接受照护服务的数量两部分组成。失能老年人可以消费的照护服务包括洗澡、穿衣、个人卫生、洗衣服、打扫卫生及陪同就医等,消费一般商品包括除此之外的其他的商品。同时,假定失能老年人的收入既定(可以是养老金或来自子女的赡养费,也可以是自己年轻时的储蓄等),失能老年人可以使用收入购买一般商品和照护服务商品。失能老年人的效用函数可以用经典的柯布—道格拉斯效用函数来表示。

(一) 申请"居家扶助型"养老模式之前的效用

失能老年人在申请"居家扶助型"养老模式以前,其效用函数为:

$$U_0 = C_0^\alpha Q_0^\beta \qquad 式(3-5)$$

$$s.t. \ P_C C_0 + P_Q Q_0 = R_0 \qquad 式(3-6)$$

其中,C_0表示消费商品的数量;Q_0表示初始状态时失能老年人得到照护服务的数量;式(3-6)是失能老年人的收入预算约束,R_0表示初始收入,为既定常数;P_Q表示照护服务的价格,为既定常数;P_C表示商品的价格,为既定常数。α表示失能老年人在享受照护服务时得到的效用在总效用中所占的份额,β表示失能老年人在消费一般商品时获得的效用在总效用中所占的份额,α和β为常数,且$\alpha+\beta=1$。

构建拉格朗日方程:$L = C_0^\alpha Q_0^\beta + \lambda_0(R_0 - P_C C_0 - P_Q Q_0)$

$$\frac{\partial L}{\partial C_0} = \alpha C_0^{\alpha-1} Q_0^\beta - \lambda_0 P_C = 0$$

$$\frac{\partial L}{\partial O_0} = \beta C_0^\alpha Q_0^{\beta-1} - \lambda_0 P_Q = 0$$

$$\frac{\partial L}{\partial \lambda_0} = R_0 - P_C C_0 - P_Q Q_0 = 0$$

由上述公式可得:$\alpha P_Q Q_0 = \beta P_C C_0 \qquad 式(3-7)$

继而求得:$Q_0 = \frac{\beta R_0}{PO}$、$C_0 = \frac{\alpha R_0}{PC} \qquad 式(3-8)$

由式(3-8)可知,失能老年人对照护服务和一般商品的消费数量取决于其收入状况及商品的价格,一般情况下,收入越高,购买照护服务和一般商品的数量就越高;而商品的价格越低,购买的数量相应较低。当失能老年人由家庭成员提供照护服务时,相比由他人或专业照护机构提供照护服务,家庭成员提供的价格较低,在收入水平既定的情况下购买一般消费品的能力也得到提高,结果是失能老年人消费的照护服务数量和消费品数量增多,从而其效用水平较高。这也是失能老年人由家庭成员提供照护服务时普遍感到幸福快乐的原因之一。

(二) 申请"居家扶助型"养老模式之后的效用

失能老年人在申请"居家扶助型"养老模式之后,其效用函数为:

$$U_1 = C_1^\alpha Q_1^\beta \qquad 式(3-9)$$

$$s.t. \ P_C C_1 + P_Q Q_1 = R_0 + A \qquad 式(3-10)$$

其中，Q_1 表示采用"居家扶助型"养老模式时失能老年人得到照护服务的数量；C_1 表示消费商品的数量；式（3-10）是失能老年人的收入预算约束，A 表示政府发放的照护服务补贴金，R_0、P_Q、P_C、α、β 的含义未变。

构建拉格朗日方程：$L = C_1^\alpha Q_1^\beta + \lambda_0(R_1 + A - P_C C_0 - P_Q Q_0)$

$$\frac{\partial L}{\partial C_1} = \alpha C_1^{\alpha-1} Q_1^\beta - \lambda_1 P_C = 0$$

$$\frac{\partial L}{\partial Q_1} = \beta C_1^\alpha Q_1^{\beta-1} - \lambda_1 P_Q = 0$$

$$\frac{\partial L}{\partial \lambda_1} = R_0 + A - P_C C_1 - P_Q Q_1 = 0$$

由上述公式可得：$\alpha P_Q Q_1 = \beta P_C C_0$ 式（3-11）

继而解得：$Q_1 = \dfrac{\beta(R_0 + A)}{(\alpha + \beta) P_Q}$、$C_1 = \dfrac{\alpha(R_0 + A)}{(\alpha + \beta) PC}$ 式（3-12）

因此，$\dfrac{Q_1}{Q_0} = \dfrac{\beta(R_0 + A)}{\beta R_0} > 1$，$\dfrac{C_1}{C_0} = \dfrac{\alpha(R_0 + A)}{\alpha R_0} > 1$

由式（3-7）和式（3-11）可得：$\dfrac{Q_0}{Q_1} = \dfrac{C_0}{C_1}$

$$\frac{U_1}{U_0} = \frac{C_1^\alpha Q_1^\beta}{C_0^\alpha O_0^\beta} = \left(\frac{C_0}{C_1}\right)^\alpha \left(\frac{Q_1}{Q_0}\right)^\beta = \left(\frac{Q_1}{Q_0}\right)^{\alpha+\beta} > 1$$

通过上述分析，可以得出以下结论：采用"居家扶助型"养老模式之后，失能老年人得到的效用水平提高，此时不仅能够获得更多的照护服务，消费一般商品的能力也有所增加。总体而言，"居家扶助型"养老模式的实施能够提高失能老年人的晚年养老生活质量。失能老年人在"居家扶助型"养老模式实施前后，其效用变化情况如图 3-3 所示，图中照护服务数量由 Q_0 增加到 Q_1，消费数量由 C_0 增加到 C_1，同时，效用水平由 U_0 增加到 U_1。

二 照护者的效用变化

假设照护者的效用由消费一般商品的时间和提供照护服务的时间两部分组成，其效用函数同样使用经典的柯布—道格拉斯效用函数来表示。

（一）"居家扶助型"养老模式实施之前的效用

在"居家扶助型"养老模式实施之前，假设照护者此时提供的照护

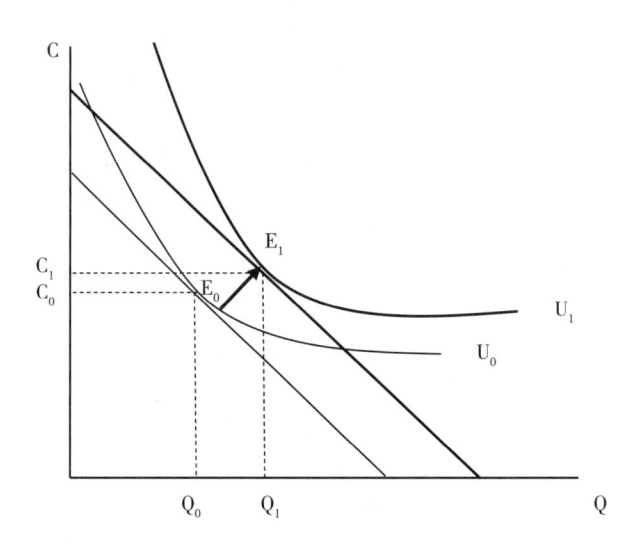

图 3-3 模式前后老年人效用的变化

服务是出于一种责任感，或是对家人的责任，或者对亲戚朋友的一种友谊（情感）付出。此时，照护者的效用的高低取决于照护服务带来的责任感和自身消费商品的数量，两者都用时间衡量各自带来的效用。同时假设照护者的时间资源共有 16 个小时（除去 8 个小时的休息时间），照护者对照护时间、消费时间以及劳动时间进行选择。其中，照护者将劳动收入的一部分用于一般商品的消费，另一部分用于储蓄。效用函数表示为：

$$U_0 = H_0^{\alpha} G_0^{\beta} \quad \text{式 (3-13)}$$

$$s.t. \quad P_G G_0 + S_0 = L_0 W_L \quad \text{式 (3-14)}$$

$$H_0 + G_0 + L_0 = 16 \quad \text{式 (3-15)}$$

其中，H_0 表示在"居家扶助型"养老模式实施之前，照护失能老年人的时间；G_0 表示消费一般商品的时间；式（3-14）是照护者的收入预算约束，式（3-15）是照护者的时间预算约束，L_0 表示劳动时间；P_L 表示劳动的价格，为既定常数；P_G 表示一般商品的价格，为既定常数，S_0 表示收入的一部分用于储蓄。α 表示照护者提供的照护服务能够为其带来的效用在总效用中所占的份额，β 表示照护者在消费一般商品时获得的效用在总效用中所占的份额，α 和 β 为常数，且 α+β=1。

构建拉格朗日方程：

$$K = H_0^{\alpha\beta}{}_0 + \lambda_0 (L_0 W_L - P_G G_0 - S_0) + \eta_0 (16 - H_0 - G_0 - L_0)$$

$$\frac{\partial K}{\partial H_0} = \alpha H_0^{\alpha-1} G_0^{\beta} - \eta_0 = 0$$

第三章 "居家扶助型"养老模式的理论基础　　65

$$\frac{\partial_K}{\partial \lambda_0} = L_0 W_l - P_G G_0 - S_0 = 0$$

$$\frac{\partial K}{\partial \eta} = 16 - H_0 - G_0 - L_0 = 0$$

由上述公式可得：$\dfrac{\alpha G_0}{\beta H_0} = \dfrac{\eta_0}{\lambda_0 PG + \eta_0} = \dfrac{W_L}{PG + WL}$　　式（3-16）

即：$\alpha P_G G_0 + \alpha G_0 W_L = \beta H_0 W_L$　　式（3-17）

继而解得：$H_0 = \dfrac{(16W_L - S_0)\alpha}{WL}$、$G_0 = \dfrac{(16W_L - S_0)\beta}{PG + WL}$　　式（3-18）

由式（3-18）可知，照护者对提供照护服务的时间取决于其劳动小时工资。一般情况下，劳动小时工资越高，提供照护服务的时间越短。原因可能在于，当照护者的劳动工资较高、而提供照护服务所获得的报酬较少时，其提供照护服务的机会成本较高，因此，照护者可能放弃或减少照护"责任"，这也是目前我国照护服务供给资源较少的主要原因。同时，照护者对消费一般商品的时间取决于其劳动小时工资和一般消费商品的价格。一般情况下，劳动小时工资对消费时间的影响有两方面的作用：一方面劳动小时工资越高激励着照护者会提供较多时间的劳动，从而消费时间减少；另一方面，劳动小时工资越高意味着照护者的收入较高，从而又会增加消费时间；两方面的综合作用决定了劳动小时工资对消费数量的总影响。同时，一般消费商品的价格越高，照护者购买的数量相应较低。

（二）"居家扶助型"养老模式之后的效用

在"居家扶助型"养老模式实施之后，如果照护者提供照护服务可以获得 A 金额的照护津贴，此时作为收入的一部分，照护者既可以将其用于消费一般商品，也可以将其部分用于储蓄，即为 S_1，有 $S_1 \geq S_0$，A $\geq S_1 - S_0$。此时，照护者的效用函数为：

$$U_1 = H_1^\alpha G_1^\beta$$
$$s.t.\ P_G G_1 + S_1 = L_1 W_l + A$$
$$H_1 + G_1 + L_1 = 16$$

构建拉格朗日方程：

$$K = H_1^\alpha G_1^\beta + \lambda_1(L_1 W_L + A - P_G G_1 - S_1) + \eta_1)(16 - H_1 G_1 - L_1)$$

$$\frac{\partial K}{\partial H_1} = \alpha H_1^{\alpha-1} G_1^\beta - \eta_1 = 0$$

$$\frac{\partial K}{\partial G_1} = \beta H_1^\alpha G_1^{\beta-1} - \lambda_1 P_G - \eta_1 = 0$$

$$\frac{\partial K}{\partial L_1} = \lambda_1 W_L - \eta_1 = 0$$

$$\frac{\partial K}{\partial \lambda_1} = L_1 W_L + A - P_G G_1 - S_1 = 0$$

$$\frac{\partial K}{\partial L} = 16 - H_1 - G_1 - L_1 = 0$$

由上述公式可解得：$\frac{\alpha G_1}{\beta H_1} = \frac{W_L}{PG + WL}$，即 $\alpha P_G G_1 + \alpha G_1 W_L = \beta H_1 W_L$

式（3-19）

继而可得：$H_1 = \frac{(16W_L + A - S_1)\alpha}{WL}$、$G_1 = \frac{(16W_L + A - S_1)\beta}{PG + WL}$

式（3-20）

由式（3-17）代入式（3-19），得：$\frac{G_1}{G_0} = \frac{H_1}{H_0}$　　式（3-21）

由式（3-18）和（3-20），可得：

$$\frac{H_1}{H_0} = \frac{16W_L - S_1 + A}{16W_L - S_0} = 1 + \frac{A - (S_1 - S_0)}{16W_L - S_0} > 1$$

即 $H_1 > H_0$，$G_1 > G_0$，此时，$\frac{U_1}{U_0} = \frac{H_1^\alpha G_1^\beta}{H_0^\alpha G_0^\beta} = \frac{H_1}{H_0} > 1$

由此得出以下结论：在实施"居家扶助型"养老模式之后，照护者得到的效用水平提高，不仅能够提供更多的照护服务，消费一般商品的能力也有所增加。在中国的孝道理念下，即使不给予照护者照护补贴，晚辈也要尽心尽力做好赡养老年人的工作，更何况在给予彰显政府养老财政投入的补贴之后，更能引导子女及其他亲属为老年人提供亲情照护。因此，采用"居家扶助型"养老模式之后，照护者提供的照护服务时间由 H_0 增加到 H_1，消费数量由 G_0 增加到 G_1，同时，效用水平由 U_0 增加到 U_1，如图3-4所示。

值得一提的是，上述分析只适用于在"居家扶助型"养老模式实施之前已经提供照护服务的人员，不适用于未提供照护服务的人员（如果继续采用本书假设的效用函数，则在初始阶段的照护时间为0，此时效用水平也为0，显然这是不现实的）。模式实施之前未提供照护服务的人员

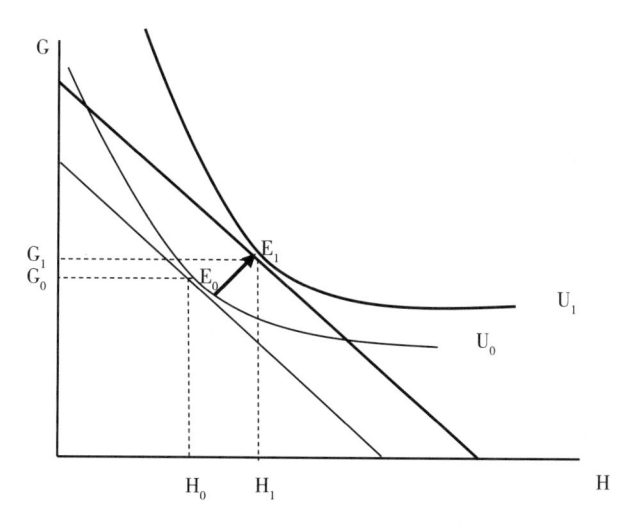

图 3-4 模式前后照护者效用的变化

一般为在外打工挣取高工资的亲属以及亲属之外的人员等,补贴金的存在能够激励部分人员提供照护服务。首先,对于未提供照护服务的亲属,在具有补贴金之后,其因放弃高工资而提供照护服务的机会成本减少,同时为失能老年人提供照护服务所产生的责任感也会增加,因此,如果这部分人员选择在模式实施后提供照护服务,意味着其提供照护的机会成本小于由此带来的收益(经济收益和精神收益之和),即效用水平会增加。其次,对于失能老年人亲属之外的人员,如朋友、邻居等人,多为平时在家不外出工作的家庭妇女或低龄健康老年人,这部分人员在"居家扶助型"养老模式实施之后,其提供照护服务的机会成本较小,而收益为能获得照护补贴金,因而在模式实施后选择提供照护服务的亲属之外人员其效用水平也会增加。

三 "居家扶助型"养老模式的社会效率

"居家扶助型"养老模式的实施也能改善政府或社会的状况。在"居家扶助型"养老模式下,政府或社会是最终的受益方:一方面,"居家扶助型"养老模式是一种整合现有养老资源的养老模式,失能老年人在家中接受养老服务能够为政府或社会节省一笔养老设备的开支,即降低了社会养老的固定投入;另一方面,"居家扶助型"养老模式允许聘用知根知底的亲属或熟人作为照护人员,能有效保障照护服务的质量(即使是陌生人为失能老年人提供照护服务,其家属也可以作为监督人保障照护服务的质量),从而降低了交易成本。同时,"居家扶助型"养老模式为照护服务行业创造了就业机会,也缓解了我国照护服务人力资源不足的难题,有助于社会的稳定和发展。

由上述分析可知,"居家扶助型"养老模式的实施能够使各方主体的福利状况得到改善,因此可以认为该养老模式的实施是一种帕累托改进。若用社会效率的增加值表示帕累托改进的大小,结果如图 3-5 所示。在"居家扶助型"养老模式实施之前,照护服务的市场均衡点为 e_0,此时社会效率为 be_0c,在"居家扶助型"养老模式实施之后,由上述分析可知,照护服务的需求和供给同时增加,即需求曲线和供给同时发生右移,结果是照护服务的社会效率增加,增加数量为图中 ae_1dce_0b 表示的面积。

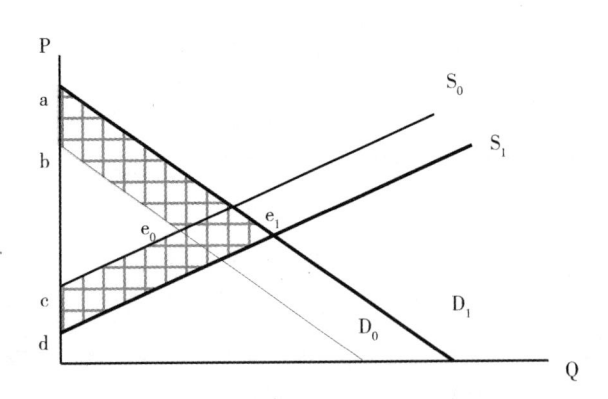

图 3-5 模式实施前后的社会效率变化

"居家扶助型"养老模式的实施给照护服务需求者和供给者带来的效率增加值受需求曲线和供给曲线弹性大小的影响。从需求视角考虑,一般情况下,对"居家扶助型"养老模式提供的照护服务需求具有较大弹性的人群,即照护服务需求受价格影响较大的人群,如经济收入水平较低者,因经济水平限制其对多样化养老模式的选择力度较小,因而接受具有补助性质的居家养老方式——"居家扶助型"养老模式的可能性越大,对这部分人群,实施该养老模式为其带来的效率增加值较高。而对"居家扶助型"养老模式提供的照护服务需求具有较小弹性的人群,即照护服务需求受价格影响较小的人群,如经济收入水平较高者,因经济水平较高能够支持其选择多样化的养老模式,因而其接受"居家扶助型"养老模式的可能性不如经济收入水平较低者高,对这部分人群,实施该养老模式为其增加的效率较少。图3-6中的（1）图说明了需求弹性对社会效率增加值的影响情况，由图可知，具有较大弹性的需求者其社会效率增加值为图中$ae_1'dce_0'b$的面积，而具有较小弹性的需求者其社会效率增加值为图中ae_1dce_0b的面积。显然，前者的面积大于后者。因此，在我国经济收入水平较低的农村地区率先实施"居家扶助型"养老模式，以及先行覆盖我国农村低收入人群是提高我国养老照护服务社会效率的有效办法。

从供给视角考虑，供给的弹性同样影响了社会效率变化的大小。一般情况下，供给弹性较大者，即对照护服务价格，继而对照护补贴金较为敏感者（往往是家人或朋友等），照护补贴的发放能够激励其提供更多的照护服务，社会效率的增加值$ae_1'dce_0'b$大于弹性较小者的增加值ae_1dce_0b，如图3-6中的（2）所示。因此，针对失能老年人的亲属及其朋友发放照护服务补贴金可以促进我国照护服务市场的社会效率。

结合以上分析，本书得出"居家扶助型"养老模式的实施对利益相关方能够产生正向的影响：失能老年人和照护者的效用增加，同时社会效率提高，因而"居家扶助型"养老模式的实施是一种帕累托改进。

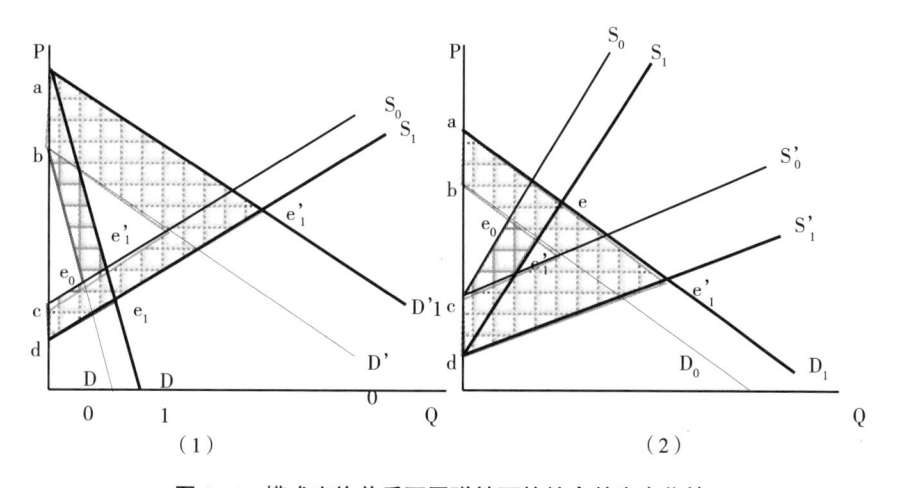

图3-6 模式实施前后不同弹性下的社会效率变化情况

第三节 "居家扶助型"养老模式的道德风险分析

"居家扶助型"养老模式下，若老年人身体发生失能状况，则老年人或照护者可以向相关部门提出申请,审核通过后相关部门会按照老年人的失能等级支付给照护者(包括直接支付和间接支付)每月一定数量的补贴金。但也正是由于补贴金的存在,可能会在以下阶段诱发道德风险:

一是发生在老年人和照护者申请"居家扶助型"养老模式的资金补贴资格阶段。由于政府部门需要审核老年人的身体状况、失能级别、经济收入等相关资格条件,而对每项工作的资格鉴定都是一项复杂的工程,如果政府的审查工作稍有放松,很有可能会引发老年人和照护者为骗取补贴金而进行串谋的道德风险问题。串谋行为的发生意味着护理资源过度浪费:政府相关部门不得不承担与现有照护水平不匹配的巨额费用,从而占据了本可以用于其他方面的稀缺资源,使该养老模式成为社会的沉重负担,并制约该养老模式的发展。对于政府部门来说,为了减少因道德风险而增加的财政负担,最安全的措施是对老年人和照护者的申请资格进行严格审核,但审核是需要成本的,不仅影响政府对审核态度的选择,同时影响着老年人和照护者串谋行为的选择态度。因此,对老年人和照护者的串谋行为以及政府的审核态度进行博弈分析是十分必要的,对构建"居家扶助型"养老模式的运行机制具有重要的理论意义。

二是在老年人和照护者成功申请到养老模式的资格后,可能出现照护者不认真照护老年人,甚至是虐待老年人的道德风险。一旦此类情况发生,不仅会给老年人的身心健康带来损害,降低失能老年人的生活质量,同样也制约着该养老模式的健康发展。对于政府相关部门来说,为减少此类道德风险,需要加大对照护者的监督力度,但监督的成本高低直接影响着政府的监督态度。因此,对照护者的照护态度和政府的监督态度进行博弈分析,找出预防道德风险的措施,有利于提升老年人的生活质量,也有利于该养老模式的可持续性发展。

本部分基于博弈理论,使用博弈矩阵及博弈树的表述形式分析"居家扶助型"养老模式中存在的这些道德风险问题,为"居家扶助型"养老模式在我国农村实施的可行性提供理论基础。

一 串谋行为的三方博弈混合战略分析

(一)模型基本假设

基于照护补贴金串谋行为的三方博弈模型,本书假设如下。

1. 参与人为政府、照护者和老年人,三者都是理性的经济人,都以自身利益最大化为目标。

2. 老年人和照护者双方都存在串谋意愿时，串谋才会发生；否则串谋不会发生。

3. 行动的顺序如下：a 自然决定老年人是否需要护理，假设需要护理的概率为 P_0，不需要护理的概率为 $1-P_0$；b 老年人决定是否串谋，假设选择串谋的概率为 P_A，选择不串谋的概率为 $1-P_A$；c 照护者按照自己的意愿选择是否串谋，假设选择串谋的概率为 P_B，选择不串谋的概率为 $1-P_B$[①]；d 政府决定是否进行资格审核，假设选择审查的概率为 P_C，选择不审查的概率为 $1-P_C$。

4. P_0 为公共信息，P_A、P_B、P_C 为私人信息。

5. 老年人和照护者串谋的成本为 0。

（二）模型的结构

在博弈过程中，三方参与人均有两个可供选择的策略，老年人面临的策略是串谋与不串谋，其行动空间为（串谋，不串谋），设其选择串谋的概率为 P_A，选择不串谋的概率为 $1-P_A$。照护者面临的策略是串谋与不串谋，其行动空间为（串谋，不串谋），设其选择串谋的概率为 P_B，选择不串谋的概率为 $1-P_B$。政府面临的策略选择是审查和不审查，其行动空间为（审查，不审查），设其选择审查的概率为 P_C，选择不审查的概率为 $1-P_C$。因此，在本博弈模型中，参与人面临的选择是混合战略，而不是纯战略。

假设需要照护的老年人其失能程度分为两个等级：需要初级的照护和需要高级的照护，其中初级照护的补贴金额为 R，高级护理的补贴金为 $R+\triangle R$。本书分析的老年人只包括需要初级照护的那一部分人群，原因是如果老年人是需要高级照护者，就不存在骗取高补贴金的串谋动机。在老年人需要照护的情况下，老年人和照护者的串谋指的是双方为了获取更高等级的补贴金而谎报身体健康状况的信息。如果老年人和照护者串谋成功，则两人平分超额补贴金，即每人分得 $\triangle R/2$；如果串谋行为被政府发现，则两人要缴纳一定的罚金 f，并且按照初级照护标准给予补贴。在老年人不需要照护的情况下，老年人和照护者的串谋指双方为了获取补贴金而谎报身体健康状况的信息。如果老年人和照护者串谋成功，则两人平分

[①] 老年人先串谋还是照护者先串谋的顺序并不影响最终结果。

补贴金，即每人分得 R/2；但如果政府审查出老年人和照护者串谋，则两人要缴纳一定的罚金 f。假设老年人被照护会给老年人自身带来的效用水平为 U，给社会带来的效用为 W，政府的审查成本为 S。为了得出各参与方的收益函数，本书采用博弈树模型对其进行分析，如图 3-7 所示。

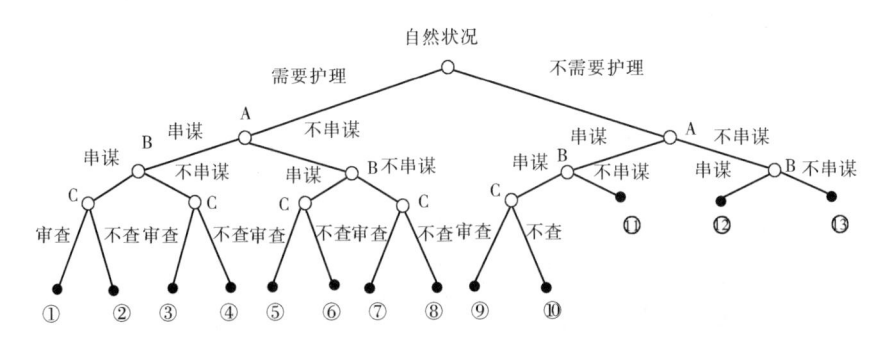

图 3-7　基于老年人、照护者和政府三方动态博弈的串谋问题博弈树

其博弈树分析的各方收益矩阵如表 3-2，收益矩阵中的第一项是老年人的收益，第二项是照护者的收益，第三项是政府的收益。确定收益矩阵后，采用逆向归纳法可以求出三方动态博弈的均衡解（Evans，1974）。由于假设的行动顺序为老年人—照护者—政府，因此，先根据最后参与人——政府的期望收益函数求出最优解；其次，根据第二参与人——照护者的期望收益函数求出最优解；最后确定老年人的最优解，最终得到的三者的最优解即为动态博弈模型的均衡解。

表 3-2　　　　　　老年人、照护者、政府的支付矩阵

序号	收益矩阵
①	(U−f, R−f, W+2f−S)
②	(U+△R/2, R+△R/2, W)
③	(U, R, W−S)
④	(U, R, W)
⑤	(U, R, W−S)
⑥	(U, R, W)
⑦	(U, R, W−S)
⑧	(U, R, W)
⑨	(−f, −f, 2f−S)

续表

序号	收益矩阵
⑩	(R/2, R/2, 0)
⑪	(0, 0, 0)
⑫	(0, 0, 0)
⑬	(0, 0, 0)

(三) 博弈的混合均衡分析

通过博弈树和收益矩阵可以求出动态博弈均衡解，以下分别对各方的均衡解进行分析。

1. 政府的期望收益均解

在老年人串谋概率为 P_A、照护者串谋的概率为 P_B 的情况下，政府选择审查与不审查的期望收益分别为：

$E^C_{检查} = P_0\{P_A[P_B(W+2f-S)+(1-P_B)(W-S)]+(1-P_A)[P_B(W-S)+(1-P_B)(W-S)]\}+(1-P_0)P_AP_B(2f-S) = P_0(W-S)+P_AP_B(2f-S)+P_0P_AP_BS$

$E^C_{不检查} = P_0\{P_A[P_BW+(1-P_B)W]+(1-P_A)[P_BW+(1-P_B)W]\}+(1-P_0)P_AP_B \cdot 0 = P_0W$

根据混合策略博弈均衡原理，有 $E^C_{检查} = E^C_{不检查}$，即：

$P0(W-S)+P_AP_B(2f-S)+P_0P_AP_BS = P_0W$

解得：$P_AP_B = P_0S/(P_0S+2f-S)$

此时，$P_A = P_0S/[P_B(P_0S+2f-S)]$ 式（3-22）

$\qquad P_B = P_0S/[P_A(P_0S+2f-S)]$ 式（3-23）

2. 照护者的期望收益均衡解

在老年人串谋概率为 P_A、政府审查的概率为 P_C 的情况下，照护者选择串谋与不串谋的期望收益分别为：

$= P_0P_AP_C[(R-\Delta R)/2]+P_0P_A[(\Delta R-R)/2]-P_AP_C(f+R/2)+P_AR/2+P_0R$

$E^B_{不串谋} = P_0\{P_A[P_CR+(1-P_C)R]+(1-P_A)[P_CR+(1-P_C)R]\}+(1-P_0) \cdot 0 = P_0R$

根据混合策略博弈均衡原理，有 $E^B_{串谋} = E^B_{不串谋}$，即

$P_0P_AP_C[(R-\Delta R)/2]+P_0P_A[(\Delta R-R)/2]-P_AP_C(f+R/2)+$

$P_A R/2 + P_0 R = P_0 R$

解得：$P_A = 0$ 或 $P_C = \{P_0[(R-\Delta R)/2] - R/2\}/\{P_0[(R-\Delta R)/2] - (R/2) - f\}$

若 $P_A = 0$，式（3-22）变为 $0 = P_0 S/(P_0 S + 2f - S)$，在 P_0 和 S 不为 0 的情况下，$P_0 S/(P_0 S + 2f - S) \neq 0$，故 $P_A = 0$ 舍去。

3. 老年人的期望收益均解

在照护者串谋概率为 P_B、政府审查概率为 P_C 的情况下，老年人选择串谋与不串谋的期望收益分别为：

$= P_0 P_B P_C[(R-\Delta R)/2] + P_0 P_B[(\Delta R - R)/2] - P_B P_C(f + R/2) + P_B R/2 + P_0 U$

$E^A_{\text{不串谋}} = P_0\{P_B[P_C U + (1-P_C)U] + (1-P_B)[P_C U + (1-P_C)U]\} + (1-P_0)[P_B \cdot 0 + (1-P_B) \cdot 0] = P_0 U$

根据混合策略博弈均衡原理，有 $E^A_{\text{串谋}} = E^A$ 不串谋，即：

$P_0 P_B P_C[(R-\Delta R)/2] + P_0 P_B[(\Delta R - R)/2] - P_B P_C(f + R/2) + P_B R/2 + P_0 U = P_0 U$

解得：$P_C = \{P_0[(R-\Delta R)/2] - R/2\}/\{P_0[(R-\Delta R)/2] - (R/2) - f\}$ 或 $P_B = 0$

若 $P_B = 0$，式（3-23）变为 $0 = P_0 S/(P_0 S + 2f - S)$，在 P_0 和 S 不为 0 的情况下，$P_0 S/(P_0 S + 2f - S) \neq 0$，故 $P_0 = 0$ 舍去。

综上，老年人、照护者和政府三方博弈的混合策略均衡解为：

$\{P_0 S/[P_B(P_0 S + 2f - S)]\}$，$P_0 S/[P_A(P_0 S + 2f - S)]$，$\{P_0[(R-\Delta R)/2] - R/2\}/\{P_0[(R-\Delta)/2] - (R/2) - f\}$

需注意的是，只有当 $P_0 S + 2f - S > 0$，即 $f > [S(1-P)]/2$ 时，该三方动态博弈混合均衡才存在。

（四）博弈结果分析

1. 根据 $P_A = P_0 S/[P_B(P_0 S + 2f - S)]$ 和 $P_B = P_0 S/[P_A(P_0 S + 2f - S)]$ 得出以下两点结果：

（1）$\partial(P_A)/\partial f = -P_0 S/[P_B(P_0 S + 2f - S)^2] < 0$，$\partial(P_B)/\partial f = -P_0 S/[P_A(P_0 S + 2f - S)^2] < 0$，说明在其他条件一定时，老年人和照护者是否采取串谋骗取补贴金的行为取决于政府对骗取补贴金行为的惩罚力度。惩罚力度越大，老年人和照护者采取串谋的可能性就越小。因为惩罚力度越大，说明老年人和照护者串谋行为的机会成本就越高，从而就会加

强自我约束，减少不良行为。

(2) $\partial(P_A)/\partial S = 2P_0 f/[P_B(P_0 S + 2f - S)^2] > 0$，$\partial(P_B)/\partial S = 2P_0 f/[P_A(P_0 S + 2f - S)^2] > 0$，说明在其他条件一定时，老年人和照护者是否采取串谋骗取补贴金的行为取决于政府进行审查的成本S。政府审查的成本越高，老年人和照护者串谋的可能性就越大。因为政府在审查成本比较高的情况下，进行审查的可能性就越小，从而促使老年人和照护者采取一些机会主义行为。

2. 根据 $P_C = \{P_0[(R - \Delta R)/2] - R/2\}/\{P_0[(R - \Delta R)/2] - (R/2) - f\}$ 得出以下两点结果：

(1) $\partial(P_C)/\partial(\Delta R) = fP_0/\langle 2\{P_0[(R - \Delta R)/2] - (R/2) - f\}^2 \rangle > 0$，说明在其他条件一定时，政府的审查概率随高级护理补贴金与初级护理补贴金差额的变大而增加。因为高低护理补贴金差额越大，老年人或照护者采取串谋行为的可能性就越大，为避免资源浪费，就越激励政府采取审查的策略。

(2) $\partial(P_C)/\partial(f) = \{-[(1 - P_0)R + \Delta R]\}/\langle 2\{P_0[(R - \Delta R)/2] - (R/2) - f\}^2 \rangle < 0$，说明在其他条件一定时，政府的审查概率随着惩罚力度的增加而减少。一方面，政府对老年人和照护者的串谋行为的惩罚力度越大，就越容易抑制老年人和照护者的串谋行为；另一方面，政府的惩罚力度越大，越能使老年人和照护者相信政府进行审查这一威胁。两方面作用共同降低了政府的审查概率。

(五) 结论

通过上述分析，可以得出以下两点结论：

一是，老年人和照护者的串谋行为是政府审查成本和惩罚金额的函数，即 $P_A = F(S, f)$，$P_B = F(S, f)$。随着政府审查成本的减小、惩罚力度的加大，老年人和照护者选择串谋的可能性就越低。反之，老年人和照护者为骗取补贴金而进行串谋的可能性就越高。由此可以得出，只要政府在实施"居家扶助型"养老模式的过程中，对失能老年人身体失能状况的评估有一套严格的标准，并且建立一套完善的、具有激励作用的惩罚机制，就能够减少甚至杜绝老年人和照护者之间的串谋行为，从而保证资源的合理利用，促进该养老模式的长期可持续性。

二是，政府对老年人和照护者的资格审查的行为是高低护理补贴金差额和惩罚金额的函数，即 $P_C = F(R - \Delta R, f)$。随着补贴金差额的减小和惩罚力度的增加，政府对老年人和照护者进行审查的概率就越小。反之，概率就越大。该结论表明，政府要实施高概率的审查机制，进而减小串谋的可能性，就要提高不同等级之间的补贴金差额，并设定合理的惩罚机制，以平衡政府审查和串谋之间的关系。

二 政府监管与照护者照护态度博弈的混合战略均衡分析

(一) 模型的基本假定

假定1：政府和照护者都是理性的经济人，都以自身利益最大化为目标。

假定2：政府和照护者之间的信息不对称。政府不确定照护者是否认真照护老年人，但知道照护者认真和不认真照护老年人的概率。同时，照护者对政府是否进行监督检查的信息也不清楚，但知道政府进行和不进行监督检查的概率。

(二) 模型的结构

在政府和照护者的博弈中，参与人1是照护者，参与人2是政府。照护者面临的策略是随机性的选择认真与不认真，其行动空间为（认真，不认真），设其选择认真的概率为 P_Z，选择不认真的概率为 $1-P_Z$。政府面临的策略选择是随机性的进行监督和不监督，其行动空间为（监督，不监督），设其选择监督的概率为 P_G，选择不监督的概率为 $1-P_G$。因此，在这个博弈中，参与人面临的选择是混合战略，而不是纯战略。

假设照护者认真照护老年人给社会带来的收益为 W_1，给自己带来的收益为 R，且认真照护要花费其 C_1 的成本；不认真照护老年人给社会带来的损失为 W_2，给自己带来的收益为 R，且不认真照护要花费其 C_2 的成本，$C_1>C_2$；政府对照护者进行监督的成本为 J，查出照护者不认真照护老年人时对照护者的罚款为 K，并假定 J<K，且政府一旦进行监督检查，就能查出照护者的不认真行为。因此，在上述假定条件下，照护者在政府监督的情况下，选择认真照护的收益为 $R-C_1$，选择不认真照护的收益为 $R-C_2-K$；在政府不监督的情况下，选择认真照护的收益为 $R-C_1$，选择不认真照护的收益为 $R-C_2$。政府在照护者认真照护的情况下，选择监督的收益为 W_1-J-R，选择不监督的收益为 W_1-R；在照护者不认真照护的情况下，选择监督的收益为 $-W_2-J-R+K$，选择不监督的收益为 $-W_2-R$。两者之间的支付矩阵如表3-3所示。

表 3-3　　　　　　　政府和照护者之间博弈的支付矩阵

		政府	
		监督	不监督
照护者	认真	R-C₁　　W₁-J-R	R-C₁　　W₁-R
	不认真	R-C₂-K　　-W₂-J-R+K	R-C₂　　-W₂-R

(三) 博弈的混合战略均衡

在照护者认真照护概率为 P_Z 的情况下，政府选择监督检查和不监督的预期收益分别为：

$E_{监督} = P_Z(W_1 - J - R) + (1 - P_Z)(-W_2 - J - R + K) = P_Z(W_1 + W_2) - W_2 - J - R + K - P_Z K$

$E_{不监督} = P_Z(R_1 - R) + (1 - P_Z)(-W_2 - R) = P_Z(W_1 + W_2) - W_2 - R$

如果 $>E_{不监督}$，即 $P_Z < 1 - (J/K)$，则政府的最优选择是监督；如果 $E_{监督} < E_{不监督}$，即 $P_Z > 1 - (J/K)$，则政府的最优选择是不监督；如果 $E_{监督} = E_{不监督}$，即 $P_Z = 1 - (J/K)$，则政府随机地选择监督与不监督。因此，均衡状态是：$E_{监督} = E_{不监督}$，$P_Z = 1 - (J/K)$。

在政府监督概率为 P_G 的情况下，照护者选择认真照护和不认真照护的预期收益分别为：

$E_{认真} = P_G(R - C_1) + (1 - P_G)(R - C_1) = R - C_1$

$E_{不认真} = P_G(R - C_2 - K) + (1 - P_G)(R - C_2) = R - P_G K - C_2$

如果 $E_{认真} > E_{不认真}$，即 $P_G > (C_1 - C_2)/K$，则照护者的最优选择是认真照护老年人；如果 $E_{认真} < E_{不认真}$，即 $P_G < (C_1 - C_2)/K$，则照护者的最优选择是不认真照护老年人；如果 $E_{认真} = E_{不认真}$，即 $P_G = (C_1 - C_2)/K$，则照护者随机地选择认真或不认真照护老年人。因此，均衡状态是：$E_{认真} = E_{不认真}$，$P_G = (C_1 - C_2)/K$。

综上，混合战略纳什均衡是 $P_Z = 1 - (J/K)$，$P_G = (C_1 - C_2)/K$。即照护者以 $1(J/K)$ 的概率选择认真照护，政府以 $(C_1 - C_2)/K$ 的概率选择进行监督。

(四) 博弈结果分析

1. 根据 $p_Z = 1 - J/K$ 可以得出以下两点结果

(1) $\partial(P_Z)/\partial J = -1/K < 0$，说明在其他条件一定时，照护者是否采取认真照护老年人的行为取决于政府进行监督检查的成本 J。政府监督的

成本越高，照护者采取认真照护的可能性就越小。因为政府在监督成本比较高的情况下，进行监督的可能性较小，从而诱发照护者的机会主义行为。

(2) $\partial(P_Z)/\partial K = 1/K^2 > 0$，说明在其他条件一定时，照护者是否采取认真照护老年人的行为取决于政府对不认真照护老年人行为的惩罚力度。惩罚力度越大，照护者采取认真照护的可能性就越大。因为惩罚力度越大，说明照护者不认真照护行为的机会成本就越高，从而自我约束其不良行为。

2. 根据 $P_G = (C_1 - Cm2)/K$ 可以得出以下两点结果

(1) $\partial(P_G)/\partial(C_1 - C_2) = 1/K > 0$，说明在其他条件一定时，政府的监督概率随照护者采取认真照护与不认真照护所付出的成本差额的变大而增加。照护者认真照护所付出的成本与不认真照护成本之差越大，照护者采取不认真照护行为的可能性就越大，从而越能激励政府采取监督的策略。

(2) $\partial(P_G)/\partial K = -(C_1 - C_2)/K^2 < 0$，说明在其他条件一定时，政府的监督概率随着惩罚力度的增加而减少。一方面，政府对照护者的不认真照护行为的惩罚力度越大，就越容易刺激照护者采取认真照护的态度；另一方面，政府的惩罚力度越大，越能使照护者相信政府进行监督的威胁。两方面作用共同降低了政府的监督概率。

(五) 结论

一是，照护者的照护态度是政府监督成本和惩罚金额的函数，即 $P_Z = F(J, K)$。随着政府监督成本的减小、惩罚力度的加大，照护者采取认真照护的自律性就越高。反之，照护者不认真照护老年人，甚至是虐待老年人的道德风险事件就越多。由此可知，有效率的监督机制和惩罚机制能够规范照护者的道德行为，从而能够提高"居家扶助型"养老模式的运行效率。

二是，政府对照护者监督检查的行为是照护者采取认真照护与不认真照护所付出的成本差额和惩罚金额的函数，即 $P_G = F(C_1-C_2, K)$。随着成本差额的减小和惩罚力度的增加，政府对照护者进行监督检查的概率就越小。反之，监督的概率就越大。

由此可知，降低"居家扶助型"养老模式中的道德风险需要制度的约束，既需要完善的监督机制，从而规范相关主体的行为；同时，也需要完善的奖惩机制，激励相关主体做出的利他的行为。因此，"居家扶助型"养老模式运行的效率需要一系列的基础保障和配套制度的完善作为支持。

本章小结

本章为"居家扶助型"养老模式的理论基础。首先，从家庭代际关系理论、人力资本理论、帕累托理论以及博弈理论出发证明"居家扶助型"养老模式在我国农村地区的发展具有理论可行性，从劳动力市场理论及多元福利主义理论出发为"居家扶助型"养老模式运行机制及配套机制的构建提供理论基础；其次，从效率视角采用效用模型分析"居家扶助型"养老模式对利益相关方产生的影响，得出该模式对失能老年人、照护者及政府（社会）都能产生正向影响的结论，由此得出"居家扶助型"养老模式是一种帕累托改进的社会政策；最后，从博弈论视角分析了"居家扶助型"养老模式存在的道德风险问题，得出只要该养老模式的法律机制、监督机制以及其他配套机制较为完善，即可以将该模式中存在的道德风险减少到最小，也为"居家扶助型"养老模式运行机制和配套机制的设计提供了方向。综上，无论从效率视角来看，还是从模式中存在的风险视角考虑，在我国农村地区实施"居家扶助型"养老模式是一项利好的政策，只要其具有完善的运行及配套机制，就能够保障该养老模式的运行效率。

第四章

"居家扶助型"养老模式主体选择意愿的实证分析

根据第三章的理论分析,"居家扶助型"养老模式是一项能够改进相关主体福利状况的一项制度,为该模式在农村地区的推广提供了理论基础。在此基础上,本章对农村居民选择"居家扶助型"养老模式的意愿进行实地调研,分析具有哪些特征的农村居民愿意选择该养老模式。选择意愿是指对"居家扶助型"养老模的接纳程度,一般包括供给主体的选择意愿以及需求主体的选择意愿。具有选择愿意的供给主体一般指愿意为该养老模式中的失能老年人提供照护服务的农村居民,即愿意为失能老年人提供照护服务并因此而获得照护服务报酬,供给主体在本书中也简称为照护服务的供给者或照护者;具有选择愿意的需求主体一般指当个人处于或正处于失能状态时愿意接纳"居家扶助型"养老模式的农村居民,其在采纳该养老模式之后能够保障自己在身体失能状态时的生活质量,需求主体在本书中也可简称为照护服务的需求者或被照护者。本章首先对供需主体对"居家扶助型"养老模式的选择意愿进行分析,然后分析影响各方主体做出选择的因素,通过实证分析能够得出具有哪类特征的人群愿意采纳"居家扶助型"养老模式,进而在设计该养老模式的机制时将具有显著特征的因素考虑在内,以完善"居家扶助型"养老模式运行机制,并提高运行效率。

第一节 模式主体的选择意愿

一 照护服务供给主体的选择

(一)模式的选择意愿

理论上,身体已失能的人没有向他人提供照护服务的能力,但现实中也不排除极个别失能者向他人提供照护服务的特殊情况（如一位仅不能穿衣服但能正常走动的轻度失能者可以借助辅助性工具为其他身体失能者送饭）。本书暂不考虑这种特殊情况，即假定身体失能者没有向他人提供照护服务的能力。基于此假设，在1832名被调查者中，只有身体健康的1404名被调查者有向他人提供照护服务的能力，为"居家扶助型"养老模式照护服务的潜在供给者。统计结果显示，有883名被调查者愿意采用"居家扶助型"养老模式进而向他人，包括自己的父母、配偶、配偶父母、其他亲属、邻居、朋友以及陌生人等提供照护服务，此部分人群占潜在供给者的62.9%；而有521人不愿意采用"居家扶助型"养老模式，即不愿意采用该养老模式向他人提供照护服务，占比为37.1%。

（二）照护对象的选择

按照照护服务的提供者（供给者或照护者）和接受者（需求者或被照护者）之间是否有亲缘关系，可将被照护者划分为两类，一是具有亲缘关系的配偶、自己父母和配偶父母，二是不具有亲缘关系的朋友、邻居及陌生人。

图4-1为883名被调查者对第一类被照护对象的供给意愿，由图可知，对于无论处于哪种失能程度的配偶，被调查者对其的照护意愿都很高。而对轻度失能和中度失能程度下自己的父母，其供给意愿略低于自己的配偶，但对重度失能程度下自己的父母的照护意愿又高于配偶。可能性的原因是，能为配偶提供照护服务的可选人员仅为自己或子女，而为父母提供照护服务的人员除了自己之外，还包括兄弟姐妹等其他家庭成员。考虑到家庭成员之间提供照护服务的可替代性，因而当父母的身体状况处于轻度或中度失能时，自己提供照护服务的意愿相对较低。但当父母处于重度失能程度时，尤其是临终关怀阶段，自己对父母的照护意愿更大一些。同时被调查者对配偶父母的照护意愿相对低一些，但与前两者的差距不大。由此可以得出，被调查者对自己朝夕相处的配偶以及自己父母的照护意愿最强，且两者的差异不大；而对配偶父母的照护意愿稍弱与前两者，说明照护者在被照护对象的选择上会按照亲缘关系或血缘关系的远近进行决策。

图4-2为被调查者愿意照护第一类被照护对象的原因，其中绝大部分被调查者一致认为自己为具有亲缘关系的人提供照护服务"是自己的责任"，该结果诠释了亲人间的真情和义务，也体现出中国传统孝道文化

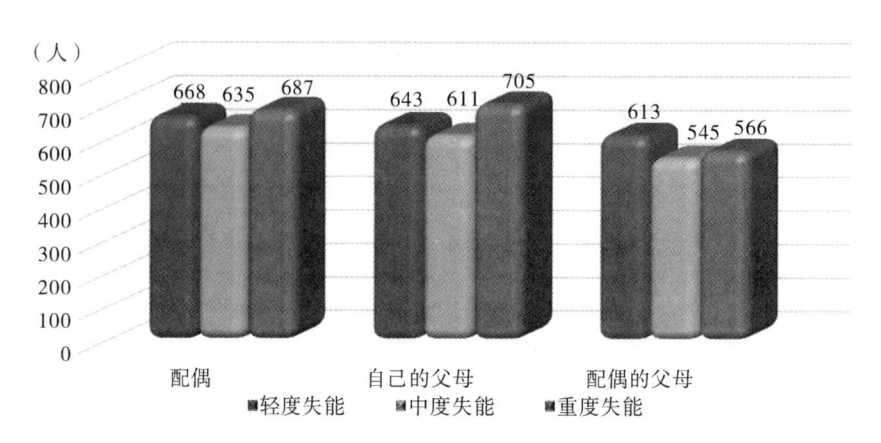

图4-1 被调查者对第一类被照护对象的供给意愿（多选）

在农村家庭养老中占据重要地位。次要原因"没有其他人照料、只能由自己照护"更多体现出被调查者的被动性提供照护服务的意愿，是出于一种无奈的选择。第三个原因是被调查者喜欢和老年人相处，相比于次要原因，此原因是被调查者主动性提供照护服务的意愿。同时，养老机构费用高、作为一项收入来源以及打发空余时间也是被调查者愿意照护第一类被照护对象的原因，且这几个选项之间的差异不大。

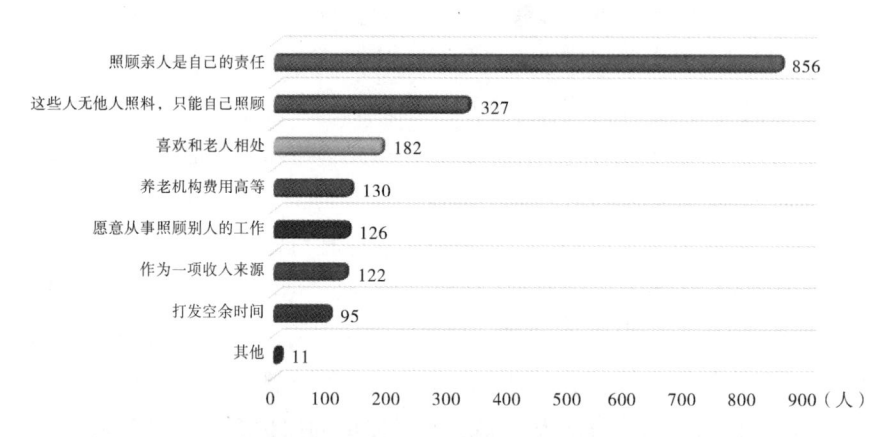

图4-2 被调查者愿意照护第一类被照护对象的原因（多选）

与对第一类人群的供给意愿相比，被调查者对第二类人群的供给意愿明显降低，如图4-3所示。首先，被调查者对轻度失能朋友的照护意愿和自己的家人相比差距较小，邻居次之，对陌生人的照护意愿相对最弱；其次，被调查者对中度和重度失能朋友、邻居和陌生人的照护意愿比第一类人群相比下降的幅度较大。从第二人群的内部比较来看，被调查者对轻度失能的第二类人群照护愿意提供照护服务的人数较多，且同等失能程度下对朋友的供给数量多于邻居和陌生人。最后，无论是朋友、邻居还是陌生人，随着被照护者失能等级的增加，愿意提供照护服务的被调查者数量下降的较快。此外，另有 254 人对任何失能程度的第二类人群都不愿意提供照护。由此可见，农村被调查者对轻度失能的朋友和邻居提供照护服务的可能性更大一些，对其他失能程度的非亲缘关系人员提供照护服务的可能性较小。该结果说明，受"邻里互助""朋友互助"的美德影响，部分农村居民乐于为有困难的村民提供帮助，这为农村"居家扶助型"养老模式体系吸纳农村剩余劳动力作为照护服务提供者提供了得天独厚的情感优势。

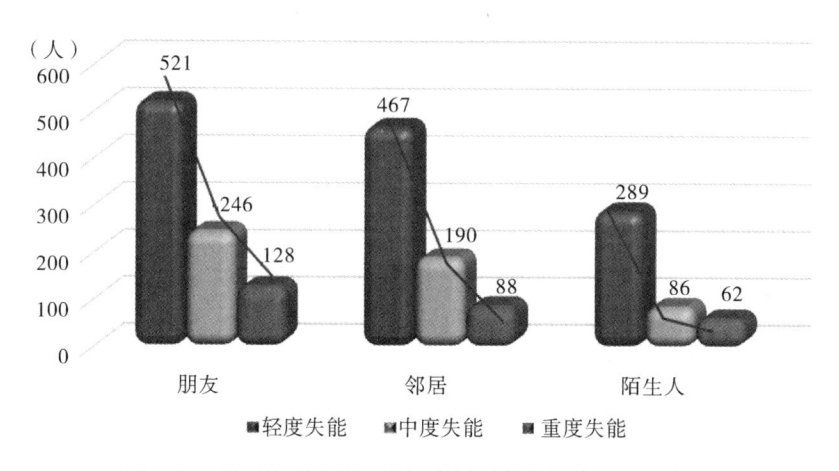

图 4-3 被调查者对第二类被照护对象的供给意愿（多选）

在愿意照护第二类对象的原因上，被调查者首要考虑的因素是将其作为一项收入来源，如图 4-4 所示。和愿意照护第一类被照护对象相比，照护服务的补贴机制激励了被调查者对第二类被照护者提供照护服务的意愿。由此可以看出，"居家扶助型"养老模式的特点之一——补偿机制，对农村居民提供照护服务的意愿具有激励作用，能够调动被调查者对第二类被照护者提供照护服务的积极性。

选择其他原因的被调查者，多数认为照顾非亲缘关系的人员是"中华互帮互助的传统美德"，在别人有难时帮一把是在"做善事"，也有部分人认为照护朋友是"对友谊关系的一种责任"，体现出儒家"仁义"思想在农村地区发挥了重要作用。此外，从调查结果来看，选择"愿意从事照顾别人的工作"和"打发空余时间"这两个原因的被调查者数量差异性不大。可见，在自己空余时间里，能够做自己喜欢的事情并且有一定的劳务报酬能够激励被调查者提供照护服务。

原因	人数
作为一项收入来源	317
其他	197
愿意从事照顾别人的工作	186
打发空余时间	168
喜欢和老人相处	113

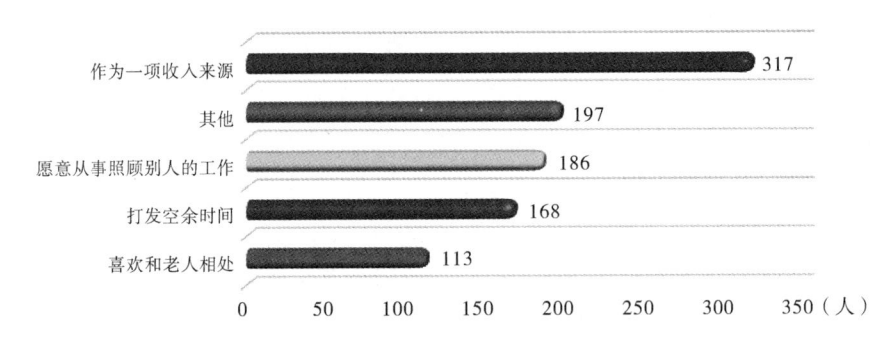

图 4-4　被调查者愿意照护第二类被照护对象的原因（多选）

（三）参加免费护理服务培训的意愿

在愿意提供照护服务的 883 名被调查者中，当询问其是否愿意参加政府免费提供的关于护理服务的培训活动时，愿意参加的有 735 人，不愿意参加的有 138 人，如表 4-1 所示。

表 4-1　　　　参加免费护理服务培训的意愿及交叉分析　　　　单位：人

		愿意参加护理培训	不愿意参加护理培训
性别	女性	404	60
	男性	331	78
学历	没上过学	98	25
	小学	176	29
	初中	204	41
	高中、中专	104	14
	大专及之上	163	29
护理经验	有	403	78
	无	342	60

在愿意参加的 735 人中，有 404 名女性、331 名男性，女性明显更愿意参加护理服务培训。在不愿意参加培训的 138 人中，男性不愿意参加的人数多于女性，该结果也从侧面反映出农村女性居民参加培训的意愿更强；从教育水平来看，初中学历的人员愿意参加培训的人数最多，而无学历人员的意愿最低。在进行问卷调查的过程中，一些没有上过学的被调查

者反映，由于自己年龄缘故不愿意参加培训，或者因为自己不认识字怕学不会培训内容故而不愿意参加培训。从照护经验角度分析，曾有过照护经验的人员更愿意参加培训，他们愿意结合自己已有的照护经验再学习一些新的照护技巧；但也有部分具有照护经验的被调查者认为自己具有照护经历，因而不需要再进行培训，因此不愿意参加。同时，没有照护经历的人由于缺乏对照护服务内容的了解，或本身就对照护服务不感兴趣，参加培训的意愿较低。

二 照护服务需求主体的选择

（一）模式的选择意愿

在1832名被调查者中，有428人的身体已经处于失能状态，这部分人员[①]出于人本主义需要对"居家扶助型"养老模式照护服务的需求是即时需求，即直接需求。而1404名身体健康者虽然目前对照护服务的需求不是即时的，但其未来年老失能时也可能会对"居家扶助型"养老模式产生需求。因此，这部分人群对"居家扶助型"养老模式的需求为间接需求。统计结果显示，428名身体已失能者中，愿意采用"居家扶助型"养老模式的人数为349人，即愿意使用"居家扶助型"养老模式获得照护服务，占比为81.54%，平均年龄为74岁；而有79人不愿意采用"居家扶助型"养老模式，占比为18.46%；1404名身体健康者中，有1114人愿意采用"居家扶助型"养老模式获得照护服务，平均年龄为45岁，占比为79.34%，另290人不愿意采用该养老模式，占比为20.66%。总体上，无论是身体已失能的被调查者，还是身体健康的被调查者，他们对"居家扶助型"养老模式的选择意愿较高，且高于农村居民对该养老模式照护服务的供给意愿选择。

（二）期望照护自己的人员选择

1. 身体已失能人群的选择

349名身体已失能者对希望照护自己的人员的选择如图4-5所示。首先，期望儿子照顾自己的人最多，为278人，占比79.7%，该

[①] 因有39名身体已失能的农村居民是接近60岁的人，虽然他们不是60岁及以上"老年人"的范畴，但他们在不久的将来也会对"居家扶助型"养老模式形成需求。因而，本书将这部分人员也纳入即时需求中。本书以下章节中，若未做特殊说明"即时需求"都包括39名接近60岁的农村失能居民。

数据说明农村身体失能者更多期望自己的儿子承担照顾自己的责任，同时也从心理层面反映"养儿防老"这种心理预期在农村依旧是主流的社会共识，也是农村社会共同的规范和伦理；其次，希望女儿照顾自己的人数略低于儿子的数量，为 231 人，占比 66.2%；再次，希望儿媳及配偶照护自己的人数占失能老年人总人数的比例都在半数之上；最后，农村身体失能人员对专业照护人员、其他亲戚、朋友或邻居、同村村民照护自己的人数较少，说明目前我国农村身体失能人员最期望照护自己的人员是具有亲缘关系的人，而对非亲缘关系人员提供的照护服务需求较少。

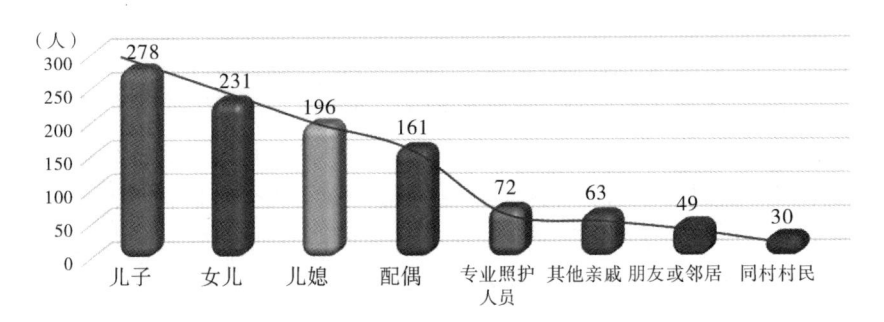

图 4-5 期望照护自己的人员（多选）

在问及"若您的直系亲属不能照顾您，您希望由谁来负责您的日常照顾工作？"时，556 名身体失能者中，有 170 人选择由其他亲属照护，139 人选择有专业照护人员照护，108 人选择朋友、邻居照护，73 人选择同村村民照顾，另有 66 人都不愿意接受这些人照护自己，即只愿意接受儿子、女儿、儿媳或配偶的照护。由此可以看出，身体失能者除直系亲属外，选择照护自己的首要人员还是具有亲缘关系的亲属，第二选择则是具有专业照护能力的人员。由此可见，将其他亲属包括在"居家扶助型"养老模式中，具有一定的合理性，能够满足部分失能老年人对选择提供照护服务对象的特殊要求。

2. 身体健康居民在未来的选择

1114 名身体健康的被调查者其平均年龄为 45 岁，与已失能人员的年龄相比较为年轻。这部分人员在自己年老发生失能情况时，希望照护自己的人员选择如图 4-6 所示。首先，期望配偶照顾自己的人数最多，为 821 人，占比 73.7%，说明身体健康的被调查者在自己身体失能时将照护自己的期望人选寄希望于自己的配偶，即绝大部分被调查者将配偶归入照护自己的第一选择，这和已失能老年人的期望对象有所不同。可能性的解释是，若从生命周期的视角考虑，在生命周期的不同阶段，农村居民在自己养老时所依赖的对象选择随年龄及身体健康状况变化而发生改变：在自己年轻时（儿女年龄较小），配偶年龄也较为年轻，两者从自然相互依赖于彼此，而在年老时（子女年龄较大）由于配偶的年龄也变老，同时配偶的身体健康状况可能不佳，因此此时更依赖于年轻及身体健康的子女；另一方面，随着市场经济的不断发展，广大农村居民的儿女数量降低的同时青年劳动力外流的现象严重，加之传统的敬老、养老等家庭伦理道德观念受到了效益主义、拜金主义、个人主义以及消费主义等新的价值观（苏保忠，2009）的影响。因此，有子女的非老年农村居民对未来自己年老时子女养老的预期较小，只与配偶一起养老的心理预期不可避免地上升。其次，选择儿子照顾自己的有793人，占比71.2%，该数据说明农村居民对"养儿防老"的心理预期依旧较大；然后，选择女儿照顾自己的有722人，占比64.8%；再次，希望儿媳照护自己的人数较前三类人群有所下降，为506人；最后，和身体已失能人员类似，身体健康者对专业照护人员、其他亲戚、朋友或邻居、同村村民照护自己的意愿较弱，说明目前我国农村居民在自己身体失能时最期望照护自己的人员是具有亲缘关系的人，而对非亲缘关系的照护服务需求较少。

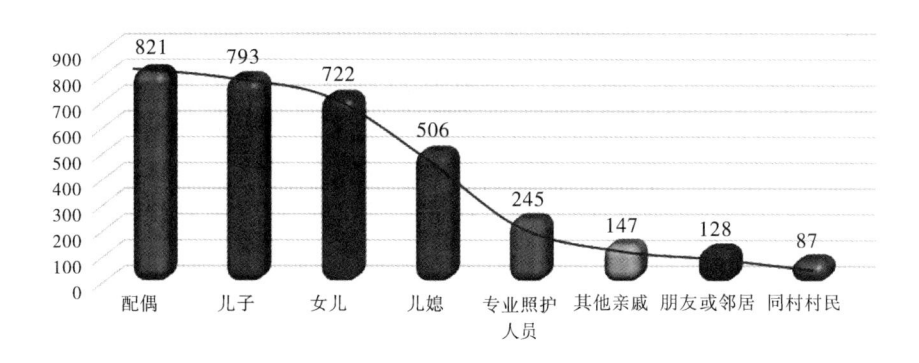

图 4-6　期望照护自己的人员（多选）

在问及"若您的直系亲属不能照顾您，您希望由谁来负责您的日常照顾工作？"时，1114名身体健康的农村居民中，有569人选择专业照护人员照护自己，占比51.1%；466人选择其他亲属照护，占比41.8%；360人选择朋友、邻居照护，222人选择同村村民照顾，另有155人都不愿意这些人照护自己。对比身体健康的农村居民和身体失能的农村居民对提供照护服务的人员选择，可以发现，在直系亲属无法照护自己时，身体健康者更倾向于选择让专业的照护人员照护自己，而身体已失能者更倾向于选择让自己的其他亲属照护自己。由此可以看出，年纪较年轻的农村居民对专业照护服务的需求高于年龄较大者，即专业化的社会性养老服务是未来养老服务的发展趋势。但即便如此，在"居家扶助型"养老模式中，身体健康者对其他亲属、朋友、邻居和同村村民提供的照护服务依然具有一定的需求。

三 模式选择的均衡分析

（一）全国范围内的选择均衡

有六成左右的身体健康的农村居民愿意接受"居家扶助型"养老模式，即愿意提供照护服务；而有八成左右的农村居民在自己身体出现失能状况时愿意采纳"居家扶助型"养老模式，即对照护服务有需求。由此可知，"居家扶助型"养老模式的照护服务市场存在需求意愿高于供给意愿的非均衡现象。

（二）区域范围内的选择均衡

从以失能人员的照护服务市场看（如表4-2所示），除东北地区的供给意愿大于需求意愿之外，其他地区的供给意愿均小于需求意愿，其中华南地区的供需意愿的缺口最大。由此结果可知，在"居家扶助型"养老模式推广初期，可以先行在供需意愿均高于全国水平且供需均衡度较高的东北地区或西南地区进行试点，待取得一定经验之后再在其他地区试点。从潜在需求者的意愿看，华南地区、华中地区、西南地区和东北地区的身体健康人员对"居家扶助型"养老模式的接受程度高于全国平均水平，表明这些地区的传统养老观念更为根深蒂固，尤其是华南地区的健康农村居民在未来更倾向于家庭养老，而华北地区和西北地区的身体健康人员对该养老模式的接受程度较低，尤其是西北地区已失能人员和身体健康人员的接纳程度存在较大差异，在一定程度上说明身体健康的人员（多为年轻的农村居民）在自己年老时对居家照护方式的偏好被某种因素所弱化。这也为后续的研究提供了方向，即影响全国不同地区农村居民对养老方式偏好差异的因素有哪些？是受经济因素的影响，或是社会、文化等因素的影响占据主导地位，还是上述多种因素的综合作用？

表 4-2　　　　　　　　　供求选择的区域均衡　　　　　　　（单位：%）

	供给意愿	即时需求愿意	潜在需求愿意
东北地区	88.39	80.00	83.04
华北地区	56.15	68.29	68.98
华东地区	61.54	77.42	80.59
华中地区	64.63	84.91	88.44
华南地区	59.72	90.91	91.67
西南地区	68.05	83.33	83.43
西北地区	54.88	85.88	69.02
全国	62.89	81.54	79.34

同时，本书通过调查得出，即时照护服务市场和潜在照护服务市场之间的需求意愿差异存在这样一种现象：在未来一段时间内，农村居民对采纳具有居家养老特征的养老模式的意愿降低，而对机构养老的需求增加（见4.3节分析），即出现一个非正式照护服务市场需求向正式照护服务需求转变的现象。因此，从长期来看，"居家扶助型"养老模式的供需非均衡现象会被弱化。为了考察哪些因素影响农村居民对采纳"居家扶助型"养老模式的选择产生影响，进而分析供需市场非均衡存在的原因，本书通过实地调查数据对影响因素进行实证分析。

第二节　模型选择与变量设定

一　模型选择

为检验哪些因素影响了农村居民对"居家扶助型"养老模式选择的意愿，并进一步明确这些因素的影响程度和显著性，本书首先将解释变量简化为愿意选择和不愿意选择两种情况。此时，选择意愿的结构是离散型的，在此基础上本书假设农村居民对"居家扶助型"养老模式选择意愿满足 *Logistics* 分布；其次，本书采用 Biniary Logistic 回归模型对调查数据进行实证分析。Biniary Logistic 回归模型中的因变量为二分变量，表明一种决策具有的两个可能性结果，公式如下：

$$Y = \begin{cases} 0, \text{不愿意选择} \\ 1, \text{愿意选择} \end{cases} \quad \text{式 (4-1)}$$

其中，Y=0表示农村居民不愿意选择"居家扶助型"养老模式，Y=1表示农村居民愿意选择"居家扶助型"养老模式。若将愿意选择的概率设为 ρ，则不愿意选择的概率为（$1-\rho$），将 ρ 视为解释变量的线性函数，即

$$\rho = \rho(y=1) = F(\beta_i X_i) \quad i=1, 2, \cdots, n \quad 式（4-2）$$

为进一步分析，引入 ρ 的 *Logistic* 函数变换，即将 $\rho/(1-\rho)$ 去自然对数，得 $\ln \rho/(1-\rho)$，此转换称为 ρ 的 *Logit* 转换，记为 *Logit*（ρ），公式如下：

$$Logit(\rho) = \ln\left(\frac{\rho}{1-\rho}\right) \quad 式（4-3）$$

式（4-3）中，$\ln \rho/(1-\rho)$ 是因变量选择意愿差异比的对数，将式（4-3）中的 $\ln \rho/(1-\rho)$ 作为对 $F(\beta_i X_i)$ 的函数，即可得到 *Logistic* 模型：

$$Logit(\rho) = \ln\left(\frac{\rho}{1-\rho}\right) = \alpha + \beta_1 X_1 + \beta_2 X_2 + \cdots +$$
$$\beta_i X_i + \cdots + \beta_n X_n + \varepsilon \quad i=1, 2, \cdots, n \quad 式（4-4）$$

由式（4-4）变形，可以进一步得到 ρ 和自变量 X_i 的相关关系：

$$\rho = \frac{e^{\alpha+\beta_1 X_1+\beta_2 X_2+\cdots+\beta_i X_i+\cdots+\beta_n X_n+\varepsilon}}{1+e^{\alpha+\beta_1 X_1+\beta_2 X_2+\cdots+\beta_i X_i+\cdots+\beta_n X_n+\varepsilon}} \quad i=1, 2, \cdots, 16 \quad 式（4-5）$$

二 变量设定

（一）供给意愿的变量设定

农村居民是否愿意接纳"居家扶助型"养老模式的分析的假设前提是农村居民是有限的理性经济人。农村居民选择采纳"居家扶助型"养老模式，进而为失能老年人提供照护服务实质是一种特殊的非农劳动力供给，作为理性人，农村居民的非农劳动供给是在比较利益的驱动下对其可支配的时间进行优化配置的结果，受到诸多因素的影响（周春芳，2012）。既有文化类因素，如传统的孝道观念、仁义思想、社会责任感等，也包括非文化类因素，如性别、年龄、收入水平及家庭情况等。本书不考虑文化类因素，仅从非文化类因素出发，主要探讨四大类变量：个体特征、家庭特征、经济特征及其他方面特征，具体情况分析如下。

1. 与个体特征相关的解释变量及假设前提

本书认为，农村居民对是否提供照护服务的决策与个人的人口学特征

有关，如年龄、性别、文化程度及婚姻状况等。

年龄和性别方面，年龄越大的人由于身体健康状况等原因，其供给意愿较弱；性别方面，女性在中国传统养老照护中扮演着十分重要的角色，是照护服务市场中最大的供给主体。因此，本书假设女性农村居民的照护服务供给意愿较男性居民更大。

教育水平方面，教育程度较高的农村居民其对工作的要求较高，不仅考虑工资水平的高低，还会考虑工作强度等问题，而照护服务属于劳动强度大且工资报酬低的行业，故教育程度较高者可能不愿意提供照护服务。因此，本书假设受教育程度和农村居民的照护服务供给意愿呈反向关系。

婚姻状况方面，一方面配偶是我国农村居民家庭养老的主要提供者，因此当配偶发生身体失能状况时，有配偶的农村居民比没有配偶的农村居民更愿意提供照护服务；另一方面，当配偶双方的身体都健康时，有配偶的农村居民因可与配偶共同分担家庭责任，其空闲时间比未婚，尤其是离异和丧偶人员较多，因此其提供照护服务的可能性比无配偶的农村居民大一些。综上，有配偶的农村居民比没有配偶的农村居民更愿意提供照护服务。

区域因素方面，农村居民对"居家扶助型"养老模式的供给选择可能具有区域差异。为考察供给选择的区域性差异，本书将第六次全国人口普查数据中全国各省份农村居民周平均工作时间（以小时单位）的长短作为区域变量的划分依据（见附录B）。一般情况下，农村居民平均工作的时间越长的省份，说明该省农村居民的空闲时间较少，因而提供照护服务的意愿较低。因此，本书假设，基于农村居民工作时间排序的区域变量与农村居民提供照护服务的意愿呈反向关系。

综上，假设个体的人口学特征是导致农村居民对"居家扶助型"养老模式照护服务的供给意愿出现差异化的重要原因，年龄、性别、教育程度、婚姻状况以及区域属性不同的农村居民群体对"居家扶助型"养老模式照护服务供给的选择存在差异，一般情况下，年纪较轻者、女性、有配偶的农村居民愿意提供照护服务的意愿更强烈。此外，在研究农村养老服务的供给情况时，很少有学者考虑民族属性这一人口学特征变量，而民族属性可能会对照护服务供给的意愿产生影响。因此，本书在个人特征中加入民族属性变量，考察其对照护服务供给选择的影响。

2. 与家庭特征相关的解释变量及前提假设

农村居民是否愿意提供照护服务与其家庭情况有关，如子女数量、家庭成员数量及兄弟姐妹数量4个变量。一般情况下，子女数量越多，农村居民为照顾子女或孙子孙女所花费的时间越多，从事照护服务的时间相对较少，故提供照护服务的意愿越低；家庭成员的数量越多，说明被调查者的家庭成员中潜在的被照护对象（自己配偶或长辈）越多，因此，其提供照护服务的可能性越大。

兄弟姐妹的数量对照护服务的意愿影响具有不确定性，一方面兄弟姐妹数量越多说明自己照顾父母或长辈的平均时间较少，即使自己不向父母或长辈提供照护服务他们也能得到其他兄弟姐妹的照护，这可能会削弱提供照护服务的意愿；另一方面，兄弟姐妹数量越多意味着自己有更多的亲属需要照顾，从亲情视角出发，其照护意愿可能较高。两方面的综合作用决定了农村居民提供照护服务选择的总方向。

综上，假设"居家扶助型"养老模式的供给意愿与农村居民的家庭特征有关，儿女数量越少、家庭成员数量越多的农村居民提供照护服务的意愿更强烈或提供照护服务的时间更长。

3. 与经济特征相关的解释变量及假设前提

农村居民是否愿意提供照护服务与其经济收入水平有关。一般情况下，经济收入和工作时间成正比，工资收入越高的农村居民其空闲时间较少，提供照护服务的可能性较低。若从劳动的替代效应考虑，收入越高者，其放弃正常工作时间进行照护服务的机会成本较高（工资高于照护补贴金），结果是提供照顾服务的意愿被削弱。但从劳动的收入效应视角考虑，人均家庭收入较高者也可能因其收入水平较高而不必早为其生计奔波，从而有更多的闲暇时间为他人提供照护服务。此时，收入水平反向影响了其对照护服务供给的选择。综上，替代效应和收入效用的综合作用决定了农村居民提供照护服务的选择方向。

4. 与其他方面特征相关的解释变量及假设前提

除上述特征之外，还有一些其他较为重要的因素影响着农村居民的供给选择，如是否具有照护经历、对目前农村养老生活的满意状况、购买长期护理保险、打工经历以及对自己年老时的养老预期方式选择。

一般情况下，具有照护经历的农村居民，因其了解照护工作的基本情况或他们至少不排斥提供照护服务，故比没有照护经历的农村居民更愿意提供照护服务；对目前农村养老生活满意度越高的农村居民，他们对该地区的养老政策以及养老环境的满意度较高，因此对政府部门推行的"居家扶助型"养老模式的认可度也较高，因而更愿意提供照护服务。

愿意购买长期护理保险的农村居民，他们往往对政府发布和实施的各种政策、制度（如社会保险）等较为信任和认可。因此，对政府主导的"居家扶助型"养老模式的认可度较大，从而也愿意参与到照护服务的供给工作中来。

具有打工经历的农村居民，他们曾追求过较高的经济收入（在打工期间的劳动收入通常高于务农收入），从机会成本角度考虑，若提供照护服务则要放弃较高的打工收入，即提供照护服务的机会成本较高，因而不愿意提供较为廉价的照护服务。

预期养老方式的选择上，自己年老时选择与配偶互助养老以及子女养老的农村居民，他们的养老观念较为传统。因此，这部分人群可能更愿意向他人提供具有家庭养老特征的"居家扶助型"养老模式的照护服务。而在自己年老时倾向于选择机构养老的农村居民，他们选择"居家扶助型"养老模式的意愿较弱。

综上，假设"居家扶助型"养老模式的供给意愿与农村居民的其他方面特征有关。一般情况下，具有照护经历、对目前农村养老生活满意度越高、愿意购买长期护理保险、不具有打工经历以及倾向于配偶或子女养老的农村居民提供照护服务的意愿越高。根据研究假设，四大类解释变量各自包含的具体变量和预期影响方向的描述如表4-3所示。

表4-3　　　　　　　　　解释变量的具体设定情况

一级自变量	二级自变量	赋值	预期方向
个体特征	省份 （周工作时间） （小时）	河南=1；湖南=2；河北=3；山西=4；四川=5；安徽=6；黑龙江=7；重庆=8；湖北=9；辽宁=10；山东=11；新疆=12；青海=13；贵州=14；广东=15；宁夏=16；甘肃=17；江苏=18；陕西=19；广西=20；北京=21；江西=22；吉林=23；浙江=24；云南=25	-
	性别	男=0；女=1	+
	年龄	实际值	-
	民族	汉族=0；少数民族=1	+/-
	婚姻状况	已婚=1；未婚=2；离异=3；丧偶=4	-
	教育年限	没上过学=0；小学=6；初中=9；高中或中专=12；大专及之上=16	-

续表

一级自变量	二级自变量	赋值	预期方向
家庭特征	儿子数量	实际值	-
	女儿数量	实际值	-
	兄弟姐妹数量	实际值	+/-
	家庭成员数量	实际值	+
经济特征	收入水平	小于3000元=1；3000元至5000元=2；5000元至10000元=3；10000元至20000元=4；20000元至30000元=5；30000元以上=6	+/-
其他特征	照护经历	无=0；有=1	+
	养老满意度	非常不满意=1；不满意=2；一般=3；满意=4；非常满意=5	+
	购买长护险	无=0；有=1	+
	打工经历	无=0；有=1	-
	养老预期方式	与配偶互助=1；子女赡养=2；其他亲属=3；邻居"互助"养老=4；养老机构养老=5	+/-

(二) 需求意愿的变量设定

影响农村居民愿意采纳"居家扶助型"养老模式，进而对该模式下照护服务需求的因素很多，如个人的健康状况、年龄、子女数量、家庭成员数量、收入情况和养老满意情况等。本书将可能影响"居家扶助型"养老模式需求的因素分为个体基本特征、家庭特征、经济特征及养老特征，具体情况分析如下。

1. 与个体特征相关的解释变量及假设前提

本书认为，个人的人口学特征因素是导致农村居民对"居家扶助型"养老模式照护服务需求选择出现差异的重要因素，体现了农村养老问题的复杂性和多样性，人口学特征包括年龄、性别、教育程度、婚姻状况及健康状况等。

年龄方面，一般情况下，年龄越大的农村居民一方面由于其受过去生活经历和传统养老观念的影响较深，另一方面因其身体健康状况越差，因而可能对具有"家庭照护"性质的"居家扶助型"养老模式有较强的需求。

性别方面，从传统思想考虑，女性农村居民受传统文化的影响可能较男性较深，思想更为保守，因而可能对"居家扶助型"养老模式的需求更大；另一方面，从不同性别的健康状况来看，60岁之后的老年人群中，在同一年龄阶段上，女性农村居民的身体健康状况比男性略差一些（见下文的统计分析),因而女性可能对"居家扶助型"养老模式的需求更大。综合两方面的分析,本书认为相比于男性,女性农村居民对"居家扶助型"养老模式的需求更大。

教育水平方面,教育程度较高的农村居民,一般年轻的居民,一方面,他们由于教育水平较高,在外地工作或打工的机会较多,故很有可能在外地城市或家乡的县城安家养老,所以在老年时期对新型养老模式的需求较低;另一方面,受教育程度较高者,其工资收入水平较高,因而从经济因素视角考虑,他们在年老时有可能选择机构养老等社会养老方式的意愿较高,而对"居家扶助型"养老模式照护服务的需求较低(下文受教育程度和养老方式的选择结果为该观点提供了支持)。因此,受教育程度越高者对照护服务需求的意愿较低。

婚姻状况方面,"老有所伴"是理想老年生活的其中一个重要因素,"伴"首先指的是配偶,然后是亲朋好友。当个人有生活照护需求时,往往会受到来自配偶的照护,然后是子女的照护,最后才会考虑从家庭外部获得照护服务。有研究表明,老年人由配偶照护的比例约45%(赵琛徽、孔令卫,2017)。从此角度考虑,相对于有配偶且配偶健在者,没有配偶的农村居民,尤其是丧偶者,其能够从家庭内部获得照护服务的机会较少。考虑到"居家扶助型"养老模式能够为农村老年人提供来自家庭外部的照护服务力量,因此,这类人群对"居家扶助型"养老模式中的需求意愿可能较强一些。

健康状况方面,根据生命周期理论,在生命周期的不同阶段,个体对个人生活的需求也不尽相同。对于处于衰老期的农村老年人而言,疾病可能随时困扰他们(田北海、雷钟等,2012),尤其是在生命的最后阶段,对生活照料的需求最强,因此,对"居家扶助型"养老模式的需求意愿较强一些。

综上,假设"居家扶助型"养老模式的需求意愿与农村居民的个体特征有关,年龄较大、教育水平越低、没有配偶以及身体健康状况较差的农村居民愿意采纳该养老模式的意愿更强烈。此外,在研究"居家扶助型"养老模式的需求情况时,很少有学者考虑区域及民族的情况,而两者可能会对照护服务需求的意愿产生影响。因此,本书从该视角出发,在个人特征中加入区域和民族属性两个变量,两者对照护服务需求的影响程度和方向有待考察。

2. 与家庭特征相关的解释变量及前提假设

农村居民是否愿意采纳"居家扶助型"养老模式可能与其家庭情况有

关，如子女数量、家庭成员数量及兄弟姐妹数量等。除配偶之外，子女也是老年人的照护服务的主要提供者（Houtven、Coe & Skira，2013），他们在农村老年人的晚年老年生活中的角色仅次于配偶。从此角度考虑，子女的数量越多，农村居民愿意采纳"居家扶助型"养老模式的意愿就越强。

农村居民的家庭成员数量和兄弟姐妹数量可能会影响其对"居家扶助型"养老模式的需求。一般情况下，家庭成员数量和兄弟姐妹数量越多，说明能够为该居民提供照护服务的可选人数较多。因此，他们愿意采纳该养老模式的意愿较强。

综上，假设"居家扶助型"养老模式的需求意愿与农村居民的家庭特征有关，儿女数量越多、家庭成员数量越多及兄弟姐妹数量越多的农村居民其需求意愿更强烈。

3. 与经济特征相关的解释变量及假设前提

农村居民是否接受"居家扶助型"养老模式与其经济收入水平有关。一般情况下，经济收入越高的农村居民，说明其有一定的经济实力来保障其物质生活，拥有更多的主动权去选择其喜欢的养老方式，同时他们从社会上获得养老服务的可能性较大（本次调查中，经济收入越高者在养老方式的选择上更倾向于机构养老可说明这一点，见下文分析）。此时，家庭养老可能不再是他们心中最优的养老方式。因此，本书认为，经济收入越高者对"居家扶助型"养老模式的需求意愿较低。

是否具有新农保也是影响农村居民对"居家扶助型"养老模式照护服务需求的重要因素。具有新农保的农村居民，在自己年老时有一定的收入保障。因此，参加新农保的农村居民采纳保障型的"居家扶助型"养老模式的可能性低于没有参加新农保的农村居民。综上，假设"居家扶助型"养老模式的需求意愿与农村居民的经济特征有关，经济收入水平越低、没有参加新农保的农村居民对照护服务的需求意愿更强烈。

4. 与养老方面特征相关的解释变量及假设前提

除上述三大特征变量之外，还有一些较为重要的养老因素影响着农村居民对"居家扶助型"养老模式的需求意愿，如是否愿意购买长期护理保险、对目前农村养老生活的满意状况以及对未来自己养老方式的预期等。"居家扶助型"养老模式在推广第二阶段时其资金来源与农村居民交纳的长期护理保险金，即农村居民只有交纳了长期护理保险金才有资格享受"居家扶助型"养老模式。此时，购买长期护理保险的意愿在一定程度上表示了农村居民对该养老模式的长期需求（短期内不需要农村居民缴费），因此愿意购买长期护理保险的农村居民对"居家扶助型"养老模式照护服务的需求较高；对目前农村养老生活满意度越高的农村居民，其对该地区的养老政策以及养老环境的满意度越高，对"居家扶助型"养老模式的认可度一般也越高，因而更愿意采纳该养老模式。预期养老方式可能会影响农村居民对"居家扶助型"养老模式的需求。一般情况下，选择与配偶互助养老以及子女养老的农村居民越愿意采取"居家扶助型"养老模式，而偏好于机构养老的农村居民的意愿较低。综上，假设"居家扶助型"养老模式的需求意愿与农村居民的养老特征有关，具有愿意购买长期护理保险以及对目前农村养老生活满意度越高的农村居民其对照护服务的需求意愿越高。

根据研究假说，本书选择4类特征变量及16个解释变量来反映需求意愿的影响因素，16个解释变量及其统计特征如表4-4所示。其中，对省份的赋值通过该省份农村的老龄化比例来表现[1]：一个省份60岁及之上的农村人口数量占该省的总农村人口数量越高，对该地区的赋值越高。从预期方向来看，农村老龄化比例越高的省份，该省份对"居家扶助型"养老模式的需求越大。

表4-4　　　　　　　　　解释变量的具体设定情况

一级自变量	二级自变量	赋值	预期方向
个体特征	省份（老龄化程度）	新疆=1；青海=2；宁夏=3；云南=4；黑龙江=5；江西=6；吉林=7；广东=8；山西=9；甘肃=10；河南=11；河北=12；贵州=13；陕西=14；广西=15；北京=16；湖北=17；湖南=18；辽宁=19；安徽=20；山东=21；四川=22；浙江=23；江苏=24；重庆=25	+
	性别	男=0；女=1	+
	年龄	实际值	+
	民族	汉族=0；少数民族=1	+/-
	婚姻状况	已婚=1；未婚=2；离异=3；丧偶=4	+
	教育年限	没上过学=0；小学=6；初中=9；高中或中专=12；大专及之上=16	+/-
	健康状况	健康=1；轻度失能=2；中度失能=3；重度失能=4	+

---

[1]　根据第六次人口普查数据，经过简单计算，全国各省份的老龄化比率见附录C。

续表

一级自变量	二级自变量	赋值	预期方向
家庭特征	儿子数量	实际值	+
	女儿数量	实际值	+
	兄弟姐妹数量	实际值	+
	家庭成员数量	实际值	+
经济特征	收入水平	小于3000元=1；3000元至5000元=2；5000元至10000元=3；10000元至20000元=4；20000元至30000元=5；30000元以上=6	-
养老特征	新农保	无=0；有=1	-
	养老满意度	非常不满意=1；不满意=2；一般=3；满意=4；非常满意=5	+
	购买长护保险	无=0；有=1	+
	养老预期方式	与配偶互助=1；子女赡养=2；其他亲属=3；和邻居"互助"养老=4；养老机构养老=5	+/-

第三节 变量描述性统计分析

本部分的资料来源于问卷调查，对1832名被调查者的区域分布、年龄、性别、民族、家庭收入状况以及身体健康状况等方面做统计性描述分析。

一 被调查者的区域分布

按照我国目前自然地理分区，包括七大地理区域：华东、华北、华中、华南、西南、西北和东北。从区域分布来看，华东地区共发放问卷366份、华北地区228份、华中地区400份、华南地区83份、西南地区241份、西北地区382份、东北地区132份。25个省（市、自治区）2010年的实际人口数量[①]和发放的调查问卷数量及占比情况如表4-5所示。本次调查重点关注了我国经济社会发展水平较低的西北地区，发放的问卷数量占比高于该地区人口数量的占比。

---

① 资料来源：国家统计局网站，第六次人口普查数据。

表 4-5　　　　　　　　　　被调查者的区域分布

地区	省(自治区)	人口数量(万人)	人口数量占比(%)	问卷数量(份)	问卷数量占比(%)	地区	省(自治区)	人口数量(万人)	人口数量占比(%)	问卷数量(份)	问卷数量占比(%)
华东地区	江西	246.1	4.02	60	3.28	华南地区	广东	322.1	5.27	69	3.77
	山东	480.2	7.86	120	6.55		广西	263.6	4.31	14	0.76
	江苏	309.3	5.06	8	0.44		合计	585.7	9.58	83	4.53
	安徽	307.5	5.03	56	3.06	华北地区	北京	26.5	0.43	115	6.28
	浙江	209.3	3.42	122	6.66		河北	400.4	6.55	38	2.07
	合计	1552.4	25.39	366	19.98		山西	182.8	2.99	75	4.09
华中地区	湖北	272.5	4.46	83	4.48		合计	609.6	9.97	228	12.45
	湖南	354.1	5.79	59	3.22	西南地区	四川	511.9	8.37	62	3.38
	河南	578.2	9.46	258	14.08		云南	297.3	4.86	59	3.22
	合计	1204.8	19.71	400	21.83		贵州	224.8	3.68	60	3.28
西北地区	宁夏	32.6	0.53	61	3.33		重庆	123.5	2.02	60	3.28
	新疆	120.6	1.97	59	3.22		合计	1157.6	18.93	241	13.16
	青海	30.3	0.50	63	3.44	东北地区	黑龙江	154.9	2.53	4	0.22
	陕西	204.5	3.34	139	7.59		吉林	120.9	1.98	68	3.71
	甘肃	176.0	2.88	60	3.28		辽宁	163.7	2.68	60	3.28
	合计	563.9	9.22	382	20.85		合计	439.6	7.19	132	7.21

二　被调查者的性别及年龄结构分布

在 1832 名被调查者中，男性 903 人，占比 49.29%；女性 929 人，占比 50.71%。男女性别比为 0.97∶1，与我国目前的男女人口性别比值较为接近。若被调查者的实际年龄按性别进行分类，得到的人口金字塔如图 4-7 所示。图中"性别 1"表示男性，"性别 2"表示女性，由图可以看出男性和女性在各个年龄上的人数较为一致。该结果表明，被调查者的年龄在性别结构分布上较为平衡。

三　被调查者的民族分布

在 1832 名被调查者中，汉族人口 1485 人，占调查人口总数的 81.06%，少数民族人口 347 人，占比 18.94%，该比例高于全国少数民族

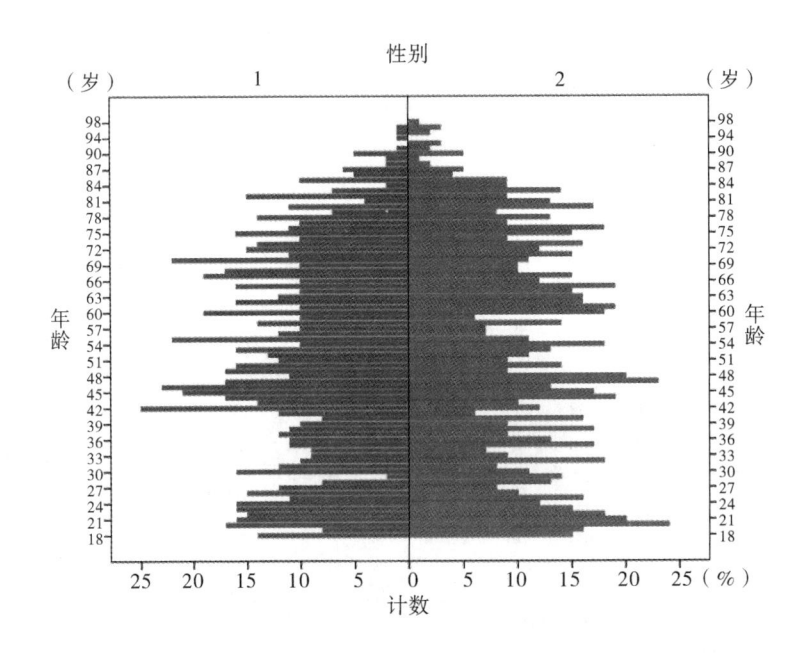

图 4-7　被调查者按性别的金字塔图

人口的占全国总人口的比值（2010年第六次人口普查数据为8.49%）。少数民族的调查数量占比高于全国水平的目的是想对我国少数民族农村居民的养老保障问题给予更多的关注。根据问卷调查结果，少数民族人数最多的四个民族为土家族、回族、维吾尔族和藏族，四者的总数占少数民族人口的75.22%，其他少数民族的占比不足25%。

四　被调查者的受教育水平

从本次调查结果来看，没上过学、小学以及初中这三个教育水平的被调查者人数较为平均，占比均在20%—26%。没上过学的被调查者占比为23.14%，平均年龄最高，为71岁；具有小学学历的被调查者占比为25.17%，平均年龄为59岁；具有初中学历的被调查者占比为22.33%，平均年龄为47岁；具有高中、中专学历的被调查者占比为12.06%，平均年龄为41岁；具有大专及以上学历的被调查者占比为16.76%，平均年龄为28岁。由此可得出，教育程度和平均年龄之间存在一定的关系，即随着教育程度的提高，被调查者的平均年龄降低。换言之，越年轻的被调查者其学历越高，该结论符合现实情况。

五 被调查者的婚姻状况

1832 名被调查者中，有配偶的被调查者共 1251 人，占比 68.29%，平均年龄为 53 岁；未婚的被调查者 286 人，占比 15.61%，平均年龄为 25 岁；丧偶的被调查者 242 人，占比 13.31%，平均年龄为 75 岁；离异的被调查者 53 人，占比 2.89%，平均年龄为 53 岁。此调查结果与我国 2010 年第六次人口普查数据中的农村婚姻状况较为接近（未婚占比 19.85%、有配偶占比 72.36%、离异占比 10.08%、丧偶占比 7.04%），但也存在差异。存在差异的原因如下：第六次人口普查数据中婚姻状况的统计对象为 15 岁及之上的农村居民，而本书的调查对象是 18 岁及之上的农村居民，所以两种调查的结果之间存在少许差异。

六 被调查者的儿女、兄弟姐妹及家庭成员数量

被调查者的儿女、兄弟姐妹及家庭成员数量如表 4-6 所示。首先，在儿女数量上，近 80% 的被调查者有 1—3 个儿子，约 70% 的被调查者有 1—3 个女儿。从子女数量与被调查者的平均年龄来看，随着子女数量的增加，被调查者的平均年龄逐渐增大，即农村老年人的子女数量相对较多，而中青年农村居民的儿女数量相对较少，这也是中国 20 世纪 80 年代实施计划生育政策后的结果。通过对比同等数量的儿子和女儿的频数可以看出，农村被调查者的儿子数量通常比女儿多。如有 1 个儿子的被调查者有 728 人，有 1 个女儿的被调查者有 688 人，有 2 个儿子的被调查者有 364 人，有 2 个女儿的被调查者有 300 人，但同等数量下两者的差距不大。

表 4-6 被调查者的子女、兄弟姐妹及家庭成员数量

数量 （个数）	儿子 频数	儿子 平均年龄（岁）	女儿 频数	女儿 平均年龄（岁）	兄弟姐妹 频数	兄弟姐妹 平均年龄（岁）	家庭成员 频数	家庭成员 平均年龄（岁）
0	260	46	411	50	146	44	—	—
1	728	52	668	55	334	38	135	64
2	364	64	300	61	400	49	275	63
3	141	72	114	70	379	56	330	43
4	43	77	45	74	279	60	415	44

续表

数量 (个数)	儿子 频数	儿子 平均年龄（岁）	女儿 频数	女儿 平均年龄（岁）	兄弟姐妹 频数	兄弟姐妹 平均年龄（岁）	家庭成员 频数	家庭成员 平均年龄（岁）
5	6	81	8	77	155	59	342	51
6	3	85	1	59	73	62	201	52
7	2	82	—	—	40	61	55	59
8	—	—	—	—	9	64	37	62
9	—	—	—	—	8	68	13	61
10 个及以上	—	—	—	—	9	66	29	70
共计	1547	—	1547	—	1832	—	1832	—

说明：10 人及以上的家庭数量具体分布为，10 个家庭成员的频数为 9、11 个为 5、12 个为 3、13 个为 2、14 个为 5、15 个为 1、23 个为 1、27 个为 2、35 个为 1，共计 29；本调查没有考虑未婚生子这种情况，因此具有儿子和女儿的频率总和为 1832-285=1547，其中 285 为未婚人数。

兄弟姐妹的数量上，大部分被调查者有 1—4 个兄弟姐妹，此部分人数占全部被调查者的 75.98%。从兄弟姐妹数量与被调查者的平均年龄来看，随着兄弟姐妹数量的增加，被调查者的平均年龄总体上呈增加趋势。

家庭成员的数量上，约 93% 的被调查者有 1—6 个家庭成员。结合平均年龄分析，除家庭成员数量为 1 和 2 之外，其他的家庭成员数量与被调查者的平均年龄基本成正比，即家庭成员的数量越多，被调查者的年龄越大。另外，通过整理数据可知，家庭成员数为 1 的被调查者基本是丧偶或离异的独居老年人，家庭成员数为 2 的被调查者基本是儿子离家或女儿外嫁的独居老年夫妇，所以这两类人群的平均年龄相对较高。

七 家庭人均年收入及收入来源

被调查者的收入水平情况总体呈现中间高、两边低的趋势。其中，年均收入在 3000—5000 元的有 381 人、5000—10000 元的有 250 人以及 10000—20000 元有 375 人，由此可见三种收入水平的被调查者数量相差不大，约 360 人；人均年收入水平在 3000 元以下的有 250 人、20000—30000 元的有 247 人以及 30000 元以上的有 229 人，因此，此三种收入的被调查者数量相差也不大，约 240 人。

考虑到农村居民收入来源的多元性（如收入可能同时来源于农业种植、打工收入等），因此在调查问卷中被调查者的收入来源一题被设定为多选题，统计结果如图4-8所示。从图中可以看出，被调查者的收入来源排在前四位的是劳动性收入（打工和农业收入）、子女和社会养老保险，随后是个体经营收入、社会救济金以及政府发放的工资（要指体制内的工作者，如村长、村支书、教师等人员）等。结合被调查者的平均年龄分析，收入来源于打工和个体经营的被调查者一般为中青年人群，平均年龄分别为40岁和45岁；收入来源为农业收入的被调查者平均年龄为54岁，高于打工者的平均年龄，原因之一可能是部分年龄较大者由于身体健康状况较差或在家照顾孙子孙女等原因不能外出打工，因此农务劳动是其收入来源之一；收入来源为子女和社会养老保险的被调查者其平均年龄为70岁左右，一般为年龄较大的人群，此部分人群外出务工和继续农业种植的可能性较小，此阶段主要依靠子女补贴和社会保险。

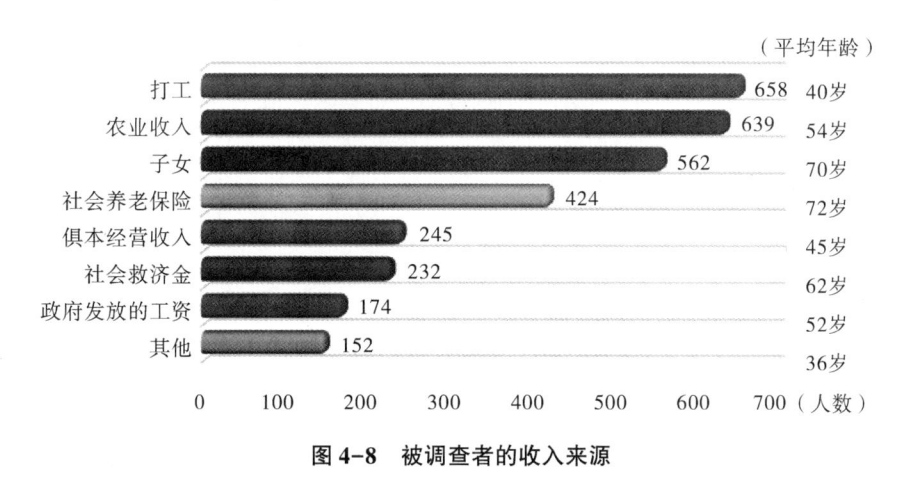

（平均年龄）

收入来源	人数	平均年龄
打工	658	40岁
农业收入	639	54岁
子女	562	70岁
社会养老保险	424	72岁
个体经营收入	245	45岁
社会救济金	232	62岁
政府发放的工资	174	52岁
其他	152	36岁

图4-8 被调查者的收入来源

八 被调查者的身体健康状况

本书将人的身体健康状况分为健康和失能两种情况，其中失能包括三种不同等级：轻度失能、中度失能和重度失能。按照国际通行标准，吃饭、穿衣、上下床、上厕所、室内走动、洗澡六项指标，一到两项"做不了"的，定义为"轻度失能"，三到四项"做不了"的定义为"中度失能"，五项到六项"做不了"的定义为"重度失能"。重度失能老人属于生活完全不能自理，基本上处于卧床不起、生活全靠别人帮扶的状态。在1832名被调查者中，1404人为身体健康者，239人为身体轻度失能者，116人为身体中度失能者，73人为重度失能者。

为进一步分析被调查者的身体健康状况和年龄之间的关系，本书按照年龄将被调查者分为以下两类人群：18—59岁的人群和60岁及以上的老年人群，两类人群的基本情况如表4-7所示。其中，18—59岁的被调查者身体健康状况总体较好，仅有39人处于失能状态（多为接近60岁因病而失能的人），且男性身体健康状况和女性差异不大。在60岁及以上的被调查者中，身体健康者有328人，占被调查老年人数量的45.7%；轻度、中度、重度失能老年人的数量分别为208人、110人和71人，呈现随失能等级增加失能人数减少的趋势。从年龄层面考虑，60岁及以上的被调查者的身体健康程度和平均年龄呈反向关系。

表4-7　　　　　　　　被调查者的身体健康状况

身体健康状况	18—59岁（1115人）			60岁及之上（717人）			平均年龄（岁）
	数量（人）	男性（人）	女性（人）	数量（人）	男性（人）	女性（人）	
健康	1076	541	535	328	157	171	68
轻度失能	31	16	15	208	98	110	75
中度失能	6	2	4	110	55	55	78
重度失能	2	2	0	71	32	39	80
合计	1115	561	554	717	342	375	—

更进一步地，将60岁及之上的老年人划分为四个不同的年龄阶段，划分结果如表4-8所示。其中，年龄为60—69岁的女性失能老年人口为41人，占比55.4%，高于同龄男性失能老年人。年龄为80—89岁以及90岁及以上的女性失能数量也多于同龄的男性失能数量。由此可以得出，在同一年龄阶段上，女性老年人的身体健康状况略差于男性老年人，该结论和杜鹏（2013）以及中国保险行业协会发布的《2017中国长期照护调研报告》的研究结论较为一致。

表4-8　　　　　　　　不同年龄阶段失能情况的性别对比

年龄阶段	男性（人）	占比（%）	女性（人）	占比（%）
60—69岁	33	44.6	41	55.4
70—79岁	83	50.9	80	49.1

续表

年龄阶段	男性（人）	占比（%）	女性（人）	占比（%）
80—89岁	60	46.5	69	53.5
90岁及以上	9	39.1	14	60.9

九 对农村目前养老生活的满意情况

1832名被调查者对目前农村地区老年人养老生活的满意状况如下，有128名被调查者对目前农村地区老年人的养老生活感到非常满意；773人感到较为满意，占比42.2%；682人感到一般程度的满意，占比37.2%；223人感到不满意；26人感到非常不满意。由此可以看出，1832名被调查者对目前农村地区老年人养老生活的满意情况呈中等偏上趋势，同时从侧面也反映出我国农村地区老年人的养老生活质量还有进一步改进的空间。

十 更倾向选择的养老方式

在问及被调查者更倾向于选择哪种养老方式养老时①，有755位被调查者选择与配偶互助养老，730人选择子女养老，283人选择机构养老，50人选择与邻居互助养老，另有14人选择其他方式养老（主要为去兄弟姐妹或其他亲属家养老），统计结果如表4-9所示。具体来说，女性更倾向于采纳与配偶互助或子女养老的方式；少数民族的农村居民相比于汉族居民更愿意采取与配偶互助或子女养老的方式，在一定程度上说明少数居民的传统家庭养老观念强于汉族居民；60岁及以上老年人更倾向于选择子女养老的方式该结果和中国保险行业协会发布的《2017中国长期照护调研报告》的发现较为一致，即老年群体中子女是提供家庭式非专业照护的主体；40—59岁、小学至高中学历、有配偶和年均收入在3000—5000元的被调查者更倾向于选择与配偶互助养老的方式；没上过学、丧偶的被调查者更倾向于选择子女养老的方式；男性、18—39岁、大专及以上学历、未婚、年收入10000元以上的被调查者更倾向于选择机构养老的方式；男性、18—49岁、未婚或丧偶、

---

① 若被调查者为60岁及以上的老年人，该问题指的是其目前对养老方式的偏好；若被调查者为60岁以下的农村居民，该问题指的是其在未来自己年老时期望采纳的养老方式。

大专及以上学历、年收入5000元以下的被调查者更倾向于选择与邻居互助养老的方式。

由此可见，我国农村地区的居民，尤其是女性、年龄较大以及少数民族的居民更偏好于选择传统的家庭养老方式（配偶和子女养老），表现出传统文化对家庭养老具有的持续性影响力。该结果与本书提倡的"居家扶助型"养老模式的理念较为符合，即满足居家养老的需求，又有子女或亲属给予照护服务。同时，年轻人及学历较高者由于其成长的环境和接受的教育理念与年长者所处的时代不同，传统的家庭养老理念被削弱，因而更倾向于选择机构养老或与邻居互助养老的方式。综合来看，我国农村居民对机构养老和近年来某些地区提倡的邻居互助养老模式的偏好较弱，尤其是年龄较大者对这两类养老模式接纳力度较低。这说明机构养老等社会性质的养老方式在我国农村地区的发展仍需要相当长的一段时间，这也为新型养老模式——"居家扶助型"养老模式的发展提供了机遇，即"居家扶助型"养老模式可作为传统家庭养老向社会养老方式转变过程中的一种过渡型养老机制。

表4-9　　　　被调查者更倾向选择的养老方式及交叉分析　　　（单位：%）

一级分类	二级分类	分类指标占比 1832人	与配偶互助 755人	子女赡养 730人	养老机构 283人	和邻居互助 50人	其他亲属 14人
性别	男性	49.3	47.9	48.6	53.4	52.0	64.3
	女性	50.7	52.1	51.4	46.6	48.0	35.7
民族	汉族	81.06	39.6	40.94	16.36	2.36	0.74
	少数民族	18.94	48.13	35.16	11.53	4.32	0.86
年龄阶段	18—29	18.1	19.7	12.6	27.2	24.0	7.1
	30—39	12.5	13.2	9.6	17.7	14.0	14.3
	40—49	16.9	18.5	15.5	14.5	26.0	21.4
	50—59	13.4	16.8	11.2	11.3	4.0	14.3
	60岁及以上	39.1	31.7	51.1	29.3	32.0	42.9
教育水平	没上过学	23.1	16.3	32.6	17.7	18.0	7.1
	小学	25.7	28.6	13.2	15.2	22.0	35.7
	初中	22.3	24.6	20.4	21.2	20.0	28.6
	高中、中专	12.1	14.2	9.2	13.8	12.0	14.3
	大专及以上	16.8	16.3	11.0	31.1	28.0	14.3

续表

一级分类	二级分类	分类指标占比 1832人	与配偶互助 755人	子女赡养 730人	养老机构 283人	和邻居互助 50人	其他亲属 14人
婚姻状况	未婚	15.6	14.4	10.3	29.0	34.0	21.4
	有配偶	68.3	82.5	62.5	49.8	48.0	50.0
	离异	2.9	1.3	3.4	5.7	2.0	7.1
	丧偶	13.2	1.7	23.8	15.5	16.0	21.4
人均年收入	小于3000元	13.6	11.8	16.7	8.5	20.0	35.7
	3000—5000元	20.8	22.6	21.1	14.1	28.0	14.3
	5000—1万元	19.1	19.7	18.5	18.7	20.0	21.4
	1万—2万元	20.5	19.1	20.8	23.0	22.0	21.4
	2万—3万元	13.5	13.2	13.0	17.0	6.0	7.1
	3万元以上	12.5	13.5	12.6	18.7	4.0	0.0

十一 照护经历

在1404名愿意为失能老年人提供照护服务的被调查者中，有687人具有照护经历，占比48.9%。其中，男性303人，平均年龄为49岁；女性384人，多于男性数量，平均年龄为50岁。有717人不具有照护经历，占比51.1%。其中，男性395人，平均年龄为42岁，女性322人，少于男性数量，平均年龄为38岁。由此可见，50岁左右的女性具有照护经历的概率高于男性；而40岁左右的女性无照护经历的概率低于男性。因此，女性提供照护服务的概率高于男性，尤其是50岁左右的女性是农村照护服务的重要提供者。

第四节 模式主体选择意愿的实证分析

一 供给主体选择意愿的影响因素实证分析与结论

本书运用Stata14.0分析软件对上述模型进行估计，估计结果如表4-10所示。表4-10报告了各解释变量系数、t值等。采用逐步回归法将各解释变量纳入模型。Logit模型1属于基准模型，解释变量仅包括个体特征和家庭特征，回归结果显示省份（周工作时间）、性别、民族、婚姻状况、儿子数量、女儿数量、兄弟姐妹数量和家庭成员数量对农村居民的供给意愿具有显著的影响，而年龄和教育年限对农村居民是否愿意提供照护服务的影响在统计学上并不显著。Logit 模型 2 在 Logit 模型 1 的基础上将经济特征这一解释变量纳入模型，此时的回归结果显示个体特征和家庭特征的显著性并未发生变化，而且新纳入的收入水平变量也不显著。Logit 模型 3 在前两个模型的基础上又将其他特征纳入模型。回归结果表明，其他特征中，照护经历、养老满意度、购买长护险和打工经历通过了显著性检验，该结果在一定程度上说明其他特征变量在农村居民的供给意愿中具有不可忽视的重要作用；同时，在 Logit 模型 1 和 Logit 模型 2 中显著的兄弟姐妹数量变量在 Logit 模型 3 中不再显著。总体上看，从 Logit 模型 1 到 Logit 模型 3，LR chi2（16）和 Pseudo R^2 呈现递增趋势，说明在整体上模型的拟合程度逐渐提高，解释力逐渐增强。三个模型的卡方检验结果均为 P=0.000，说明模型通过了显著性检验，具有统计学意义。

表 4-10　　　　　　　　　　供给意愿的回归结果

自变量		Logit 模型 1	Logit 模型 2	Logit 模型 3	Probit 模型	边际效应（基于模型 3）
个体特征	省份	-0.2174*** (-3.00)	-0.0218*** (-3.01)	-0.0245*** (-3.27)	-0.0151*** (-3.33)	-0.0052***
	性别	0.4122*** (3.58)	0.4113*** (3.58)	0.3061** (2.51)	0.1832** (2.48)	0.0648**
	年龄	0.0025 (0.44)	0.0028 (0.5)	-0.0005 (-0.09)	-0.0005 (-0.15)	-0.0001
	民族	0.3804** (2.43)	0.3756** (2.4)	0.4176** (2.55)	0.2545** (2.60)	0.0884**
	婚姻状况	-0.187** (-2.52)	-0.1914** (-2.57)	-0.1811** (-2.33)	-0.1119** (-2.36)	-0.0383**
	教育年限	-0.0028 (-0.18)	-0.0013 (-0.08)	-0.0035 (-0.20)	-0.0024 (-0.23)	-0.0007
家庭特征	儿子数量	-0.2515*** (-2.8)	-0.2573*** (-2.85)	-0.3449*** (-3.67)	-0.2085*** (-3.64)	-0.073***
	女儿数量	-0.1263* (-1.66)	-0.1298* (-1.7)	-0.1512* (-1.91)	-0.0923* (-1.92)	-0.032*
	兄弟姐妹数量	0.0846** (2.27)	0.0821** (2.19)	0.0272 (1.20)	0.0650 (1.16)	0.0098
	家庭成员数量	0.0603* (1.83)	0.0601* (1.82)	0.0585* (1.73)	0.0354* (1.73)	0.0124*

续表

自变量		Logit 模型1	Logit 模型2	Logit 模型3	Probit 模型	边际效应（基于模型3）
经济特征	收入水平		−0.0238 (−0.63)	−0.0312 (−0.78)	−0.018 (−0.74)	−0.0066
其他特征	照护经历			0.7554*** (6.01)	0.4591*** (6.04)	0.16***
	养老满意度			0.1462** (2.01)	0.0898** (2.02)	0.031**
	购买长护险			0.8541*** (6.03)	0.5228*** (6.02)	0.1809***
	打工经历			−0.2351* (−1.87)	−0.1457* (−1.91)	−0.0498*
	养老预期方式			−0.0509 (−1.17)	−0.0311 (−1.18)	−0.0108
	_cons	0.5761 (1.40)	0.6578 (1.53)	−0.1583 (−0.29)	−0.0816 (−0.25)	
	Log likelihood	−901.47	−901.28	−859.4	−859.38	
	LR/wald chi2 (16)	49.01	49.4	133.16	133.19	
	Prob > chi2	0.0000	0.0000	0.0000	0.0000	
	Pseudo R2	0.0265	0.0267	0.0719	0.0719	

说明：1. 括号内表示t值；2. * $p<0.1$，** $p<0.05$，*** $p<0.01$；3. 所有数字均为四舍五入后的结果。

为了对比同为二值响应模型的Logit和Probit模型，本书用Probit模型对模型3中的变量进行回归，回归结果如表4-10的第6列所示。回归结果表明，Logit和Probit回归模型中解释变量的显著性完全相同，且Log likelihood、LR chi2（16）、Prob > chi2和Pseudo R2非常接近，说明两个模型没有明显的优劣之分。因此，本书可以继续采用Logit模型并回归结果进行分析。

从Logit模型3的参数估计结果看，省份、性别、民族、婚姻状况、儿子数量、女儿数量、家庭成员数量、照护经历、养老满意度、购买长护险和打工经历对农村居民的照护服务供给意愿具有显著的影响，而其他变量在统计学上并不显著。具体分析如下。

1. 个人特征因素

模型估计结果显示，除年龄和教育年限两个影响因素外，其他个人特征变量对照护服务的供给意愿产生了显著性影响。回归结果表明，性别对照护服务供给的影响与本书预期一致，即农村女性的供给意愿高于男性。边际效应计算结果表明，在其他条件不变的情况下，平均而言，在"居家扶助型"养老模式的照护服务供给中，农村女性居民提供照护服务的概率比农村男性高6.48个百分点。该结果也能体现出农村女性在传统上所具有的天然照顾者的角色依然在照护服务体系中发挥重要作用。

回归结果表明，婚姻状况对照护服务供给意愿的影响具有显著的负向作用。边际效应计算结果表明，在其他条件不变的情况下，平均而言，婚姻状况的取值每提高1个水平，农村居民愿意提供照护服务的概率将减少3.83个百分点。根据回归结果，丧偶的农村居民愿意提供照护服务的概率最低，其可能的原因是：一方面，丧偶者多为年级较大的老年人，这部分人群在丧偶后可照护的老年亲人较少；或丧偶者独自承担照护子女或孙子孙女的负担，因而没有过多时间向他人供给照护服务；另一方面，丧偶的农村居民在精神层面比较脆弱，不愿意对他人提供具有家庭特征的照护服务。离异及未婚的农村居民供给意愿低于有配偶的农村居民，可能的原因是：一方面离异及未婚人群的家庭观念与有配偶者相比较为淡薄，不愿意提供照护服务；另一方面两者所在的家庭人员较少，能够提供照护服务的对象较少。

回归结果表明，被调查者所在区域的农村居民周平均工作时间这一解释变量对其提供照护服务的意愿具有显著性负向作用。边际效应计算结果表明，在其他条件不变的情况下，平均而言，省份代码每增加1单位，农村居民愿意提供照护服务的概率将减少0.52个百分点。可能的解释是省份代码反映了被调查者所在区域的农村居民工作时间长短，省份代码越高，表示该地区的农村居民工作时间越长，即农村居民的闲暇时间较少，从而对提供照护服务的意愿较低。

回归结果表明，农村居民的民族属性对照护服务供给意愿的影响具有非常显著的正向作用，即少数民族农村居民其愿意提供照护服务的概率大于汉族居民。边际效应计算结果表明，在其他条件不变的情况下，平均而言，少数民族农村居民提供照护服务的概率比汉族人群高8.84个百分点。可能的原因是，我国少数民族人群对孝文化及夫妻文化的传承和推崇，以及村庄内部尊老、敬老及仁义理念的浓厚氛围使少数民族的农村居民更愿意接受"居家扶助型"养老模式。因此，基于传统村庄的内部道德体系视角，少数民族农村居民对养老照护服务的供给意愿较强。

2. 家庭特征因素

模型估计结果显示，儿子数量、女儿数量、家庭成员数量都会对农村居民提供照护服务的意愿产生显著影响，而兄弟姐妹数量对照护服务意愿的影响在统计学上并不显著。回归结果表明，儿子数量对照护服务供给意愿的影响具有非常显著的负向作用，即儿子数量越多，农村居民愿意提供照护服务的意愿越低。边际效应计算结果表明，在其他条件不变的情况下，平均而言，儿子数量每增加1单位，农村居民愿意提供照护服务的概率将减少7.3个百分点。可能性的解释是，儿子数量越多，较年轻的农村居民照护儿子或较年长居民照护孙子孙女的时间就越长，从而从事照护服务的时间较少。从此角度考虑，儿子数量较多的农村居民其提供照护服务的意愿就越低。

回归结果表明，女儿数量对照护服务供给意愿的影响具有显著的负向作用，即女儿数量越多，农村居民愿意提供照护服务的意愿越低。边际效应计算结果表明，在其他条件不变的情况下，平均而言，女儿数量每增加1单位，农村居民愿意提供照护服务的概率将减少3.2个百分点。由此可见，女儿数量对农村居民照护服务提供的边际影响小于儿子数量的边际影响。该结果也比较符合我国农村居民的实际情况。若从生命周期视角考虑，无论从经济方面还是生活帮扶方面，农村居民在儿子身上所花费的时间都多于女儿，尤其是女儿出嫁之后，农村居民的生活重心几乎向儿子靠拢，这是儿子和女儿自然角色分配的结果。

回归结果表明，农村居民家庭成员的数量对提供照护服务的意愿具有正向影响，即家庭成员数量越多，农村居民提供照护服务的意愿越强。边际效应计算结果表明，在其他条件不变的情况下，平均而言，家庭成员数量每增加1单位，农村居民愿意提供照护服务的概率将增加1.24个百分点。可能性的解释是，家庭成员数量越多，农村居民所在家庭的潜在的照护对象（如自己配偶或长辈）越多，因而提供照护服务的可能性越大，该结论符合一般规律。

3. 经济特征因素

模型估计结果显示，农村居民经济收入水平对照护服务供给意愿的影响并不显著。可能的原因是经济因素虽然是影响农村居民劳动力供给决策的重要因素，但在照护服务这一特殊的劳动力供给领域，经济因素对照护服务的影响被非经济因素所弱化了。农村居民是否愿意提供照护服务往往不是出于经济层面的考虑,而更注重非经济性的因素,如传统文化和社会责任感等。

4. 其他特征因素

模型估计显示,照护经历、养老满意态度、购买长护险和打工经历对农村居民提供照护服务的供给意愿产生显著影响,而养老预期方式在统计学上并不显著。回归结果表明,农村居民的照护经历对照护服务供给意愿的影响与本书预期一致,即有照护经历的农村居民提供照护服务的意愿高于没有照护经历的农村居民。边际效应计算结果表明,在其他条件不变的情况下,平均而言,有照护经历的农村居民提供照护服务的概率比没有照护经历的高16个百分点。可能的原因是,具有照护经历的农村居民,说明他们在过去愿意提供照护服务,或至少不排斥做这项工作,同时他们也更为了解照护服务的主要工作内容。同时,没有经验的农村居民,可能是因为没有机会提供照护服务(如年龄较小还没有可照护的亲属),或他们不喜欢照护工作,因此提供照护服务的意愿较低。

回归结果表明,农村居民对目前农村老年人养老生活的满意度状况对其供给照护服务的意愿有正向作用,即养老满意度越高,其愿意提供照护服务的可能性越大。边际效应计算结果表明,在其他条件不变的情况下,平均而言,养老满意度每增加1个单位,其愿意供给的概率增加3.1个百分点。可能的解释是,对目前农村老年人养老生活的满意度评价越高的农村居民,说明其对该地区的养老环境或养老政策的认可度较高,相比那些对农村养老生活感到不满意的农村居民,他们更能以一种积极的心态接受政府相关部门推广的创新型居家养老模式——"居家扶助型"养老模式,即更愿意提供照护服务。

回归结果表明,农村居民购买长期护理保险的意愿对照护服务供给意愿具有显著的正向作用。边际效应计算结果表明,在其他条件不变的情况下,平均而言,愿意购买长期护理保险的农村居民提供照护服务的概率比不愿意购买的农村居民高18.09个百分点。购买长期护理保险是16个解释变量中对照护服务供给意愿的边际影响最大的一个,显示出该变量的重要地位。对比购买长期护理保险和新农保的关系可知,参加新农保的农村居民更愿意购买长期护理保险,此结果说明愿意购买长期护理保险的农村居民对国家出台的保障性政策的认可度较高。因而,他们更愿意接受由政府主导并推广的"居家扶助型"养老模式这一利好政策。

回归结果表明,农村居民是否具有打工经历对其供给照护服务的意愿有负向作用,即具有打工经历的农村居民,其愿意提供照护服务的可能性越小。边际效应计算结果表明,在其他条件不变的情况下,平均而言,具有打工经历的农村居民提供照护服务的概率比不具有打工经历的农村居民低约5个百分点。可能的解释是,有打工经历的农村居民更了解从事低价性质的照护服务的机会成本较高,因此不愿意提供较为廉价的照护服务。

(三) 稳健性检验

除对比分析 Logit 和 Probit 两种模型的结果以检验模型的稳健性外,本书从另外两个方面考察上述结论的可靠性和稳健性。一是变换变量的类型。将教育年限改为教育程度,赋值情况如下:没上过学=1、小学=2、初中=3、高中或中专=4、大专及以上=5。使用转换类型的解释变量做 logistics 回归,结果如表4-11中的模型1一列所示;二是剔除变量,在第一步的基础上,将养老预期方式变量删除,回归结果如表中的模型2一列所示。根据稳健性检验结果,改变变量的类型以及剔除部分现有变量并未对核心结论产生根本影响,性别、民族、婚姻状况、儿子数量、女儿数量、家庭成员数量、照护经历、养老满意度、购买长护险和打工经历对农村居民照护服务的供给意愿依然具有显著性。由此证明,上部分对核心结论的论证具有稳健性和可靠性。

表 4-11　　　　　　　　　　稳健性检验

自变量		模型 1	模型 2
个体特征	区域	-0.0245** (-3.22)	-0.0242** (-3.19)
	性别	0.3066** (2.52)	0.3127** (2.57)
	年龄	-0.0005 (-0.09)	-0.0009 (-0.15)
	民族	0.4174** (2.56)	0.4204** (2.58)
	婚姻状况	-0.1807** (-2.31)	-0.1929** (-2.49)
	教育程度	-0.0126 (-0.19)	-0.0176 (-0.27)

续表

自变量		模型 1	模型 2
家庭特征	儿子数量	-0.35*** (-3.77)	-0.3385*** (-3.69)
	女儿数量	-0.1511* (-1.92)	-0.1447* (-1.84)
	兄弟姐妹数量	0.0462 (1.21)	0.0482 (1.27)
	家庭成员数量	0.0586* (1.71)	0.0606* (1.77)
经济特征	收入水平	-0.0312 (-0.79)	-0.0345 (-0.87)
其他	照护经历	0.7556*** (6.51)	0.7581*** (6.18)
	养老满意度	0.1463** (2.06)	0.16** (2.28)
	购买长护险	0.8538*** (6.113)	0.8637*** (6.2)
	打工经历	-0.2354* (-1.89)	-0.2408* (-1.94)
	养老预期方式	-0.0508 (-1.17)	—
	_cons	-0.1533 (-0.26)	-0.2821 (-0.49)
	Log likelihood	-859.4	-851.44
	LR/wald chi2 (16)	121.51	120.47
	Prob > chi2	0.0000	0.0000
	Pseudo R2	0.0719	0.0712

说明：1. 括号内表示 t 值；2. * $p<0.05$，** $p<0.01$，*** $p<0.001$；3. 所有数字均为四舍五入后的结果。

（四）结论

通过对农村居民选择"居家扶助型"养老模式的供给意愿分析，得出省份、性别、民族、婚姻状况、儿子数量、女儿数量、家庭成员数量、照护经历、养老满意度、购买长护险和打工经历对农村居民选择"居家扶助型"养老模式，进而是否愿意提供照护服务具有显著的影响，即工作时间越长省份的农村居民、女性、少数民族、已婚、儿女数量和家庭成员较多、具有照护经历、对目前农村老年人养老生活的满意度较高、愿意购买长期护理保险以及不具有打工经历的农村居民，其选择"居家扶助型"养老模式的意愿较高。

上述结果表明，一方面，农村居民的个人工作经历对其供给意愿具有较大的影响，其中，照护经历具有促进作用，而打工经历具有负向作用。因此，在农村开展"居家扶助型"养老模式时，应该将具有照护服务经历的人员重点考虑为照护服务的提供者，将这类人群纳入农村照护服务人力资源的队伍；另一方面，农村居民对农村养老环境或政策的感知（满意度）和反馈程度（购买长期护理保险的意愿）对其供给意愿具有较大的影响，且两者都为正向的促进作用。因此，政府在促进我国农村地区养老照护服务人力资源的发展具有不可小觑的作用。良好的农村养老环境及完善的养老政策是政府对农村养老的一种社会责任，只有政府将养老的宏观环境做好，提高政府的公信力，进而增强农村居民对政府的满意度和信任度，才能更好地促进我国农村养老保障制度的发展，同时也有利于减少未来实施新政策时来自各方的阻力。

二 需求主体选择意愿的影响因素实证分析与结论

本书运用Stata14.0分析软件对"居家扶助型"养老模式照护服务需求影响因素的模型进行估计，表4-12给出了5个回归结果。模型1表示，身体已失能的农村居民对照护服务需求意愿的回归模型；模型2表示，身体健康的农村居民对照护服务需求意愿的回归模型；模型3是对1832名被调查者的需求意愿的回归模型，并将健康状况变量纳入模型；为保证回归结果的稳健性，本书在模型4中删除在前3个模型中都不显著的几个个体特征变量之后再对其他变量进行回归；模型5是利用Probit回归模型对模型3中的变量进行回归，以检验模型的稳健性。5个模型的Log likelihood均在0.001的显著水平上显著，表明模型总体在统计上是显著的，具有统计学意义。

（一）已失能人员的需求意愿影响因素回归结果分析

Logit模型1是对428名身体已失能人员对"居家扶助型"养老模式需求的回归模型，回归结果显示，女儿数量、购买长期护理保险和预期养老方式对"居家扶助型"养老模式的需求具有显著的影响，而其他变量对"居家扶助型"养老模式需求的影响在统计学上并不显著。

回归结果表明，女儿数量对身体失能人员的"居家扶助型"养老模式需求具有显著的正向作用。边际效应计算结果表明，在其他条件不变的情况下，平均而言，女儿数量每增加1个单位，身体已失能的农村居民愿意采纳"居家扶助型"养老模式的概率将增加3.26个百分点。该结果表明，和儿子相比，女儿是已失能人员采取"居家扶助型"养老模式的重要原因。有研究表明，"儿子出钱、女儿出力"的性别分工在农村较为普遍（许琪，2015），即农村老年人从儿子那里获得经济支持的可能性较大，而从女儿那里获得的生活照料及精神慰藉的可能性远大于儿子（张文娟，2006）。说明女儿作为女性在家务劳动中所扮演的角色使她们承担了更多的长期照护父母的职责。因此，父母对"居家扶助型"养老模式下来自女儿的长期照护服务需求较为显著。

回归结果表明，购买长期护理保险对失能人员的"居家扶助型"养老模式需求具有非常显著的正向作用。边际效应计算结果表明，在其他条件不变的情况下，平均而言，愿意购买长期护理保险的身体失能的居民愿意采纳"居家扶助型"养老模式的概率比不愿意购买长期护理保险的失能人员高13.13个百分点。该值是所有对需求意愿具有显著性影响的自变量中影响程度最大的一个变量。由此可以看出，身体失能人员是否愿意购买长期护理保险对"居家扶助型"养老模式的需求具有至关重要的作用。可能性的解释是，一般情况下，愿意购买长期护理保险的农村居民，一方面说明他们具有较强的风险意识，了解自己年老时能够通过保险的方式获取照护服务；另一方面，购买长期护理保险说明他们在一定程度上认可政府发布和实施的各种政策、制度等，这在一定程度上决定了其意愿的偏向。因此，愿意购买长期护理保险的农村居民越愿意接受政府主导的"居家扶助型"养老模式。

回归结果表明，预期养老方式对失能人员的"居家扶助型"养老模式需求具有非常显著的负向作用。边际效应计算结果表明，在其他条件不变的情况下，平均而言，预期养老方式的取值每增加1个单位，农村身体失能的居民愿意采纳"居家扶助型"养老模式的概率将减少10.87个百分点。该结果说明越希望采取配偶及子女养老方式的身体失能者，其对"居家扶助型"养老模式的需求越高，可能的解释是"居家扶助型"养老模式满足了其亲属照护自己的心理预期，因而越愿意接受该养老模式。该结论是代际支持理论和人力投资理论在家庭养老中仍然发挥作用的实证验证；无论是代际之间的经济、情感或责任的交换，还是寄予对子女人力资本进行投资的回报，具有家庭养老特征的"居家扶助型"养老模式在农村具有一定的发展基础。

（二）身体健康者的需求意愿影响因素回归结果分析

Logit 模型 2 是 1404 名身体健康的农村居民对"居家扶助型"养老模式需求影响因素的回归模型。从参数估计的结果来看，年龄、家庭成员数量、新农合、购买长期护理保险和预期养老方式对健康居民对"居家扶助型"养老模式的需求具有显著性影响，而其他变量对"居家扶助型"养老模式需求的影响在统计学上并不显著。

回归结果表明，年龄对身体健康人员需求的影响与预期一致，具有显著的正向作用。边际效应计算结果表明，在其他条件不变的情况下，平均而言，年龄的取值每增加 1 个单位，身体健康的农村居民愿意采纳"居家扶助型"养老模式的概率增加 0.18 个百分点。由该结果可知，年龄对身体健康人员的照护需求虽然有显著的影响，但与其他显著性变量相比影响力度较小，可以忽略不计。Logit 模型 3 的结果（年龄这一解释变量并不显著）也能说明这点。

回归结果表明，家庭成员数量对身体健康人员照护服务需求的影响具有显著的正向作用。边际效应计算结果表明，在其他条件不变的情况下，平均而言，家庭成员数量的取值每增加 1 单位，身体健康的农村居民愿意采纳"居家扶助型"养老模式的概率将增加 1.15 个百分点。对比兄弟姐妹数量对身体健康人员照护服务需求的影响并不显著可知，身体健康人员在自己年老需要照护服务时，更倾向于具有直系血缘关系的亲属照护自己，而对兄弟姐妹的依赖程度较弱。但也有可能是兄弟姐妹和自己年龄差异较小，从年龄及身体健康状况考虑，为其提供照护服务的概率较低。

回归结果表明，身体健康人员是否参加新农保对"居家扶助型"养老模式照护服务需求的影响与预期一致，具有较为显著的负向作用：没有参加新农保的身体健康的农村居民，对"居家扶助型"养老模式的需求意愿更高；反之，参加了新农保的农村居民对"居家扶助型"养老模式的需求意愿较低，即新农保对该养老模式具有"替代效应"。边际效应计算结果表明，在其他条件不变的情况下，平均而言，参加新农保的身体健康人员愿意采纳"居家扶助型"养老模式的概率比没有参加新农保的身体健康人员低 6.45 个百分点。可能性的解释是，参加新农保的农村居民，在自己年老时比没有参加新农保的农村居民多了部分经济收入，增加的经济收入可以扩大在自己年老时对养老方式的选择范围，如可以选择入住费用较高的养老院等，因此对照护服务的需求有所降低。

回归结果表明，购买长期护理保险对身体健康农村居民的"居家扶助型"养老模式照护服务需求具有非常显著的正向作用。边际效应计算结果表明，在其他条件不变的情况下，平均而言，愿意购买长期护理保险的身体健康人员其采纳"居家扶助型"养老模式的概率比不愿意购买长期护理保险的身体健康人员高 27.22 个百分点。且该值是所有对需求意愿具有显著性影响的自变量中，影响程度最大的一个变量。由此可以看出，身体健康人员是否愿意购买长期护理保险对"居家扶助型"养老模式的需求具有至关重要的作用。

回归结果表明，预期养老方式对身体健康人员的"居家扶助型"养老模式需求具有非常显著的负向作用。边际效应计算结果表明，在其他条件不变的情况下，平均而言，预期养老方式的取值每增加 1 单位，农村身体健康人员的居民愿意采纳"居家扶助型"养老模式的概率将减少 6.55 个百分点。该结果说明越希望采取配偶及子女养老方式的身体健康的农村居民，其对"居家扶助型"养老模式的需求越高。该结论说明，农村居民对家庭养老方式的偏好在未来很长一段时间内仍不会改变，因而具有家庭养老特征的"居家扶助型"养老模式在农村的发展具有一定的潜力，至少在未来几十年之内不会因为各项制度的变革而受到重大冲击，能够发挥出稳定的保障作用。

（三）总样本的需求意愿影响因素回归结果分析

Logit 模型 3 是对不区分身体健康状况的总体样本需求意愿的回归模型，此时健康状况作为其中一个解释变量并纳入模型。模型结果显示，儿子数量、女儿数量、家庭成员数量、新农合、购买长期护理保险和预期养老方式对"居家扶助型"养老模式照护服务需求具有显著的影响，而其他变量对照护服务需求的影响在统计学上并不显著。对比 3 个回归模型可以发现，"购买长期护理保险"和"养老预期方式"在 3 个回归模型中都较为显著；原本在 Logit 模型 2 中显著的"年龄"变量在 Logit 模型 1 和 Logit 模型 3 中不显著，而在 Logit 模型 1 和 Logit 模型 2 中都不显著的"儿子数量"这一解释变量在 Logit 模型 3 中变得非常显著。总体来说，Logit 模型 1 和 Logit 模型 2 中都显著的变量在 Logit 模型 3 中依旧显著。

Logit 模型 3 的回归结果表明，个体特征变量对"居家扶助型"养老模式需求的影响较少。故本书将除省份变量之外的个体特征变量全部剔除，只对省份、家庭特征变量、经济特征变量及养老特征变量进行回归，回归结果如表4-11的Logit模型4一列所示。回归结果表明，剔除个体特征后的回归模型和Logit模型3的拟合效果差异不大，但Logit模型4中解释变量显著个数较Logit模型3更多：省份变量对"居家扶助型"养老模式需求具有显著且正向作用的影响，说明老龄化程度较高地区的农村居民对居家养老照护服务需求的概率较大；家庭特征中，儿子数量、女儿数量和家庭成员数量这三个变量对"居家扶助型"养老模式需求具有显著且正向作用的影响；经济特征变量中，新农合对"居家扶助型"养老模式需求具有显著且负向作用的影响；养老特征变量中，购买长期护理保险对"居家扶助型"养老模式需求具有显著且正向作用的影响，而养老预期方式对"居家扶助型"养老模式需求具有显著且负向作用的影响。此外，经济收入和养老满意度对"居家扶助型"养老模式需求意愿的影响并不显著，这可能与样本的数量较少有关。

表 4-12　　　　　　　　　需求意愿的回归结果

自变量		Logit 模型 1 直接需求	边际效应	Logit 模型 2 间接需求	边际效应	Logit 模型 3 总需求	Logit 模型 4 总需求	Probit 模型
个体特征	省份	0.016 (0.75)	0.0020	0.017 (1.34)	-0.0022	0.017 (1.64)	0.023** (2.25)	0.008 (1.34)
	性别	0.076 (0.27)	0.0096	0.150 (1.00)		0.108 (0.82)		0.057 (0.77)
	年龄	0.017 (0.12)	0.0002	0.014* (1.80)	0.0018	0.010 (1.59)		0.006 (1.57)
	民族	-0.392 (-1.21)	-0.0496	-0.180 (-0.90)	-0.0239	-0.205 (-1.28)		-0.109 (-1.18)
	婚姻状况	0.105 (0.97)	0.0132	0.043 (0.41)	0.0056	0.050 (0.67)		0.022 (0.52)
	教育年限	0.037 (0.88)	0.0047	-0.021 (-0.98)	-0.0028	-0.004 (-0.21)		-0.002 (-0.15)
	健康状况					-0.120 (-1.04)		-0.066 (-1.01)
家庭特征	儿子数量	0.152 (1.19)	0.0193	0.100 (0.78)	0.0131	0.148* (1.68)	0.237*** (3.29)	0.086* (1.75)
	女儿数量	0.257** (2.04)	0.0326	0.149 (1.36)	0.0197	0.225*** (2.80)	0.284*** (3.93)	0.126*** (2.84)
	兄弟姐妹数量	0.039 (0.51)	0.0050	0.071 (1.34)	0.0094	0.070 (1.52)	0.084* (1.93)	0.034 (1.34)
	家庭成员数量	0.075 (1.37)	0.0095	0.087* (1.83)	0.0115	0.080** (2.08)	0.066* (1.83)	0.038* (1.88)

续表

自变量		Logit 模型 1		Logit 模型 2		Logit 模型 3	Logit 模型 4	Probit 模型
		直接需求	边际效应	间接需求	边际效应	总需求	总需求	
经济特征	收入水平	0.015 (0.15)	0.0020	0.014 (0.27)	0.0018	0.017 (0.37)	0.013 (0.31)	0.017 (0.68)
	新农保	-0.092 (-0.3)	-0.0116	-0.487*** (-2.97)	-0.0645	-0.328** (-2.40)	-0.262** (-1.96)	-0.199* (-2.57)
养老特征	养老满意度	0.115 (0.72)	0.0145	-0.138 (-1.47)	-0.0183	-0.066 (-0.80)	-0.063 (-0.77)	-0.032 (-0.71)
	购买长护险	1.034*** (3.77)	0.1313	2.06*** (12.32)	0.2722	1.751*** (12.40)	1.716*** (12.50)	0.995*** (12.53)
	养老预期方式	-0.859*** (-4.9)	-0.1090	-0.495*** (-5.78)	-0.0660	-0.555*** (-6.98)	-0.548*** (-6.97)	-0.315*** (-7.00)
_cons		0.587 (0.46)		0.112 (0.17)		0.152 (0.27)	0.316 (0.71)	0.153 (0.49)
N		428		1404		1832	1832	1832
Log likelihood		-173.99		-591.71		-776.85	-780.47	-779.51
LR/wald chi2(16)		61.41		246.83		225.82	220.60	238.79
Prob > chi2		0.0000		0.0000		0.0000	0.0000	0.0000
Pseudo R2		0.15		0.1726		0.1559	0.1520	0.1530

说明：1. 括号内表示 t 值；2. * $p<0.1$，** $p<0.05$，*** $p<0.01$；3. 所有数字均为四舍五入后的结果。

（四）稳健性检验

为了对比同为二值响应模型的 Logit 和 Probit 模型，本书用 Probit 模型对上述变量进行回归，回归结果如表 4-12 的最后一列所示，回归结果表明，Logit 和 Probit 回归模型中解释变量的显著性基本一致，且 Log likelihood、LR chi2（16）、Prob > chi2 和 Pseudo R2 非常接近，说明两个模型没有明显的优劣之分。因此，可以认为本节结论的论证具有稳健性和可靠性。

（五）结论

通过对农村居民选择"居家扶助型"养老模式的需求意愿分析，得出女儿数量、购买长期护理保险和预期养老方式对农村已失能老年人的照护服务需求具有显著的影响，即女儿数量较多、愿意购买长期护理保险以及愿意选择子女或配偶养老的农村已失能农村居民，其选择"居家扶助型"养老模式的意愿较高。而对于身体健康的农村居民，影响其在未来对照护服务需求的因素与已失能人员略有不同,一方面,女儿数量对这部分人群选择意愿的影响并不显著,而是家庭成员的数量对照护需求意愿的影响更为显著,说明儿女养老的代际支持力在未来会受到一定冲击;另一方面,新农合对身体健康农村居民的选择意愿产生负向作用,即新农合的经济保障作用减少了农村居民对未来照护服务的需求,在一定程度上反映出未来我国农村居民对养老方式的选择将具有多样性。同时,无论农村居民的身体健康如何,购买长期护理保险的意愿以及对养老预期方式的选择都显著影响了两类人群的选择意愿。其中,购买长期护理保险的意愿对采纳"居家扶助型"养老模式具有正向作用,表明农村居民对该养老模式具有长期需求;而养老预期方式中,选择与配偶互助养老以及子女养老的农村居民更愿意采取"居家扶助型"养老模式,而偏好于机构养老的农村居民的意愿较低。该结果表明,虽然身体健康的农村居民对儿女养老照护的代际支持力受到一定的冲击而被削弱,但在未来很长一段时间内家庭养老的基本地位仍不会动摇,即从农村居民的养老方式偏好考虑,此结果为本书提倡发展具有居家养老、家庭养老特征的"居家扶助型"养老模式提供了实证支撑。此外,不考虑农村居民的身体健康状况,对全部被调查者的需求意愿进行回归,得出老龄化程度越高的省份,其农村居民选择"居家扶助型"养老模式的意愿越高。此结论为本书的研究背景——人口老龄化下提出的新型养老模式提供了实践检验,即"居家扶助型"养老模式是应对人口老龄化背景下的一种创新型养老模式。

本章小结

本章结合实际调研数据对农村居民选择"居家扶助型"养老模式的意愿进行实证分析,得出以下几点结论:

第一,约63%的农村居民愿意采纳"居家扶助型"养老模式进而向他人提供照护服务,而约80%的农村居民愿意采纳"居家扶助型"养老模式进而接受他人的照护服务,由此得出"居家扶助型"养老模式的照护服务市场存在需求意愿高于供给意愿的非均衡现象。从区域选择均衡看,东北地区的供给意愿大于需求意愿之外,其他地区的供给意愿均小于需求意愿,其中华南地区的供需意愿的缺口最大。但即时照护服务市场和潜在照护服务市场之间的需求意愿差异存在这样一种现象：在未来一段时间内，农村居民对采纳具有居家养老特征的养老模式的意愿降低，而对机构养老的需求增加，即出现一个非正式照护服务市场需求向正式照护服务需求转变的现象。因此，从长期来看，"居家扶助型"养老模式的供需非均衡现象会被弱化。

第二，照护服务的提供者对每种失能程度下的配偶、自己的父母以及配偶的父母提供照护服务的意愿差异性不大，愿意照护的原因多是基于亲情间的责任考虑，相比于具有血亲关系的亲属，照护服务的提供者对朋友、邻居及陌生人提供服务的意愿明显降低，尤其随着这三类被照护者失能等级的增加，愿意提供照护服务人数下降的较快，对这部分人群愿意照护的原因多为将照护工作视为一项收入来源，由此可以得出"居家扶助型"养老模式的照护补贴机制对农村居民提供照护服务具有激励作用。

第三，目前身体已失能的照护服务需求者最期望照护自己的人员是具有亲缘关系的亲属，尤其是对儿子的期望最高，说明"养儿防老"这种心理预期在农村依旧是主流的社会共识，也是农村社会共同的规范和伦理。而身体健康居民在未来年老失能时照护自己的期望人选寄更多的寄希望于自己的配偶，而非子女，在一定程度上说明目前非老年人群的养老观念可能受到人口移出以及经济发展水平的冲击，待年老时将更多希望寄托于自己的配偶。此外，对比身体健康的农村居民和身体失能的农村居民对提供照护服务的人员选择，可以发现，在直系亲属无法照护自己时，身体健康者更倾向于选择让专业的照护人员照护自己，而身体已失能者更倾向于选择让自己的其他亲属照护自己。由此可以看出，年纪较轻的农村居民对专业照护服务的需求高于年龄较大者，即专业化的社会性养老服务是未来养老服务的发展趋势。

第四，对农村居民对"居家扶助型"养老模式供给意愿的影响因素进行回归分析，得出省份、性别、民族、婚姻状况、儿子数量、女儿数量、家庭成员数量、照护经历、养老满意度、购买长护险和打工经历对农村居民的照护服务供给意愿具有显著的影响，尤其是个人的工作经历（打工经历和照护经历）及对农村养老环境或政策的感知（满意度）和反馈程度（购买长期护理保险的意愿）对其供给意愿具有较大的影响，是构建"居家扶助型"养老模式的机制时重点考虑的因素。

第五，对农村居民选择"居家扶助型"养老模式的需求意愿的影响因素进行回归分析，得出女儿数量、购买长期护理保险和预期养老方式对农村已失能老年人的照护服务需求具有显著的影响。而对于身体健康的农村居民，影响其在未来对照护服务需求的因素与已失能人员略有不同，此时女儿数量对这部分人群选择意愿的影响并不显著。但无论农村居民的身体健康如何，购买长期护理保险的意愿以及对养老预期方式的选择都显著影响了两类人群的选择意愿。该结果表明，虽然身体健康的农村居民对儿女养老照护的代际支持力受到一定的冲击而被削弱，但在未来很长一段时间内家庭养老的基本地位仍不会动摇，即从农村居民的养老方式偏好考虑，此结果为本书提倡发展具有居家养老、家庭养老特征的"居家扶助型"养老模式提供了实证支撑。

第五章

"居家扶助型"养老模式照护服务时间的实证分析

本书第四章分析了被调查者对采纳"居家扶助型"养老模式的态度以及影响其做出选择的主要因素，得出具有某些特征的人群是采纳"居家扶助型"养老模式的主体的结论。本章以上一章的分析为基础，继续分析被调查者在每种失能程度下愿意提供照护服务的时间以及希望得到照护服务的时间。一般情况下，照护服务提供者愿意提供的时间具有不确定性，不仅和其个人偏好有关，还和照护服务的报酬、被照护者与其关系等因素有关。而失能老年人需要得到的照护服务时间不仅具有刚性，而且还随着失能等级的增加而增加，但在采纳"居家扶助型"养老模式之后其对照护服务时间的选择是否还具有此种特点？以及人口老龄化因素是否会继续对照护服务的需求时间产生影响？基于上述问题，本章在分析模式主体对照护服务时间选择的基础上，通过实证分析影响照护服务主体选择不同照护时间的因素以及影响程度。

第一节 模式主体照护服务时间

一 供给主体在每种失能程度下的照护服务时间

对不同失能程度的人，被调查者愿意提供照护服务的时间如图 5-1 所示。对于轻度失能者，因其实际需要被照护的时间较短，故问卷设计的选项为"2 小时、3 小时、4 小时和其他时间"。统计结果显示，愿意提供 2 小时照护服务的被调查者人数为 535 人，占比 60.6%；提供 3 小时照护服务的人数为 170 人，占比 19.3%，不到供给 2 小时人数的 1/3；提供 4

小时照护服务的人数为 108 人;愿意提供其他时间(除 2 小时、3 小时、4 小时之外的其他数量的时间)的人数为 70 人。由此可知,被调查者愿意向轻度失能者提供照护的时间主要集中在 2 小时。

对于照护对象为中度失能者,其实际需要被照护的时间比轻度失能者要长,因此,问卷设计的选项为"2 小时、4 小时、6 小时和其他时间"。统计结果显示,被调查者愿意提供 2 小时服务的人数为 332 人,占比 37.6%,愿意提供 4 小时照护服务的人数为 359 人,占比 40.7%,和愿意提供 2 小时照护服务的人数差异不大。相比于愿意提供 2 小时和 4 小时照护服务的人数,愿意提供 6 小时照护服务的人数较少,仅为 90 人,提供其他时间数量照护服务的人数为 102 人。由此可知,对于中度失能者,被调查者愿意提供的照护服务时间为 2—4 小时。

对于照护对象为重度失能者,因其几乎所有活动都需要他人帮助,故这类人所需要的照护时间较长。因此,问卷设计的选项为"4 小时、8 小时、12 小时和其他时间"。统计结果显示,愿意提供 4 小时服务的照护者人数为 362 人,占比 41%,提供 8 小时照护服务的人数为 240 人,占比 27.2%,提供 12 小时照护服务的人数为 88 人,其他时间数量照护服务的人数为 193 人。由此可知,对于重度失能者,被调查者愿意提供的照护服务时间为 4—8 小时。

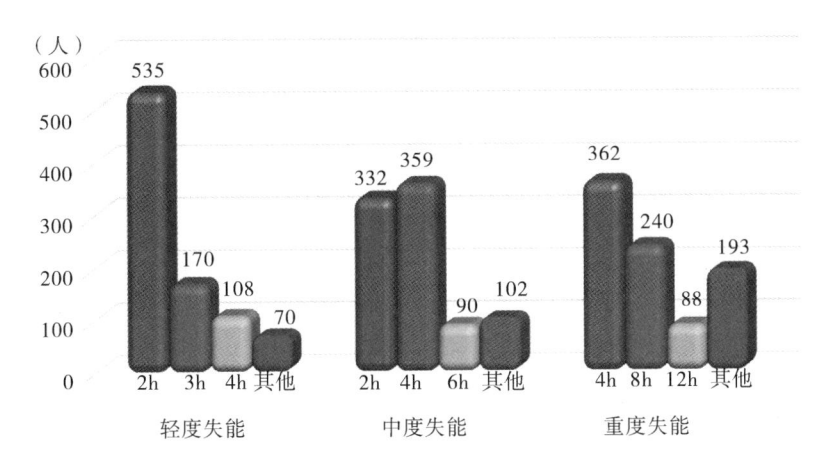

图 5-1　被调查者愿意提供照护服务的时间

综上可知,照护者对每种失能程度的农村居民,只愿意提供失能人员所需要的最低时间的照护服务,并且愿意提供照护服务的时间随被照护者失能等级的增加而显著减少。同时，随被照护者失能等级的增加，照护者愿意提供照护服务时间的不确定性（其他时间）也增加了，即照护服务提供者对失能程度高的被照护者提供照护服务的时间更富有弹性。

二 需求主体在每种失能程度下的照护服务时间

（一）身体已失能者的照护服务需求时间

农村失能老年人期望自己被照护的时间如图 5-2 所示。轻度失能情况下，有 151 名身体失能者希望自己每天得到 2 小时的照护服务，占比为 42.1%；101 名身体失能者希望自己每天得到 3 小时的照护服务，占比为 28.1%；67 名身体失能者希望自己每天得到 4 小时的照护服务；另有 30 人希望自己得到其他时间数量的照护服务。由此可知，轻度失能者需求的照护服务时间主要集中在 2 小时或 3 小时，并且需求的人数随照护时间的增加而减少。

中度失能的情况下，有 28 名身体失能者希望自己每天得到 2 小时的照护服务，占比为 7.8%；165 名身体失能者希望自己每天得到 4 小时的照护服务，占比为 46%；124 名身体失能者希望自己每天得到 6 小时的照护服务；另有 32 人希望自己得到其他时间数量的照护服务。由此可知，中度失能者需求的照护服务时间分布主要集中在 4 小时或 6 小时，并且呈现中间多两端少的趋势。

重度失能的情况下，有 25 名身体失能者希望自己每天得到 4 小时的照护服务，占比为 6.9%；126 名身体失能者希望自己每天得到 8 小时的照护服务，占比为 35.1%；132 名身体失能者希望自己每天得到 12 小时的照护服务；另有 66 人希望自己得到其他时间数量的照护服务。由此可知，重度失能者需求的照护服务时间分布主要集中在 8 小时或 12 小时，也呈现中间多两端少的趋势。

综上可知，农村失能人员对每种失能程度下的照护服务需求时间具有多样性，且服务需求时间总体上与失能程度成正比。轻度失能者的需求时间为 2—3 小时，中度失能者的需求时间为 4—6 小时，重度失能者的需求时间为 8—12 小时。同时，随失能程度的增加，农村失能人员对照护服务时间的不确定性（选择其他时间的人数）也增加了，即失能程度越高的农村居民其对照护服务需求的时间更富有弹性。

（二）身体健康者的照护服务需求时间

不同失能程度下期望自己被照护的时间如图 5-3 所示。身体健康的

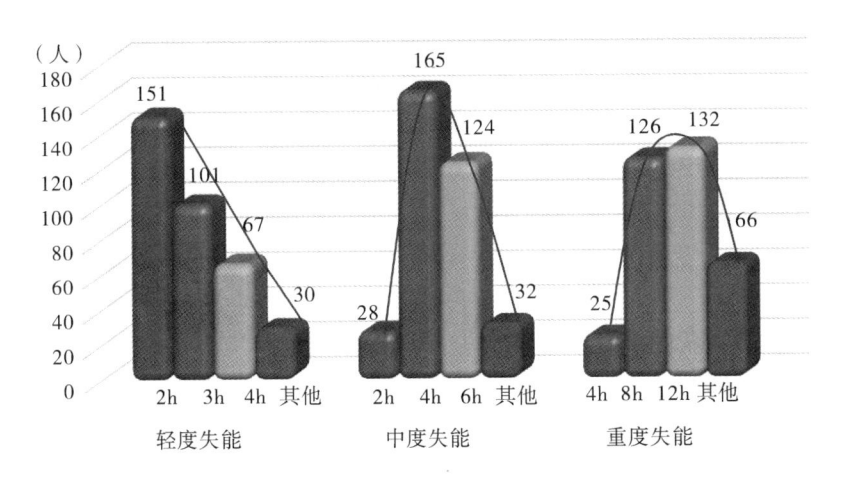

图 5-2　不同失能程度下期望自己被照护的时间

农村居民若年老时发生轻度失能的情况，有593人希望自己每天得到2小时的照护服务，占比为53.2%；233人希望自己每天得到3小时的照护服务，占比为20.9%；187人希望自己每天得到4小时的照护服务；101人希望自己得到其他时间数量的照护服务。由此可知，身体健康的被调查者在轻度失能的情况下，对照护服务时间的需求主要集中在2小时，并且需求的人数随照护时间的增加而减少。

身体健康的农村居民若年老时发生中度失能的情况，有181人希望自己每天得到2小时的照护服务，占比为16.2%；536人希望自己每天得到4小时的照护服务，占比为48.1%；306人希望自己每天得到6小时的照护服务；91人希望自己得到其他时间数量的照护服务。由此可见，身体健康的被调查者在中度失能的情况下，对照护服务时间的需求主要集在4小时，其次是6小时。

身体健康的农村居民若年老时发生重度失能的情况，有156人希望自己每天得到4小时的照护服务，占比为14%；399人希望自己每天得到8小时的照护服务，占比为35.8%；378人希望自己每天得到12小时的照护服务，占比33.9%；181人希望自己得到其他时间数量（多为24个小时）的照护服务。由此可知，重度失能者需求的照护服务时间分布主要集中在8小时或12小时，且人数和时间呈现中间多两端少的趋势。

综上可知，身体健康的农村居民在不同失能程度下对照护服务的需求时间与身体失能的农村居民较为一致，即无论农村居民的身体健康状况如何，对"居家扶助型"养老模式照护服务的需求时间呈现一定的规律性：轻度失能时需要 2 小时的照护服务，中度失能时需要 4—6 小时的照护服务，重度失能时需要 8—12 小时的照护服务。

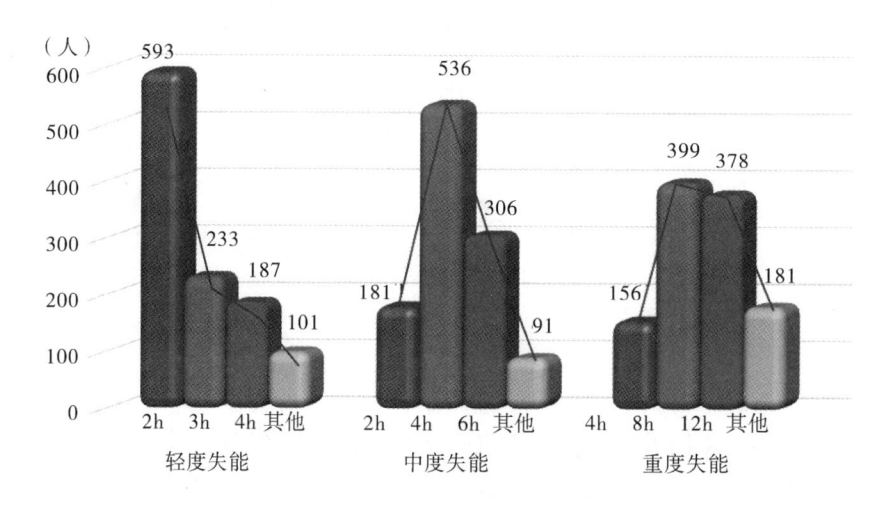

图 5-3　不同失能程度下期望自己被照护的时间

三　照护服务时间均衡分析

（一）照护服务供求时间的全国均衡

根据问卷数据统计，被调查者能够提供的照护服务总时间为 11046 小时/日，人均时间为 12.5 小时/日（11046/883），身体已失能的被调查者对照护服务的需求总时间为 6259 小时/日，小于供给总时间，人均时间为 17.9 小时/日（6259/349），大于供给的人均时间；而身体健康的被调查者在未来对照护服务的需求为 18233 小时/日，大于目前的供给总时间，人均时间为 16.4 小时/日（18233/1114），也大于供给的人均时间，同时小于身体已失能人员的人均需求时间。考虑到照护服务基本是"一对一"或"一对多"的人员匹配，即 1 位照护者照顾 1 位失能老年人或 1 位照护者同时照护多位失能老年人，因此照护服务的实际供给量可以等于需求量，也可以为多倍的需求数量。假设每 1 位供给者为 2 名失能者提供照护服务，此时，照护服务的人均供给时间既能满足即时需求的人均时间，同时也能满足潜在需求的人均时间。因此，从照护服务的人均时间角度考虑，我国农村居民对"居家扶助型"养老模式照护服务需求的人均时间都可以获得满足。

(二) 照护服务供求时间的省份间平衡

1. 照护服务总时间的省份间均衡情况如表5-1所示。由表5-1可知，江西、江苏、湖南、云南、甘肃五省的照护服务时间供给市场小于已失能人员对照护服务时间的需求市场，即存在照护服务的短缺；除此之外的其他省份，照护服务时间供给市场都大于已失能人员对照护服务时间的需求市场，且供需比值排在前五位的省（自治区、直辖市）为宁夏、辽宁、吉林、安徽、北京，即这五个省（自治区、直辖市）的照护服务供给市场较为活跃，供给服务能够满足已失能农村居民的需求；与此同时，四川省的照护服务时间供给市场基本与身体健康人员对照护服务时间的需求市场相均衡。除此之外的其他省份，照护服务时间供给市场都小于身体健康人员对照护服务时间的需求市场，且供需比值最小的五个省（自治区、直辖市）分别为河北、江西、广西、云南和甘肃，说明这五个省份的农村居民在未来对照护服务的需求较为旺盛，因此应重点关注这些地区的照护服务问题。

2. 照护服务人均时间的省份间均衡情况如表5-1所示。由表5-1可知，在已失能人群的照护服务市场，不考虑黑龙江和江苏两个省份，只有宁夏的人均供给时间大于人均需求时间，而其他省（自治区、直辖市）的人均照护服务时间都存在不同程度的缺口。其中，吉林、四川、新疆和青海的人均供求时间比较接近均衡；在身体健康者的照护服务市场，除四川省的照护服务时间的供需比值约为1之外，其他省（自治区、直辖市）的照护服务人均供给时间均小于照护服务的人均需求时间，但供需缺口小于已失能人群。其中缺口最大的五个省（自治区、直辖市）依次是广西、北京、湖北、河北和陕西。由此可知，从人均照护时间考虑，中国绝大部分地区的农村失能老年人对"居家扶助型"养老模式照护服务的人均需求时间高于农村居民愿意提供的人均供给时间。同样，如果从"一对二"视角考虑，无论是已失能人员的人均需求时间还是健康者的潜在需求时间都能够得到满足。

表5-1 "居家扶助型"养老模式照护服务的省（自治区、直辖市）间均衡

(单位：小时/天)

省份	总体供给		即时需求		潜在需求	
	总时间	人均时间	总时间	人均时间	总时间	人均时间
吉林	627	13.9	127	14.1	837	17.1
辽宁	647	12.7	126	18.0	687	16.8

续表

省份	总体供给 总时间	总体供给 人均时间	即时需求 总时间	即时需求 人均时间	潜在需求 总时间	潜在需求 人均时间
北京	687	11.1	189	21.0	1101	18.4
河北	61	10.2	54	18.0	297	14.9
山西	524	14.2	281	17.6	849	17.3
江西	135	15.0	268	20.6	648	20.9
山东	636	12.2	557	21.4	1120	17.2
安徽	539	13.8	114	19.0	717	16.3
浙江	757	11.1	438	19.0	1197	15.3
湖北	456	9.9	271	16.9	764	16.3
湖南	188	9.0	330	13.8	344	12.3
河南	1700	13.8	1079	21.6	3447	18.6
广东	375	10.4	104	13.0	643	11.5
广西	62	8.9	25	12.5	159	15.9
重庆	314	11.2	280	17.5	431	15.4
四川	541	14.2	316	14.4	542	13.9
贵州	418	11.6	130	18.6	685	14.9
云南	200	15.4	295	19.7	486	17.4
宁夏	240	12.0	14	4.7	308	13.4
新疆	654	17.2	317	17.6	756	18.9
青海	523	15.8	263	17.5	657	17.8
陕西	641	10.5	426	17.0	1280	14.9
甘肃	102	9.3	185	15.4	229	12.1
全国	11046	12.5	6259	17.9	18233	16.4

说明：因黑龙江和江苏的数据样本较少，本书将其删除。

3. 每种失能程度下人均时间的省份均衡

每种失能程度下，"居家扶助型"养老模式照护服务的省份均衡情况如表5-2所示。可以看出，无论在哪种失能程度下，北京、江西、山东、浙江、湖北、重庆、云南和甘肃的人均供给时间均低于人均需求时间。且不管是已失能人群的需求还是身体健康者的照护服务需求，在我国上述省（自治区、直辖市）都存在不同程度的缺口，并且身体健康人员的照护服务人均需求时间和人均供给时间的缺口略小于已失能人员的缺口。而辽宁、河北、山西、安徽、湖南、河南、湖南、广东、广西、贵州和陕西在轻度失能情况下的人均供给时间高于即时或潜在人均需求时间，在中度和重度失能情况下的人均供给时间低于人均需求时间；吉林、四川、宁夏、新疆、青海五省（自治区、直辖市）在轻度失能和中度失能情况下的人均供给时间高于即时或潜在人均需求时间，在重度失能情况下的人均供给时间低于人均需求时间。与此同时，随着失能等级的增加，各省份照护服务供给者提供照护服务的人均时间增加的幅度小于照护服务需求者人均需求时间增加的幅度，即失能等级越大，照护服务人均时间的供需缺口就越大。

表 5-2　　　　每种失能程度下人均时间的省份均衡　　　（单位：小时/天）

省（自治区、直辖市）	轻度失能人均时间 供给	轻度失能人均时间 即时需求	轻度失能人均时间 潜在需求	中度失能人均时间 供给	中度失能人均时间 即时需求	中度失能人均时间 潜在需求	重度失能人均时间 供给	重度失能人均时间 即时需求	重度失能人均时间 潜在需求
吉林	2.82	2.11	2.78	3.98	3.78	4.67	7.13	8.22	9.63
辽宁	2.27	2.29	2.17	4.06	4.86	4.54	6.35	10.86	10.05
北京	2.35	3.33	3.15	3.02	5.33	4.80	5.71	12.33	10.40
河北	2.50	2.67	2.20	2.33	4.67	4.40	5.33	10.67	8.25
山西	3.19	3.06	3.00	4.32	4.88	5.02	6.65	9.63	9.31
江西	2.78	3.08	3.00	4.67	5.54	6.06	7.56	12.00	11.84
山东	2.48	2.31	2.35	3.77	5.00	4.26	5.98	14.12	10.62
安徽	3.28	3.33	2.70	3.79	5.00	4.27	6.74	10.67	9.32
浙江	2.50	3.22	2.68	3.18	4.87	4.12	5.46	10.96	8.55
湖北	2.35	2.69	2.53	2.85	4.88	4.40	4.72	9.38	9.32
湖南	2.48	2.58	2.25	2.62	4.50	3.50	3.86	6.67	6.54
河南	3.05	3.12	2.72	4.47	6.06	5.05	6.30	12.40	10.86
广东	2.47	2.75	2.29	3.00	3.63	3.43	4.94	6.63	5.77
广西	1.71	1.50	2.60	2.43	3.00	4.50	4.71	8.00	8.80
重庆	2.36	3.25	2.96	3.14	5.00	4.57	5.71	9.25	7.86
四川	2.50	2.23	2.13	4.16	3.91	3.97	7.58	8.23	7.79
贵州	2.75	2.71	2.41	3.53	4.43	4.20	5.33	11.43	8.28
云南	2.31	2.87	2.57	4.46	5.33	4.64	8.62	11.47	10.14
宁夏	3.25	1.33	3.57	3.70	1.33	4.13	5.05	2.00	5.70
新疆	3.63	2.17	2.68	4.39	3.83	4.18	9.18	11.61	12.05
青海	3.06	2.20	2.62	4.18	3.87	3.97	8.61	11.47	11.16
陕西	2.62	3.00	2.30	3.03	4.96	4.01	4.85	9.08	8.57

续表

省 （自治区、 直辖市）	轻度失能人均时间			中度失能人均时间			重度失能人均时间		
	供给	即时 需求	潜在 需求	供给	即时 需求	潜在 需求	供给	即时 需求	潜在 需求
甘肃	2.36	2.58	2.58	3.09	4.00	3.26	3.82	8.83	6.21

说明：因黑龙江和江苏的数据样本较少，本书将其删除。

综上所述，从省份的供求分析得出以下结论：一是，我国大部分省（自治区、直辖市）的"居家扶助型"养老模式照护服务市场在已失能人群中供给总时间大于需求总时间，尤其是宁夏、新疆、吉林、青海和北京五省（自治区）的农村居民在照护服务的供给市场中较为活跃；二是，"居家扶助型"养老模式的照护服务人均时间市场中，无论是已失能人群的需求还是身体健康者的照护服务需求几乎都存在不同程度的缺口，且已失能人群的缺口比健康人群的潜在需求更大，说明目前向已失能老年人提供"一对一"的照护服务模式可能具有较大挑战；三是，"居家扶助型"养老模式的照护服务在每种失能程度下的供需人均时间市场中，绝大多数省（自治区、直辖市）的人均供给时间均低于人均需求时间，并且呈现出随失能等级增加，照护服务人均供需时间的缺口逐渐增加的趋势。

上述结论的启示是，虽然"居家扶助型"养老模式的照护服务供给市场总量大于需求总量，但该模式不太可能让所有具有供给意愿的农村居民都提供照护服务，即几十个人照护一个失能者不仅是对人力资源的浪费，也会增加"居家扶助型"养老模式的交易成本。因此，如何合理分配好照护服务的时间，用最少的供给者提供与失能人员需求最匹配的照护服务数量是该养老模式在制度设计时需要考虑的问题之一。结合"居家扶助型"养老模式照护服务的人均时间，可以考虑将"一对一"和"一对二"相结合的方式提供照护服务。

第二节 模型选择与变量设定

一 模型选择

为了考察影响农村居民在不同失能等级上对照护服务时间选择的因

素，本书建立计量模型进行分析。此时，因变量为有序分类变量，具有等级次序的性质，故可以采用有序 Logistics 回归模型作为拟合本书截面数据的方法。本部分的计量模型设定如下：

$$Y^* = \beta X + \varepsilon \qquad 式（5-1）$$

其中，Y^* 为不可观测的潜变量，是与因变量对应的潜变量；X 表示解释变量，$i=1, 2, \cdots\cdots, n$；β 是解释变量的系数；ε 为随机扰动项。Y 与 Y^* 的关系如下：

$$Y = \begin{cases} 0, & 若 Y^* \leq r_0 \\ 1, & 若 r_0 < Y^* \leq r_1 \\ 2, & 若 r_1 < Y^* \leq r_2 \\ & \vdots \\ j, & 若 r_{j-1} \leq Y^* \end{cases} \qquad 式（5-2）$$

式（5-2）中，r_0、r_1、$\cdots$、r_{j-1} 为带估参数，表示通过估计获得的临界值或阈值参数，亦称"切点"（Cutoff Points，在回归结果中简称"cut"），且 $r_0 < r_1 < \cdots < r_{j-1}$；$Y$ 表示样本农村居民在某个失能等级处的时间选择。给定 X 时，Y 取每个值的概率如下：

$$\begin{cases} P(Y=0 \mid X) = P(Y^* \leq r_0 \mid X) = P(\beta X + \varepsilon \leq r_0 \mid X_-) = \wedge (r_0 - \beta X) \\ P(Y=1 \mid X) = P(r_0 < Y^* \leq r_1 \mid X) = (r_1 - \beta X) - \wedge (r_0 - \beta X) \\ \qquad\qquad\qquad\qquad \vdots \\ P(Y=j \mid X) = (r_{j-1} \leq Y^* \mid X) = P(\beta X + \varepsilon \geq r_{j-1} \mid X) = 1 - \wedge (r_{j-1} - \beta X) \end{cases}$$

$$式（5-3）$$

式（5-3）中 $\wedge(\cdot)$ 为分布函数。

在轻度失能程度下，农村居民对照护服务时间的选择有 5 种情况，即 $j=5$。其中，时间为 0 小时，赋值为 0；时间为 1 小时，赋值为 1；时间为 2 小时，赋值为 2；时间为 3 小时，赋值为 3；时间大于 3 小时，赋值为 4。在中度失能程度下，农村居民对照护服务时间的选择有 5 种情况，即 $j=5$。其中，时间为 0 小时，赋值为 0；时间为 1—2 小时，赋值为 1；时间为 3—4 小时，赋值为 2；时间为 5—6 小时，赋值为 3；时间大于 6 小时，赋值为 4。在重度失能程度下，农村居民对照护服务时间的选择有 5 种情况，即 $j=5$。其中，时间为 0 小时，赋值为 0；时间为 1—4 小时，赋值为 1；时间为 5—8 小时，赋值为 2；时间为 9—12 小时，赋值为 3；时间大于 12 小时，赋值为 4。

二 变量设定

（一）供给时间的变量设定

供给时间的实证模型中，因变量为每种失能程度下农村居民愿意提供的照护服务时间，自变量与第四章的四大类变量类似，自变量的解释变量的具体设定情况见表4-1。假设情况简要分析如下。

首先，本书认为，农村居民对提供照护服务的时间决策与个人的人口学特征有关，如年龄、性别、文化程度及婚姻状况等。年龄方面，如前文所述，年龄应该是影响居民提供照护服务能力的重要因素，虽然年龄对提供照护服务意愿的影响并不显著，但年龄可能会对不同失能等级的照护服务时间产生影响。因此，本书假设，年龄越大的人供给时间越短。类似的，根据第四章的分析，本节对农村居民提供照护服务时间的影响因素的方向假设如下：女性农村居民的照护服务供给时间较男性居民更长、受教育程度越高的农村居民其提供照护服务的时间越短、有配偶的农村居民比没有配偶的农村居民提供照护服务的时间较长、处于工作时间越长省区的农村居民其提供照护服务的时间越短。此外，基于第四章民族属性的实证结果，本节假设少数民族的农村居民比汉族居民提供照护服务的时间较长。

其次，本书认为，农村居民对提供照护服务的时间决策与个人的家庭特征、经济特征等有关，本书预期：子女数量越少、家庭成员数量越多、兄弟姐妹数量越多，以及经济收入越低的农村居民对选择提供照护服务的时间就越长。

最后，本书假设，农村居民对提供照护服务的时间决策与其他方面特征相关。由第四章实证结果可知，农村居民的照护经历、对目前农村养老生活的满意状况、购买长期护理保险以及打工经历都显著影响了其对"居家扶助型"养老模式的选择，类似的，本书认为具有照护经历、对目前农村养老生活满意度越高、愿意购买长期护理保险、不具有打工经历的农村居民提供照护服务的时间越长。

（二）需求时间的变量设定

需求时间的实证模型中，因变量为每种失能程度下农村居民需要接受照护服务的时间，自变量与第四章的四大类变量类似，自变量的解释变量的具体设定情况见表4-2。假设情况简要分析如下：

首先,本书假设不同失能等级下的农村居民对"居家扶助型"养老模式的需求时间与其个体特征有关,其中属于老龄化程度较高省份的农村居民、年龄较大、女性、教育水平越低、没有配偶以及身体健康状况较差的农村居民对该养老模式的照护服务需求时间更长。同时,本节继续考察民族特征因素对照护服务需求时间的影响。

其次,本书假设不同失能等级下的农村居民对"居家扶助型"养老模式的需求时间与农村居民的家庭特征有关,一般情况下,儿女数量越多、家庭成员数量越多及兄弟姐妹数量越多的农村居民其对照护服务需求的时间越长。

再次,本书假设不同失能等级下的农村居民对"居家扶助型"养老模式的需求时间与其经济水平相关。一般情况下,经济收入越低、没有参加新农保的农村居民对"居家扶助型"养老模式的照护服务需求的时间越少。

最后,本书假设不同失能等级下的农村居民对"居家扶助型"养老模式的需求时间与其养老特征有关。一般情况下,具有购买长期护理保险的意愿、对目前农村养老生活满意度越高以及愿意选择与配偶互助养老以及子女养老的农村居民,其对照护服务需求的时间越长。

第三节 照护服务时间的实证分析

一 供给时间的影响因素实证分析与结论

(一)回归结果分析

本书运用Stata14.0分析软件对农村居民在不同失能等级下供给时间选择的影响因素模型进行估计。模型估计结果如表5-3所示。从模型拟合优度检验的参考指标来看,三个模型的 χ^2 所对应的显著水平为0.0000,该结果表示有序Logistics模型估计结果整体上较为显著。具体分析如下。

1. 回归结果显示,省份、儿子数量、女儿数量都显著且负向影响了农村居民在每种失能程度下对照护服务供给时间的选择,作用方向与农村居民对照护服务的供给意愿一致。而性别、家庭成员数量、照护经历、养老满意度、购买长护险都显著且正向影响了农村居民在每种失能程度下对照护服务时间的选择，且作用方向与农村居民对照护服务的供给意愿一致。对上述显著性变量的解释可参照上一章对照护服务供给意愿的结果分析，只是将上述变量对农村居民的供给意愿影响的解释转化为对供给时间长短的影响。

此外，与供给意愿回归结果不同的一点是，教育年限虽然对供给意愿的影响并不显著，但却显著且负向影响了农村居民在每种失能程度下对照护服务的供给时间选择。对供给意愿影响不显著的原因可能在于不同教育水平的农村居民在提供照护服务的意愿上差异性较小，但在提供时间的选择上却具有较大差异。同时，对照护服务时间的负向作用验证了照护服务行业的低工资、高强度的特点和不同学历水平之间的匹配的关系，即越高学历的农村居民其工作收入越高的可能性越大，若提供低照护服务的时间越长其时间的机会成本较高，结果是高学历的农村居民提供具有低工资特征的照护服务工作的时间较短。

2. 回归结果显示，民族和打工经历显著影响了部分失能程度的供给时间选择。其中，民族变量正向影响了农村居民对中度和重度失能老年人提供照护服务的时间，而对轻度失能老年人的供给时间无显著性的影响。即少数民族农村居民对中度和重度失能人员提供的照护服务时间长于汉族居民提供的照护服务时间。打工经历显著影响了其对中度失能人员照护服务时间的选择，而对轻度和重度失能老年人的供给时间无显著性影响。两者对不同失能程度下照护服务时间的影响存在差异的原因是本书后续研究的方向之一。

3. 回归结果显示，年龄、婚姻状况、兄弟姐妹数量、收入水平和养老预期方式对每种失能程度下的供给时间选择的影响都不显著。其中，婚姻状况在5%的水平显著且负向影响农村居民的照护服务供给意愿，但对三种失能程度下照护时间的选择在统计学意义上无显著影响，该结果可能和样本的数量有关。

（二）结论

根据实证结果可知，农村居民对每种失能程度下选择提供照护服务的时间长短受多种因素的影响，如省份、性别、教育程度、儿子数量、女儿数量、家庭成员数量、照护经历、养老满意度和购买长护险等。按照影响程度划分，照护经历供给时间的影响程度最大，其次是购买长期护理保险的意愿、随后为性别、儿子数量和女儿数量。上述结果表明,照护经历这种先前累积的人力资本含量在农村"居家扶助型"养老模式的照护服务供给时间中发挥着至关重要的作用,如果能够在模式实施的过程中首先通过一些激励措施将这部分人员纳入照护服务人力资源队伍,将提高该养老模式的运行效率:既能使得农村失能老年人获得具有照护经验人员提供的高效率照护服务,又能扩充我国农村非正式照护的人力资源队伍,进而缓解照护服务人力资源的供需矛盾。

表 5-3 轻、中、重度失能情况下供给时间的有序 Logistics 回归结果

	自变量	轻度失能供给	中度失能供给	重度失能供给
个体特征	省份	-0.0206*** (-3.14)	-0.0231*** (-3.52)	-0.0192*** (-2.93)
	性别	0.3632*** (3.53)	0.3318*** (3.28)	0.2175** (2.12)
	年龄	0.0013 (0.23)	-0.0025 (-0.46)	-0.0045 (-0.82)
	民族	0.198 (1.51)	0.265** (2.05)	0.41*** (3.03)
	婚姻状况	-0.08 (-0.98)	-0.0731 (-2.72)	-0.1036 (-1.29)
	教育年限	-0.0260* (-1.7)	-0.0406*** (-2.72)	-0.0345** (-2.26)
家庭特征	儿子数量	-0.3474*** (-4.15)	-0.242*** (-2.77)	-0.1773** (-1.99)
	女儿数量	-0.2172*** (-3.05)	-0.1696** (-2.31)	-0.1519** (-2.05)
	兄弟姐妹数量	0.0215 (0.68)	0.0384 (1.23)	0.0261 (0.86)
	家庭成员数量	0.1312*** (3.78)	0.0819*** (2.66)	0.0674** (2.15)
经济特征	收入水平	0.0154 (0.44)	-0.0062 (-0.19)	-0.0113 (-0.34)
其他特征	照护经历	0.6673*** (6.35)	0.5382*** (5.28)	0.5793*** (5.54)
	养老满意度	0.1695*** (2.57)	0.1765*** (2.85)	0.1829*** (2.85)
	购买长护险	0.5949*** (4.28)	0.53*** (3.6)	0.5787*** (3.98)
	打工经历	-0.1362 (-1.26)	-0.1827* (-1.72)	-0.124 (-1.15)
	养老预期方式	-0.0395 (-0.17)	-0.0233 (-0.61)	0.0478 (-1.27)

续表

自变量	轻度失能供给	中度失能供给	重度失能供给
cut1	0.4872	0.0155	0.0047
cut2	0.6270	1.1783	1.567
cut3	2.4311	2.9876	2.983
cut4	3.4370	4.5057	4.571
Log pseudolikelihood	-1787.21	-1817.95	-1772.01
wald chi2 (16)	127.73	113.24	112.60
Prob > chi2	0.0000	0.0000	0.0000
Pseudo R2	0.0372	0.0316	0.0318

说明：1. 括号内表示 t 值；2. * $p<0.1$，** $p<0.05$，*** $p<0.01$；3. 所有数字均为四舍五入后的结果。

二 需求时间的影响因素实证分析与结论

（一）回归结果分析

本书运用 Stata14.0 分析软件对农村居民在不同失能等级时对照护服务需求时间的影响因素进行估计。模型估计结果如表 5-4 所示。从模型拟合优度检验的参考指标看，三种失能程度下的回归模型的 χ^2 所对应的显著水平为 0.0000，该结果表示有序 Logistics 模型估计结果整体上较为显著，具有统计学意义。具体分析如下。

1. 个体特征方面

回归结果显示，"省份"这一解释变量显著且正项影响了农村居民在轻度失能程度下对照护服务需求时间的选择：省份代码越高的地区，即老龄化程度越高的地区，农村居民在轻度失能程度下对照护服务需求的时间越多；而省份代码较低的地区，农村居民在轻度失能程度下的需求时间较少。同时，"省份"对中度和重度失能程度下的照护服务需求时间在统计学上无显著性影响。可能性的解释是，省份代码虽然在一定程度上代表了某个地区的老龄化程度，理论上老龄化程度和"居家扶助型"养老模式的照护服务需求成正比，但影响照护服务需求的因素较多且较为复杂，如是不同地区农村居民对养老预期方式的偏好不同导致的对照护服务需求的差异，还是身体健康程度的区域差异不一致导致的差异？唯恐单一原因无法进行解释，对该结果的解释还有待在后续的研究中进行更深层次的挖掘分析。

回归结果表明，"民族"变量显著且负向影响了农村居民在每种失能程度下对照护服务需求时间的选择：即在每种失能程度下，少数民族的农村居民对"居家扶助型"养老模式照护服务需求的时间少于汉族农村居民对照护服务需求的时间。可能性的解释是少数民族农村居民的身体健康状况好于汉族居民的身体健康状况，故少数民族农村居民对照护服务需求的时间较短。但该解释并没有权威数据或相关研究的支持。由于目前国内尚无关于不同民族人群身体健康状况的调查数据，无法对少数民族农村居民的身体健康状况和汉族农村居民的身体健康进行对比，故究竟是何种原因导致不同民族的农村居民对照护服务需求的时间存在差异是有待进一步研究的问题，还有待在后续的研究中进行更深层次的挖掘分析。

回归结果表明，婚姻状况显著且正向影响了农村居民在轻度和中度失能程度下对"居家扶助型"养老模式照护服务需求时间的选择，而对重度失能程度下的照护需求时间选择的影响在统计学意义上不显著。可能性的解释是，轻度和中度失能情况下，未婚、离异和丧偶的农村居民比有配偶的农村居民更需要得到照护服务。而一旦他们为重度失能者，无论是有配偶者还是无配偶者，所有人需要得到照护的时间都较为稳定，因此，此时婚姻状况对照护服务需求时间的影响较小。

回归结果表明，健康状况显著且正向影响农村居民在重度失能情况下对"居家扶助型"养老模式照护服务需求时间的选择，即相比于身体健康的农村居民，身体健康状况越差的农村居民在自己重度失能时希望得到的照护时间就越长。但健康状况对轻度失能和中度失能程度下的照护服务需求时间的选择在统计学意义上无显著影响。可能的原因是，身体健康状况已经为重度失能的农村居民，其身体健康状况转好的概率较低，因而这部分人员对轻、中度失能情况下的照护服务需求时间的选择已没有实际意义。

回归结果表明，"年龄"对"居家扶助型"养老模式在每种失能程度下的照护服务需求时间均有正向且显著的影响，即年龄越大的农村居民，对每种失能程度下的照护服务需求时间越多。

2. 家庭特征方面

回归结果表明，儿子数量和女儿数量显著且正向影响了农村居民在中度失能程度下对照护服务需求时间的选择，而对轻度失能和重度失能需求时间的影响并不显著；兄弟姐妹数量显著且正向影响了农村居民在轻度失能程度下对照护服务需求时间的选择，对中度失能和重度失能需求时间的影响不显著；家庭成员数量显著且正项影响了农村居民在每种失能程度下对照护服务需求时间的选择。该结果说明，家庭成员数量是影响农村居民在每种失能程度下照护服务需求时间的重要因素。可能性的解释是，家庭成员不仅包括儿子、女儿、配偶，还包括其他亲属（如父母、未婚的兄弟姐妹等），当把家庭因素扩大化考虑时，在每种失能程度下对照护服务需求时间的影响才变得显著。

3. 经济特征方面

回归结果表明，新农保对处于轻度和中度失能状态的农村居民的养老照护服务需求时间有负向的显著作用，而对重度失能情况下的照护服务需求时间在统计学上无显著意义。可能性的解释是，新农保的替代作用有限。在农村居民为轻度或中度失能时，新农保的经济保障功能发挥作用，即农村居民能够用新农保的收入购买其他方式的养老照护服务，因而对"居家扶助型"养老模式照护服务的需求时间有所减少；当农村居民处于重度失能状态时，其照护成本上升，此时新农保的经济收入并不能支持重度失能人员购买昂贵的照护服务，即经济保障作用受到一定限制。因而当农村居民重度失能时，是否参加新农保对其照护服务需求时间的影响在统计学上并不显著。

4. 养老特征方面

回归结果表明，养老满意度对中度和重度有失能人员的养老照护服务需求时间有负向的显著作用，而对轻度失能情况下的照护服务需求时间在统计学上无显著意义。养老满意度变量对照护服务需求时间的影响与预期的作用方向相反，即养老满意度越高的农村居民对照护服务需求的时间越短。可能性的解释是，养老满意度越高的农村居民，其越有可能采取现有的养老方式进行养老，如不需要进行照护补贴金的居家养老模式或农村现有的社区养老方式。

回归结果表明，是否愿意购买长期护理保险显著且正项影响了农村居民在每种失能程度下对照护服务需求时间的选择，即愿意购买长期护理保险的农村居民对每种失能程度下的照护服务需求时间较不愿意购买长期护理保险的农村居民更长。该结论和预期结果一致，也与需求意愿选择的分析一致，本节不再赘述。

回归结果表明，预期养老方式对农村居民"居家扶助型"养老模式照护服务需求时间具有非常显著的负向作用。即希望自己在年老时采取子女养老、配偶养老方式的农村居民对该养老照护服务时间的需求较多，而倾向于机构养老方式的农村居民的照护需求时间较短。

（二）结论

通过对农村居民在不同失能等级时对照护服务需求时间的影响因素进行估计可知，年龄、民族、家庭成员数量、购买长期护理保险的意愿以及养老预期方式显著影响了每种失能程度下农村居民对照护服务时间的需求，凸显出上述因素在失能农村居民对照护服务需求时间选择上的决定性作用，尤其是长期护理保险在其中发挥了决定性作用。省份、婚姻状况、健康状况、儿子数量、女儿数量、兄弟姐妹数量、新农保、养老满意度只影响了某种失能程度的农村居民对照护服务时间需求的选择，对照护服务需求时间只能发挥部分作用。但值得一提的是，农村居民的新农保对非重度失能时的照护服务时间具有显著影响，其带来的经济保障功能在一定程度替代了"居家扶助型"养老模式的照护服务补偿的作用，即两者之间具有一定的可替代性。但当失能程度较高时，新农保的经济保障作用有限，不能对"居家扶助型"养老模式照护服务补偿功能产生替代。

结合供给时间的影响因素和需求时间的影响因素可知，家庭成员数量和购买长期护理保险的意愿都显著影响了农村居民在每种失能程度下的供需时间，该结果在一定程度上证明了"居家扶助型"养老模式通过家庭成员提供照护服务以及通过购买长期护理保险进而进行照护补贴筹资的可行性，为该养老模式的推广提供了实证检验。另外，一个有趣的现象是：在每种失能程度之下，少数民族的农村居民比汉族居民愿意提供更长时间的照护服务，而其对照护服务时间的需求又比汉族农村居民少，究竟是何种原因导致民族属性对照护服务供需影响的方向不同，是身体健康因素起到决定性作用，或是不同民族所具有的独特性特点导致的差异，还是样本数量问题是值得进一步研究的问题，还有待在后续的研究中进行更深层次的挖掘分析。

表 5-4　轻、中、重度失能情况下需求时间的有序 Logistics 回归结果

	自变量	轻度失能的需求	中度失能的需求	重度失能的需求
个体特征	省份	0.0119* (1.68)	0.0039 (0.55)	-0.0039 (-0.56)
	性别	-0.0233 (-0.27)	0.1112 (1.27)	0.138 (1.60)
	年龄	0.0129*** (3.11)	0.0144*** (3.47)	0.0072* (1.75)
	民族	-0.3368*** (-2.95)	-0.4198*** (-3.64)	-0.4176*** (-3.64)
	婚姻状况	0.1020** (2.13)	0.0928* (1.94)	0.0067 (0.14)
	教育年限	0.0187 (1.53)	0.0017 (0.14)	-0.0082 (-0.67)
	健康状况	0.0147 (0.19)	-0.0141 (-0.19)	0.1451* (1.96)
家庭特征	儿子数量	0.0817 (1.50)	0.0920* (1.67)	0.0756 (1.39)
	女儿数量	0.0074 (0.15)	0.1028** (2.06)	0.0752 (1.54)
	兄弟姐妹数量	0.0481* (1.76)	0.0167 (0.61)	-0.0031 (-0.12)
	家庭成员数量	0.0648*** (3.15)	0.0418** (2.10)	0.0384** (1.98)
经济特征	收入水平	0.0351 (1.18)	0.0369 (1.24)	0.0231 (0.79)
	新农保	-0.198** (-2.11)	-0.2723*** (-2.90)	-0.0915 (-1.00)
养老特征	养老满意度	-0.0195 (0.35)	-0.1320** (-2.14)	-0.1146** (-2.12)
	购买长期护理保险	1.017*** (9.33)	0.9840*** (8.94)	0.8226*** (7.58)
	养老预期方式	-0.2908*** (-5.18)	-0.2640*** (-4.66)	-0.2777** (-4.99)
	/cut1	0.4284	-0.3081	-0.8652
	/cut2	0.6333	0.4303	-0.1335
	/cut3	2.5078	2.2260	1.231
	/cut4	3.5772	4.8467	3.3756
	Log likelihood	-2496.6891	-2468.9940	-2646.8498
	LR chi2 (16)	183.75	190.24	149.73

续表

自变量	轻度失能的需求	中度失能的需求	重度失能的需求
Prob > chi2	0.0000	0.0000	0.0000
Pseudo R2	0.0355	0.0371	0.0275

说明：(1) 括号内表示 t 值；(2) $^*p<0.1$，$^{**}p<0.05$，$^{***}p<0.01$；(3) 所有数字均为四舍五入后的结果。

本章小结

本章结合实际调研数据对农村居民对照护服务时间的选择以及影响照护服务主体选择不同照护时间的因素进行实证分析，得出以下几点结论：

第一，对轻、中、重度失能老年人，农村居民愿意提供照护服务的时间分别集中在 2 小时、2—4 小时、4—8 小时，呈现出随失能等级增加照护服务供给的时间增加的趋势。同时，随失能等级的增加，农村居民愿意提供照护服务的不确定性（其他时间）增加，即照护服务提供者对失能程度高的被照护者提供照护服务的时间更富有弹性。

第二，身体健康的农村居民在不同失能程度下对照护服务的需求时间与身体失能的农村居民较为一致，在轻、中、重度失能情况下对照护服务需求的时间主要集中在 2—3 小时、4—6 小时、4—8 小时、8—12 小时，呈现出随失能程度增加照护服务的需求时间也增加的规律性，但每种失能程度下的需求时间均高于农村居民愿意提供的照护服务时间。

第三，从供求服务时间的均衡分析，得出我国大部分省份的"居家扶助型"养老模式照护服务市场在已失能人群中供给总时间大于需求总时间在身体健康人群中除四川省外，其他省份照护服务时间都存在缺口；在人均时间市场中，无论是已失能人群的需求还是身体健康者的照护服务需求几乎都存在不同程度的缺口，且已失能人群的缺口比健康人群的潜在需求更大；在每种失能程度下的供需人均时间市场中，绝大多数省份的人均供给时间均低于人均需求时间，并且呈现出随失能程度增加，照护服务人均供需时间的缺口逐渐增加的趋势。针对非均衡现象，本书提出"一对二"或"多对一"的解决办法，即一位照护服务供给者向两位需求者提供照护服务。

第四，农村居民对每种失能程度下选择提供照护服务的时间长短受多种因素的影响，如省份、性别、教育程度、儿子数量、女儿数量、家庭成员数量、照护经历、养老满意度和购买长期护理保险等。其中，照护经历对供给时间的影响程度最大，这种先前累积的人力资本含量在农村"居家扶助型"养老模式的照护服务供给时间中发挥着至关重要的作用，为缓解照护服务人力资源的供需矛盾提供了思路。

第五，农村居民在不同失能等级下对照护服务需求时间的长短受多种因素的影响，如年龄、民族、家庭成员数量、购买长期护理保险的意愿以及养老预期方式等。结合供给时间的影响因素和需求时间的影响因素可知，家庭成员数量和购买长期护理保险的意愿都显著影响了农村居民在每种失能程度下的供需时间，该结果在一定程度上证明了"居家扶助型"养老模式通过家庭成员提供照护服务以及通过长期护理保险进行照护补贴筹资的可行性，为该养老模式的推广提供了实证检验。

本章的研究结论是中国目前养老照护服务市场的真实写照，即在养老照护服务的人力资源市场，供需矛盾问题较为严重，制约着我国照护服务市场的健康发展。但随着新生代农村居民生活和养老观念的转变，以及经济发展水平的提高，未来农村居民对居家照护的需求意愿减弱，从而家庭照护服务的供需缺口减少。未来，无论是家庭养老、居家养老，还是机构养老、社区养老，我国养老照护服务的供给和需求都受多方面因素的制约，供需数量是一个动态发展与变化的过程，任何制度都要在社会变迁的过程中不断做出调整，"居家扶助型"养老模式的发展也不例外。

第六章

发达国家相关模式经验借鉴

在发达国家，家庭和个人提供的非正式照护服务占老年照护服务的80%左右的份额。非正式照护相较于正式照护有较多优势，一方面成本低廉，提供的服务快捷灵活；另一方面非正式照护提供者为较为熟悉的人，因而能增加老年人的安全感和归属感，从而提升其生活质量，并有助于培养亲属、朋友及邻里之间相濡以沫的互助精神。然而长期以来，各国社会政策很少涉及非正规照顾服务，通常把它放在社会保障体系之外，致使非正式照护面临很多问题。为了充分发挥非正式照护的作用，发达国家制定了新政策，如向非正式照护服务提供者发放津贴，以促进非正式照护服务体系的发展。目前，OECD国家，如美国、英国、奥地利、瑞典、瑞士、德国、荷兰、意大利和韩国都允许身体失能者在实物给付、现金津贴给付或两者混合给付的方式上进行选择（OECD国家的现金给付介绍见附录D）。当涉及现金给付时，失能人员拥有对现金津贴的支配权，这种具有消费者主导性的各类项目是世界范围内长期照护领域的重要创新。本书以美国、英国、德国和荷兰四国为例，对具有自主性的现金津贴项目进行详细介绍，为同样具有这些特征的"居家扶助型"养老模式在中国的发展提供经验借鉴。

第一节 美国"现金与咨询"模式

20世纪90年代初期，美国残疾人和老年人数量的增长及长期照护成本地不断攀升，加之居家护工（照护者）数量短缺及流失率严重，使得老年人个性化的照护需求得不到有效满足。在此背景之下，美国政府及学界开始寻求既满足老年人个性化照护需求又能有效控制成本的新方法，其中一种方法即"现金和咨询"项目（Cash & Counseling Program）[①]。美国"现金和咨询"项目的雏形出现于20世纪七八十年代，直到20世纪90年代，随着第一个"现金和咨询"项目[②]试点和评估的开始（试点州为阿肯色州、佛罗里达州和新泽西州），具有"消费者主导型"特征的"现金和咨询"项目才开始丰富起来。

一　定义

"现金和咨询"项目是指政府为项目参与者——被照护者提供现金津贴，由参与者本人采购符合自己实际需求的个人照护服务项目，给予参与者更多选择照护服务和护工方面的自主权，这种自主权主要表现在参与者对照护服务项目的内容、时间、方式以及由谁照护自己等方面都可以按照其个性化需求进行自由选择。在美国，具有消费者主导特征的项目一般都属于"消费主导型"项目（Consumer Direction），即"现金与咨询"项目是"消费者主导型"项目的一种形式。但由于"现金与咨询"项目运行的效果非常好，是"消费者主导型"项目的典型代表。因此，"现金与咨询"项目有时又称为"消费者主导型"项目。美国大部分州的"消费者主导型"项目都有其独特的名字。目前，该类项目已经成为美国长期照护体系中不可或缺的一部分。

在传统的公共资金资助的养老项目下，社工和护士中的一方或两方基于对被照护者失能程度的评估制订照护计划，医疗健康专员会将照护计划告知照护机构，医疗补助计划（medicaid）[③]将支付机构照护服务产生的

[①]　"现金和咨询"项目后改名为"个人预算"项目，但为了和荷兰的"个人预算"项目相区别，本节继续使用"现金和咨询"项目一词。

[②]　"现金与咨询"是罗伯特伍德约翰逊基金会（Robert Wood Johnson Foundation）联合美国卫生与公共服务部（U.S. Department of Health and Human Service），在1996—2009年间推行运作的一个项目，致力于为符合美国联邦医疗补助计划（Medicaid）资格的失能老人、残障人士，向他们推广"参与者主导的个人援助服务"。

[③]　医疗补助计划（Medicaid）是指由联邦和地方政府共同出资为那些低收入个人或者家庭提供医疗照护援助的计划。医疗补助计划获取的资格由美国各州决定，包括年龄、收入、家庭结构以及失能状况等限制。以经济状况为例，个人或者家庭年收入必须低于各个州公布的贫困线标准，其个人或者家庭资产（包括汽车、住房和各种银行存款的账户等）也不能超过特定的标准。联邦法令确认了多于25种的符合条件的人，这些人可以被分为以下几类：家庭收入低微或者是患有需要照护类疾病的未成年人，低收入孕妇，低收入残疾人和65岁（含）以上的低收入老年人。医疗补助计划将照护服务费用支付给照护服务的提供者，而非照护服务消费者本人。

费用（Doty，1998）。同时，传统养老项目中，被照护者要么是直接接受被安排好的照护服务，要么具有对照护服务和护工偏好的表达权利，但没有对服务和护工进行自主选择和控制的能力。而"现金和咨询"项目运行机制上不同于传统的服务项目（Kemper，2007），前者的被照护者被视为照护服务的"消费者"，其在接受服务消费咨询的基础上以政府授权的现金津贴为限自由选择经授权的照护服务项目以及选择由谁来照护自己，即被照护者可使用现金津贴购买经授权范围的照护服务项目，并能将部分津贴支付给自己选择的护工。

传统机构养老和"现金和咨询"项目的基本情况比较如表6-1所示。"现金和咨询"项目的建立并不是替代现有的养老照护服务项目，而是给予喜欢消费者主导项目者更多的选择机会。这种自由灵活的主导性，一方面让被照护者可以自主"雇用"照护自己的护工，护工可以是自己亲属，也可以是朋友、邻居甚至是陌生人，其中聘用自己的子女担任可获得报酬的护工成为这个项目广受大众欢迎的原因之一；另一方面，被照护者还可以用照护津贴购买满足其生活照护需求的商品和服务，如辅助设备以及设备或环境的修饰。同时，"现金和咨询"项目的另一个特点是被照护者的个人预算可以接受两种类型的支持：一是他们可以充分利用"咨询"服务——这些信息能支持和帮助他们最有效和最合理地使用现金津贴；二是他们可以使用财务管理服务（financial management service，FMS）确保他雇用的"员工"可以按时且合理地得到报酬、税收及其他减免的待遇。

表 6-1　美国传统机构养老和"现金和咨询"项目的比较

特征	机构养老	"现金和咨询"项目（"消费主者导型"项目）
服务提供	按照州或代理机构授权的小时数量提供照护服务	具有多样性；一些项目使用照护服务授权的数量（小时）；有些项目提供现金允许被照护者自己购买商品和服务，商品和服务的数量取决于它们的价格
被照护者的（消费者）筛选	没有	具有多样性；一些项目不对被照护者的类型进行筛选，一些项目则根据被照护者的经济能力进行筛选
雇用具有法律责任的家庭成员[a]	通常没有限制	具有多样性；一些州不允许，一些州允许但只支持使用州政府的基金雇用家庭成员；还有些项目通过获得医疗补助计划豁免进而使用医疗补助计划基金支付雇用合法亲属的报酬

续表

特征	机构养老	"现金和咨询"项目（"消费主者导型"项目）
照护经理的角色（又称"服务顾问"）	具有多样性；有些州没有为个人照护项目设定照护经理；当存在照护经理时，其职责通常包括协助老年人获得服务，以及确定这些服务的位置、管理、协调和监督这些服务	具有多样性；通常情况，被照护者具有更多承担照护经理职能的独立性和责任；而照护经理承担诸如教育、指导、修订照护支出/收入计划等服务
护工的监督机制	机构	消费者，也有些项目的被照护者接受来自照顾经历或第三方机构的监督支持
财务责任	机构	具有多样性；可能来自县、州或财务中介，也可能是被照护者个人承担
消费者自主性程度	具有多样性	大部分项目都赋予被照护者高度的选择权[b]

说明：a. 法律关系的亲属通常是指配偶及子女，但根据州法律规定，其他亲属也可能包括在内；b. 但在个别州，很多医疗补助计划的受益人没有选择权，而是被自动地分配服务。

资料来源：Karen Tritz. Long-Term Care: Consumer-Directed Services Under Medicaid [R]. CRS Report for Congress, Received through the CRS Web, 2005。

二 实施情况及效果

鉴于"现金和咨询"项目在美国3个州的试点取得了正面的效果，2004年美国将该项目复制推广到另外的11个州。截至2015年6月，美国有49个州提供四种不同类型的"现金与咨询"或"消费者主导型"项目，并且这些项目都和医疗补助计划相关。但也存在一些医疗补助计划之外的项目，如退伍军人的"自我导向型"项目及"寿险保单持有人"项目，所有这些项目都允许参与者的家庭成员成为具有照护津贴的护工。截至2015年6月，共有23个州可以参与"消费者主导型"非医疗补助计划，33个州为退伍军人提供"自我导向型"的照护服务，同时"寿险保单持有人"项目在50个州都能获取。[①] 虽然允许家庭成员得到报酬的"消费者主导型"养老照护概念已经远远超越了医疗补助计划的范畴，但这种项目很受申请人的欢迎（Nancy, Keefe & Fancey, 2007），各州也在积极为符合申请资格的居民提供此类项目。

---

① https://www.payingforseniorcare.com/longtermcare/resources/cash-and-counseling-program.html.

"现金和咨询"项目可以自主聘用照护人员的方式能够使老年人的个性化需求快速得到满足，实践效果也证明该项目下老年人的健康状况及参与者（包括老年人和护工）的生活质量都有所改善；同时，被老年人聘用为护工的子女能够获得政府提供的现金津贴，这将在一定程度上减轻了子女负担，对子女尽孝产生激励效果；此外，"现金和咨询"项目可以通过增加照护人员供给池解决非正式照护人员供给不足的问题（Randall, Barbara & Stacy, 2007），并且该项目鼓励老年人在家接受照护服务，从而可以节省养老院照护设备的开支（Phibbs & Holty, 2006）。

三 资格条件

"现金和咨询"项目的一般的准则是申请人必须符合医疗补助计划资格，然后再申请获得享受"消费者主导型"照护服务的医疗补助豁免资格。[①] 在此基础之上，虽然美国每个州的项目都有自己的准入条件（如必须是本州居民），但也存在一些相似或相同的准入要求：（1）在年龄上，申请者须为老年人［大部分州要求65岁（含）以上］或者是其他年龄阶段的残疾人士，部分州的覆盖人群范围见表6-2所示。（2）在身体机能上，申请者必须具有技能型照护需求，包括严重的精神障碍（如阿尔兹海默病）或者是被医疗资格认定为需要协助执行日常生活活动（如穿衣、洗澡、进食和如厕）。（3）在经济上，申请者必须具备医疗补助计划的资格[②]。经验法则是，申请人的月收入不得高于2200美元/月，可计量的资产价值不得高于2000美元。美国很多州在可计量的收入和资产方面的规定非常灵活，如住宅、交通工具和预付葬礼费都被视作不可计量资产。甚至有些州并不对固定收入做出限制，而是将申请者是否可以支付其照护成

---

① 医疗补助计划豁免（Medicaid Waiver）是美国社会保障法赋予各州的一项医疗补助的豁免权，主要包括四种种类，其中一种重要的种类为居家和社区的服务制度（Home and Community Based Services，简称HCBS），是社会保障法免除对HCBS服务在获得联邦医疗补助上的限制，让有机构（养老院、医院等）照护资格的人同样有权利选择参加居家和社区照护并获得医疗补助。医疗补助计划可以支付低收入人群在护理院的费用，但对于那些向住居家或者在辅助生活中心的人来说，他们必须申请医疗补助计划豁免。如果与护理院相比居家和辅助生活中心服务成本不增加的情况下，受助者因享受居家照护服务而产生的费用将由医疗补助计划进行资助。

② 一些在"现金与咨询"模型中的非医疗补助计划项目，其经济要求比医疗补助计划项目通常要低一些，而退伍军人的"自我导向型"项目和"寿险保单持有人"项目的资格要求与医疗补助计划存在差异。

本来作为准入的资格标准。此外，夫妻共同申请或一人申请另一人不申请时的经济资格要求更为复杂，这种复杂的状况更是直接地提升了医疗补助计划的经济和资产限制。(4) 在居住地点上，"现金和咨询"项目起初专为居家照护设计，但如今美国一些州将那些居住在特殊群体家庭①甚至辅助生活住所的人员（居住在养老院的老人除外）也容纳到这个项目中来。在上述步骤之后，美国各州的相关部门安排社工上门对申请人的生活能力进行评估，并将申请人的活动能力填写在评估报告中，同时将配偶或家人能提供的非正式照护能力也填写在报告中（陈永杰、卢施羽，2013）。

表 6-2　美国部分州的"现金与咨询"项目名称及覆盖人群

州	英文名称	中文名称	覆盖人群
阿拉巴马州	Personal Choices	个人选择	目前正在豁免计划中接受个人照护或个人辅助活动的本州身体失能老年人及成年人
伊利诺斯州	Cash & Counseling	现金和咨询	本州 60 岁及之上的孱弱老人
爱荷华州	Consumer Choices Option	消费者选择型	具有 HCBS 豁免资格的本州失能老年人
肯塔基州	Consumer Directed Option	消费者主导型	具有本州三个 1915（c）豁免资格之一的人
密歇根州	Self-Determination in Long-Term Care	个人主导型	本州身体失能老年人及非老年人
明尼苏达州	Consumer Directed Community Supports	消费者主导型	本州身体失能老年人及成年人
新墨西哥州	Mi Via（My Way）	服务我做主	本州医疗补助计划的豁免者：失能老年人、发育性残疾、携带艾滋病毒或患有艾滋病的人、脑损伤的人等
宾夕法尼亚州	Cash & Counseling	现金和咨询	最初只为高龄孱弱的老年飞行员提供服务，但后来将范围扩大到本州全民
罗得岛州	Personal Choice	个人选择	本州失能的成年人和具有特定豁免资格的老年人
佛蒙特州	Flexible Choices	自由选择	本州身体失能老年人及成年人
华盛顿州	New Freedom	新自由	本州失能的成年人和具有机构照护需求的老年人

---

① 特殊群体家庭（Group Home）是指为那些无法和家人居住在一起的儿童或者年轻人以及那些患有慢性残疾的成年人或者老年人提供的私人住所，一般不会超过六个居住者且至少配备一个受训过的护工提供 24 小时的服务。

续表

州	英文名称	中文名称	覆盖人群
西弗吉尼亚州	Personal Options	个人选择	最初覆盖范围是 60 岁及之上的老年人，后来将范围扩大到本州具有智力障碍和发育性残疾的儿童和成年人
加利福尼亚州	In-Home Supportive Services	居家扶助服务	本州 65 岁以上的老人、失明或残障人士
纽约州	Consumer Directed Personal Assistance Program	消费者主导个人援助	符合医疗补助资格的本州老年人或者残障人士

四 项目福利

"现金和咨询"项目的参与者获得的照护津贴因项目类别和所属洲的不同而有所差异，如阿肯色州平均每人每月的 400 美元到科罗拉多州平均每人每月的 4000 美元（Brenda，Kirsten & Barbara，2007）。通常情况下，参与者——被照护者得到的照护津贴可以使用在雇用护工为自己提供个人日常生活照护服务（ADLs）和工具性日常生活活动（IADLs）等方面。被照护者并非被直接给予照护服务，而是被授权一个服务预算，并拥有对预算的使用权和主导权。一些项目直接对被照护者支付现金津贴资助，一些项目则通过聘用代表参与者利益的财务管理公司或者财务中介（Fiscal Intermediary）①来帮助处理护工工资的发放事宜（委托—代理模式）。虽然现金津贴的欺诈、犯罪事件仍有发生，但财务中介承担了工资审核、服务监控、纠纷调解作用，分担了政府部门的工作负担。

现金津贴的数额由被照护者对照护服务需求的时间及该地区平均照护成本两方面来决定。"现金和咨询"项目不仅形式多样，而且津贴额范围也变得很宽。在照护服务需求时间的计算上，大部分州按由政府或机构提供照护服务（传统照护）时的时间进行"折扣"，如北卡罗来纳州规定照护服务时间比传统照护机构提供的时间低 10%—20%（Brenda，Kirsten & Barbara，2007）。在照护成本的计算上，大部分州一般规定不超过由本州

---

① 财务中介具有工资审核、服务监控、纠纷调解等功能。如协助被照护者收集护工的工作时间表、支付护工照护津贴支票或者是追踪被照护者的支出去向。另一些职责是对护工的犯罪背景进行调查、填写税收报告以及确定护工应得的社会保险、工资薪酬和税收贡献等问题（Flanagan & Green，1997）。

传统照护机构提供照护服务时的成本或者是直接按照传统照护成本的一定比例进行"折扣",如佛罗里达州规定支付传统照护计划的83%—92%。各州支付给护工的费率标准不一,有的州允许参与者按照自己的意愿给付护工费用,但也有的州会设定费率准则,通常的做法是按小时计薪,且小时工资会低于各州家庭照护的平均小时工资。

当申请者申请获得"现金和咨询"项目的资格后,被照护者在如何使用照护预算方面会受到某些约束和限制。但在授权范围之内,被照护者的授权范围可以用"3W"来表示:"Who"表示选择谁来照护自己、"When"表示自由选择照护时间、"What"表示自由选择照护服务型项目。即被照护者可以根据自己的偏好自由决定聘用护工以及护工所提供的时间和服务项目,还可以将照护预算用来购买提高自己日常活动能力的服务项目(如进行生活环境改善以更加适合失能时居住)或设备,还可以购买清洁服务、配餐服务、洗衣服务、治疗预约等其他可接受的服务。大多数州的"现金和咨询"项目允许被照护者聘用自己具有法律关系的亲属(一般指配偶、子女)、朋友以及不具有法律关系的家属为自己提供照护服务,这无疑成为该项目最吸引人的地方。在美国,雇用具有法律关系的亲属提供照护服务是一项有争议的事情。反对者认为,照护家人是具有法律关系亲属的责任,因而支付他们本可以免费的照护津贴是对公共资金的浪费;而支持者认为当具有法律关系的亲属提供照护服务时,不仅可以使得被照护者的需求得到强化、还可以对具有法律关系亲属的就业产生影响,同时支付给他们照护津贴产生的激励效果可以减轻州政府正面临的护工短缺难题。目前,美国绝大部分州将成年子女、配偶、亲家和孙子孙女等包括在有权获得照护服务津贴的范畴内,但只有8个州将配偶排除在外。由于很多州未把前配偶排除在护工之外,从而导致了这样一种荒唐现象,夫妻中的一方为了照顾另一方获得照护津贴而进行假离婚。同时,"现金和咨询"项目除了对亲属关系的限定之外,有的州还规定被照护者只能雇用被护理机构认定的有资格提供照护服务的人员;而部分州考虑将具有犯罪记录以及触犯了州政府法律的人排除在雇佣范围之外。但对于应不应该雇用有吸毒历史但目前已不再吸毒的亲属也是一项有争议的事情。此外,州医疗补助计划保持对被照护者自主选择护工人员的监督责任,以确保被照护者能够及时接受护工的照护服务并保证服务质量。

尽管很多州政府提供了照护知识培训课程和在线指导,但并未强制要求护工参加培训,照护提供者可根据自己的意愿自行选择是否参加这些课程和指导(课程包括沟通技巧、应急处理和药物管理等)。护工可以提供个人护理(穿衣、洗澡、喂食、大小便照护等)、家务服务(打扫房间、洗衣、煮饭、购物等)、医疗辅助服务(陪同往返就诊、注射、照护伤口等)及家庭环境改善服务。但也有一些州要求具备资格/满足基本条件的护工必须完成一系列正式的照护培训课程才能被雇用。

五 申请流程

由于美国各州所实施的"现金和咨询"项目的具体内容不同,申请流程也有所差异。但一般情况下,申请时间的长短和申请者是否加入医疗补助计划有关。如果申请者正在接受医疗补助计划的补助金,那么他在获得"现金与咨询"项目的资格之前需要等待2—4个月的项目处理时间(资格审批时间);如果申请者没有加入医疗补助计划,则首先需要申请注册加入该计划(加入医疗补助计划的周期一般为45—90天),然后再等待2—4月的"现金和咨询"项目的资格审批时间。随后,申请者通常会在州或者县医疗补助计划部门的帮助下完成一份医疗补助计划申请表,该表中写明了申请者的个性化照护需求。为了提高申请通过率,申请者要提前寻求医疗补助计划专家的帮助。一旦医疗补助计划申请通过,申请者就可以接着申请医疗补助计划豁免,并在此基础上申请"现金和咨询"项目。值得一提的是,具有医疗补助计划和医疗补助计划豁免的人在申请该项目时是没有成本的,而且注册医疗补助计划也不需要交费。

六 质量及监督机制

大部分州通过法律法规(如照护法案、医疗补助计划法案)来保证"现金和咨询"项目的照护服务质量,以平衡被照护者的预算偏好以及其个人安全。大部分州的照护经理通常承担部分监督职责,如经常电话访问、每月/季度访问被照护者,了解服务过程中出现的各种问题(虐待、忽视、身体健康状况变更情况等),或者是将监督服务外包给第三方机构,如财务中介,这是照护服务质量监督的第一道防线。当采用两者进行服务质量监督时,被照护者的个人照护津贴预算和购买的照护服务必须要经过照护经理或第三方机构的同意,并通过现场接触、审查等方式以确保照护服务的真实性,预防照护津贴欺诈和虐待老年人的现象发生。也有的州通过设立质保局（隶属于社会服务部）对各县项目服务质量进行管理和监督，以预防照护服务中的欺诈及滥用问题。社会服务部会保持更新现行规章制度和相关材料，及时反映公众政策以及实施效果。社会服务部给各县提供技术支持，以期能够推广一系列确保受助者福利的服务，使得被照护者能够在家中享受优质的照护服务。同时，社会服务部还支持开办护工训练学院，通过培训提升护工的照护服务质量。

第二节　英国的"直接津贴"项目

一　英国长期照护体系简介

英国的居家和社区照护服务体系（Home and Community Services System）主要由三部分组成：（1）英国国家管理的国民健康服务体系（National Health Service，NHS）为英国全民提供的免费性医疗照护，包括与健康相关的部分长期照护服务。但英国除苏格兰之外的其他地区对提供长期照护服务对象的要求较为严格，需要对申请者开展严格的家庭经济情况调查，因此真正能够享受到该服务的人群有限。（2）英国就业与养老金部（Department of Work and Pensions，DWP）为残疾人提供的现金津贴（Allowances），如伤残生活津贴（Disability Living Allowance），针对65岁以下因严重的身体或精神残疾而至少需要3个月及很可能继续需要6个月照护服务的人群；护理津贴（Attendance Allowance），针对65岁及以上需要至少6个月持续性照护的人群，假如申请人患有绝症，则可以经特别安排迅速获得护理津贴。（3）英国由卫生部监督部门和地方社会服务部门（Social Services Departments，SSDs）主管的社区照护（Community Care）。地方当局使用英国政府每年向其拨付的社会服务金向本地居民提供诸如社区照护服务等一揽子社会服务。社区照护是英国长期照护体系中最重要的一部分，主要为残疾的成年人及孱弱老人提供居家和社区照护服务，包括操持家务和个人照护服务、成人日托服务、临时看护、院舍式照护以及其他SSDs提供的社会服务。

二　"直接津贴"项目概述

英国照护服务的支付方式包括实物给付和现金津贴两种方式，部分照护服务项目可以由被照护者自由选择采用哪种方式。"直接津贴"项目是其中一种现金津贴方式，英国政府直接将现金发放给被照护者让其自行购买所需的照护服务。目前，英国的苏格兰、北爱尔兰、威尔士和英格兰都有隶属于长期照护体系的"直接津贴"项目，但每个地区之间的项目存在少许差异。本书以英格兰为例，介绍"直接津贴"项目的主要内容。

英国"直接津贴"项目是社区照护计划的一部分，是为符合社区照护的人员提供的一种可供选择的替代性方式。该项目允许参与者选择使用现金自行从个体劳动者（私人助理）或私人照护机构处购买照护服务从而替代传统的由机构或院舍集团提供的居家和社区照护服务，以此满足个人居家照护的需求。由此可知，"直接津贴"项目也是一种具有"自主性"及"消费者主导性"的长期照护方式；不仅能够确保身体失能者获取日常生活照护服务的即时性，还赋予其更多自主性，并以"雇主"的身份提高他们掌控自己生活以及提升他们生活质量的能力。值得一提的是，"直接津贴"项目和英国现金津贴计划的相似之处在于，两者都是通过发放现金的方式给予申请者经济支持；不同之处在于，个人可以随意支配现金津贴计划发放的现金，但在使用"直接津贴"项目的现金时具有限制性。

三　资格条件

英国每个地方当局都有自己的准入标准。但一般情况下，"直接津贴"项目和社区照护直接挂钩，即被社会服务部门评估为有资格接受社区照护服务的人员才有权利选择"直接津贴"项目，否则要接受社会工作者（Social Worker）的评估以确定其申请资格。通常，若申请者具有以下条件之一，即可申请"直接津贴"项目：16 岁及以上的具有智力障碍、身体或精神上的伤残人员[①]；超过 50 岁及以上的老年人；具有残疾儿童的家庭（"直接津贴"项目允许父母代表残疾儿童的利益使用津贴资金）；照护残疾人的护工（如收入低于最低收入的护工）。此外，还有部分人员在地方当局的安排下接受"直接津贴"项目的服务。

同时，英国还有一些其他并非全国性标准的资格条件。这些规范性条

---

① 被法院判定为没有控制及管理能力的精神疾病患者，没有资格采用"直接津贴"项目，因为理论上这部分人员不能对照护津贴进行支配和管理。一般情况下，这部分人适用于英国的强制性精神疾病照护服务。

件有时也决定着申请者能否成功申请"直接津贴"项目：（1）申请者应使用最少的津贴满足其独立生活时的需求①；（2）申请者必须同意参与和配合"直接津贴"项目中规定的获取社会服务和其他授权服务的要求；（3）申请者必须理解其在"直接津贴"项目中作为购买者和"雇主"的责任和义务，将他们的家庭设立为一个能够确保"雇员"安全的工作环境；（4）不会对工作人员和其他公民的健康和安全带来威胁。一般情况下，如果申请人具备这些资格条件，地方当局则认为"直接津贴"项目对其是一种最佳的选择，因而赋予其申请资格。

四 项目福利

现金津贴通常是每四周存入个人的独立银行账户，但实际发放周期以及发放金额取决于地方当局的规定。"直接津贴"项目的资金可以被用于以下两种途径：一是可以用于雇用私人助理（Personal Assistant）为其提供继续生活在社区中的生活照料支持。私人助理的职责随"雇主"的照护要求具有多样化的特征，包括但不限于以下内容：协助雇主上下床、穿衣、脱衣、洗澡、如厕、进餐等服务。地方当局对聘用私人助理的限制条件较多，一般规定个人不能聘用和自己共同居住在一起的已婚配偶或同居者作为私人助理，也将具有亲密关系的亲属②排除在外。但也存在一些特殊情况，如当个人居住在偏远乡村地区，这些地区的可获得照护资源较少（如可供雇佣的个体劳动者数量很少）时，个人可以雇佣自己的家属作为私人助理。作为私人助理的"雇主"，个人需要了解任何和英国雇佣相关的法律政策，确保私人助理能够得到法律赋予的各项权利；二是个人可以使用津贴购买专业照护机构、短期内（不超过四周）院舍服务机构及其他社会服务机构提供的照护服务，但不允许用于购买公立照护机构的照护服务。在"直接津贴"项目下，私人助理、专业照护机构或其他社会服务提供者组成的混合性照护"资源包"能够较好地迎合个人的实际照护需求，从而提高个人的生活质量。此外，"直接津贴"项目可根据个人的意愿自愿选择，不会受到他人或政府的强制，因而可以作为个人持续性长期照护或短期性照护计划。

---

① 强调申请者不能浪费或随意挥霍照护津贴。
② 如自己的父母、配偶的父母、阿姨、姑妈、伯母、舅妈、姨父、姑父、叔伯、舅父、祖父母、外祖父母、儿子、女儿、女婿、儿媳、继子、继女、兄弟姐妹以及上述人员的配偶。

五 申请流程

如果个人已经从地方当局接受社区照护服务，个人可以和社会工作者商议申请"直接津贴"项目；如果个人尚未接受过社会服务，地方当局将派出一位社会工作者评估个人的健康状况，并做出其是否具有接受社区照护服务资格的判断。但是否具有资格的最终决定权在地方当局，地方当局结合"直接津贴"项目是否是满足个人需求的最佳方式以及个人的经济、储蓄等财务状况做出判断，当满足所有条件时才能发放现金津贴。

"直接津贴"团队（Direct Payments Team）在个人申请"直接津贴"项目中发挥着至关重要的作用。该团队可以为申请者提供免费的咨询和支持服务，如对"直接津贴"项目的预算提出建议、协助开设"直接津贴"项目的银行账户、解释雇佣法案以及雇主的责任、为个人发布招聘私人助理的广告等。具体流程为：如果个人选择申请"直接津贴"项目，其推荐人（Referral）会将需求传达至"直接津贴"团队。该团队会指派一名支持者（Support Worker）于两个工作日内与个人进行面对面交流，并向个人详细介绍"直接津贴"项目以及可获得的服务。支持者可以协助和指导个人开通"直接津贴"项目的银行账户，还可以帮助个人制订使用现金津贴的最优计划，但最终购买哪些服务以及获得哪些方面的支持取决于个人的选择。如果个人想雇用私人助理提供照护服务，支持者可以根据个人的要求进行私人助理的招募、协商广告事宜、参加招募面试，并对个人支付给私人助理的薪资水平等方面做出建议，以确保个人能够用最少的预算招聘到最佳的私人助理。如果个人想购买专业机构的照护服务，但还没有选定从哪一家机构购买，支持者可以根据个人实际需求与专业照护机构进行协商，以确保个人能从最佳的照护机构获得服务。上述步骤之后，个人会和支持者保持联系以便后者能够提供进一步的建议和支持。

六 质量及监督机制

虽然英国对"直接津贴"项目资金的使用限制较少，但为了保证津贴的合理使用，英国地方当局要求个人必须将直接津贴存入个人日常交易银行的独立账户之中。同时，个人需要持有能够证明直接津贴支出的文件或材料，如工作时间表、工资单、年假记录、发票以及常规的会计记录，这些文件或材料定期会根据个人的预算进行审查。同时，社会工作者在个人接受"直接津贴"项目的6周后对个人的情况进行评估，6个月后再一次进行评估，然后每隔一年进行一次评估，以确保被照护者的照护服务需求得到满足并保证照护服务质量。

第三节　德国的长期护理保险制度

一　德国长期护理保险制度概述

作为社会性长期护理保险制度的先驱，德国从1995年开始实施强制性长期护理保险制度。德国长期护理保险制度的强制性体现在德国规定个人收入水平低于一定水平的居民必须加入该保险，而收入在一定限制水平线之上的雇员、医生、企业主和自由职业者等则有权选择是否加入社会性质的长期护理保险，如果选择不加入则必须购买商业性长期护理保险。德国社会性长期护理保险的保费由雇员和雇主各负担一半，对于有子女的雇员需缴纳工资总收入的2.35%，无子女的雇员缴纳2.6%的保费。但退休职员只需支付保费的一半，另一半由养老保险基金支付；失业者由失业保险基金负担，而自由职业者自己全额缴纳保险金。目前，德国社会性长期护理保险已经覆盖总人口的90%（荆涛、杨舒，2017）。

二　资格条件

德国长期护理保险体系实现了受益范围的全覆盖，即只要受益人发生身体失能情况，无论其年龄都可以申请长期护理服务或津贴。德国对失能人员的评估标准较为严格，一般采用ADLs和IADLs来评估受益人的身体失能情况，并将失能状况分为三个等级，评估标准如表6-3所示。由表可知，德国的失能等级取决于ADL/IADL的使用频率和使用时间，其中一级失能对应的护理频率和时间最短，为轻度失能的状况；三级失能对应的护理频率和时间最长，为重度失能的状况；二级失能处于轻度和重度失能等级之间。德国对长期护理保险收益资格条件的审核制度已形成一套规范的流程：健康保险疾病基金的医疗审查委员会派专员到申请人家中进行观察，之后再执行识别、验证和评估等程序（郝君富、李心愉，2014）。如果未进行评估，健康保险疾病基金有权拒绝提供保险金。

表 6-3　　　　　　　　德国社会性长期护理保险的失能等级划分

失能等级	ADL/IADL 的使用频率	ADL/IADL 的使用时间
Ⅰ级：轻度	ADL：每天至少需要 1 次 IADL：一周几次	ADLs 和 IADLs 的需求总和至少 90 分钟，并且至少需要 45 分钟的 ADLs
Ⅱ级：中度	ADL：每天至少需要 3 次 IADL：一周几次	ADLs 和 IADLs 的需求总和至少 3 个小时，并且至少需要 2 个小时的 ADLs
Ⅲ级：重度	ADL：24 小时不定次数 IADL：一周几次	ADLs 和 IADLs 的需求总和至少 5 个小时，并且至少需要 4 个小时的 ADLs

ADLs＝日常生活活动能力，包括个人卫生（洗澡、如厕、修面及清洁牙齿）、饮食（包括食物准备）、移动（上下床、穿衣、走动、站立、爬楼梯以及离家和归家）；IADLs 是工具性日常生活活动能力，包括购物、做饭、清洁、洗衣服、洗碗等。

三　项目福利

当德国居民申请长期护理保险的资格时，受益人可以选择机构照护服务，也可以选择居家（家庭）照护服务。一般情况下，德国居民选择居家照护的人数多于选择机构照护的人数，历年两者人数的比较如图 6-1 所示。当受益人选择接受居家照护时，可以进一步选择是接受由专业照护机构派出的护工提供正式照护服务（实物支付）还是接受低于实物给付时相对应的现金（现金支付）。若受益人选择实物支付，政府部门委托有资质的照护机构上门为受益人提供个人卫生、饮食、行动和家务四个领域的与身体健康类相关的护理服务，很少涉及精神疾病方面的护理需求；若受益人选择现金支付，则可以根据评定的护理等级领取现金，现金可以用于选择聘请正式照护者或非正式照护服务者（包括自己的家属）提供照护服务，也可以用作他用。同时，德国法律规定，受益人可以将现金的一部分用来支付照护者，但支付标准并非按照市场原则下的劳动报酬进行核算，实际支付金额一般低于市场水平。

实物支付和现金支付的金额如表 6-4 所示。德国政府发放福利水平只与受益人的失能等级有关，而与受益人所在区域等其他因素无关，即德国各个城市之间以及城市和乡村之间同等失能程度下的福利水平相等。

德国将现金支付作为长期护理保险的支付方式之一。一方面在于想通过现金支付替代现有的一些社会救助类福利项目，不仅可以减轻德国政府的财政负担，还可以进一步发展和完善德国的长期护理保险制度。另一方面，考虑到德国正式照护资源的有限性，现金支付方式比直接提供照护服务更有效率，同时通过雇用亲属可以稳定家庭的功能，从而避免照护服务

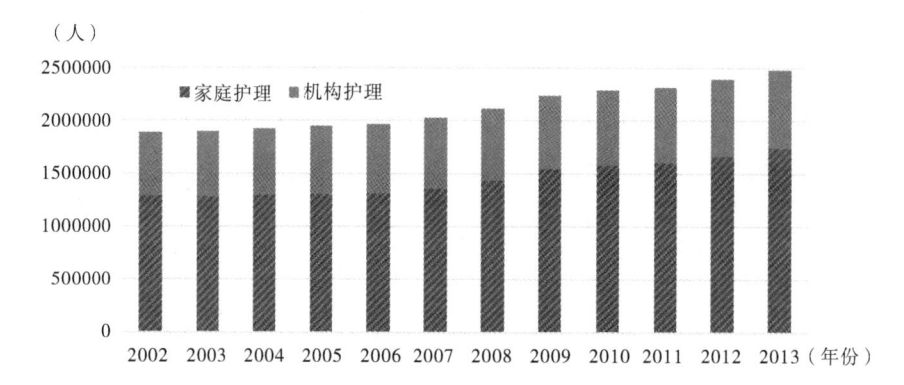

图 6-1　2002—2013 年德国居民选择家庭护理和机构护理的人数比较

资料来源：德国联邦统计局，https://www.destatis.de/DE/Startseite.html。

的"机构化"和"制度化"，是一种更理想的方式。德国长期护理保险的运行实践表明，受益人更偏向于选择居家性质的非正式照护服务，并且选择现金支付方式的受益人数超出了德国政府最初的人数设想。当受益人选择现金支付方式时，他们更多是依赖家庭成员提供非正式的照护服务，这种情况尤其在德国农村地区更为普遍。

表 6-4　2014 年德国长期护理保险的福利

	没有严重残疾的人	具有严重残疾的人
家庭护理		
每月现金福利（欧元）		
无护理级别	—	120
一级护理	235	305
二级护理	440	525
三级护理	700	700
困难个案	—	—
每月实物福利（欧元）		
无护理级别	—	225
一级护理	450	665
二级护理	1100	1250
三级护理	1550	1550
困难个案	1918	1918
临时替代（暂时）护理达每年四星期（欧元）		

续表

	没有严重残疾的人	具有严重残疾的人
由近亲护理		
无护理级别	—	120
一级护理	235	305
二级护理	440	525
三级护理	700	700
由他人护理		
护理级别 0—3	1.550	
短期护理每个自然年达到四星期（欧元）		
护理级别 1—3	1.550	
机构兼职护理（白天和晚上）每月的金额（欧元每月）		
无护理级别	—	
一级护理	450	
二级护理	1100	
三级护理	1550	
每月给需要细致护理的长期护理保险病人的补充福利（欧元每月）		
	基本金额	增加金额
无护理级别	100	200
一级护理	100	200
二级护理	100	200
三级护理	100	200
每月居民帮助门诊病人的附加服务费（欧元每月）		
无护理级别	—	
护理级别 1—3	200	
每月全职护理总额（欧元每月）		
无护理级别	—	
一级护理	1023	
二级护理	1279	
三级护理	1550	
困难个案	1918	
有全职特殊供养机构对残疾人提供的护理（欧元每月）		
护理级别 1—3	10%费用支付给护理机构，但是不超过 256	
每月护理援助的消费（欧元每月）		

	没有严重残疾的人	具有严重残疾的人
护理级别 1—3	31	
技术型和其他的护理援助		
护理级别 1—3	100%的费用	
改善受助者生活环境的措施（每项措施）（欧元）		
护理级别 0—3	2.557（每个团体最多 10.228）	

四 质量及监督机制

鼓励家庭照护是德国长期护理保险制度的特色之一，为保证家庭非正式照护人员的护理质量，德国政府采取了以下制度设计：如果受益人仅获得非正式照护人员提供的家庭护理服务，则必须对非正式照护人员进行免费培训以提升其护理质量，同时，正式聘用非正式照护成员之后，德国政府会安排专员进行定期的家庭访问，对非正式照护人员的护理质量和护理能力进行评估并提供专业护理咨询和建议。对服务于一级和二级护理级别受益人的家庭非正式照护人员，必须每年进行 2 次定期观察访问，对三级护理级别的照护人员每年需定期观察访问 4 次。此外，德国的法律和法规还致力于进一步重构护理条款，重点加强专业护理人员与护理助理、非正式护理人、志愿者之间的合作（郝君富、李心愉，2014）。

第四节 荷兰的"个人预算"项目

一 长期护理保险制度概述

荷兰是欧洲最早通过专门立法建立长期护理保险制度的国家。1968年，荷兰正式实施《特别医疗费用支出法案》（Exceptional Medical Expenses Act，AWBZ[①]），最初用以解决老年人及残疾人等因身体或精神问题而入住护理院所需要的长期照护成本问题。随着欧洲福利国家的福利

---

① 为荷兰语"the Algemene Wet Bijzondere Ziektekosten"的缩写。本节所有缩写单词均是荷兰语的缩写。

病问题凸显，荷兰也开始对 AWBZ 制度进行改革，如 1989 年将居家照护服务纳入覆盖范围，1995 年引入"个人预算"（Personal Budgets）项目等。2007 年以前，荷兰的长期护理保险体系由 AWBZ 构成，覆盖机构和非机构照护，包括医疗照护及非医疗照护服务；2007 年，荷兰推行《社会支持法案》（Social Support Act，WMO），在 2007—2014 年间荷兰的长期护理保险体系由 AWBZ 和 WMO 共同构成。其中，AWBZ 负责机构和非机构照护服务，并包括个人身体相关的照护服务，AWBZ 覆盖了荷兰 95% 的长期照护公共支出；而无须缴纳保费且资金来源于地方政府的 WMO 取代 AWBZ 中的非医疗服务，即将生活照护服务[①]，如家事服务、社会辅助支持方面的机构和非机构照护从 AWBZ 中剥离，以减轻 AWBZ 的负担；2015 年，荷兰继续对长期护理体系进行改革，推行《长期照护法案》（Long Term Care Act，WLZ），WLZ 的建立更是细化了荷兰长期照护保险体系，自此，荷兰的长期照护制度体系由医疗保险法案（Health Insurance Act，ZVW）、长期照护法案和社会支持法案三部分构成（胡苏云，2017）。其中，WLZ 负责护理院和需要 24 小时照护人员的机构照护服务；ZVW 负责社区护理、短期护理服务以及其他医疗性短期照护服务；WMO 负责所有非机构照护以及和个人身体相关的照护服务。

长期护理保险的覆盖对象是荷兰的合法居民，资金来源于个人所得税，2015 年 WLZ 规定缴费率为 9.65%，最高缴费额为 3241 欧元/年（Ginneken & Kroneman，2015），长期照护资金主要用于支付护理院和护理费用，长期照护费用不足部分由财政弥补。总体而言，50 年来，荷兰长期护理保险制度的受益范围不断扩大，由最初的护理院照护逐步扩展到居家照护，受益方式也由提供照护服务到现金给付。同时，服务提供者也逐渐多元化，积极鼓励私人机构和非正规照护者提供服务（刘德浩，2016）。

---

① 具体来说，WMO 提供的服务包括：（1）家务服务（如打扫卫生）、居室装修（如安装电梯、建特殊厕所）等；（2）区域内交通服务，如为无法利用公共交通出行者提供服务、提供轮椅、上门送日常用品和送餐服务；（3）对志愿者和非正式照料者支持、对抚养孩子的支持帮助；（4）支持街区活动，如建立社区中心和社会俱乐部；（5）为家庭暴力受害者或无家可归者提供庇护场所。WMO 为老人提供的服务包括：（1）轮椅；（2）交通；（3）老人居室适老性改造（厨房、卫生间、浴室、台阶、电梯等）；（4）老人居室打扫。资料来源：胡苏云，2017 年。

二 "个人预算"项目概述

"个人预算"项目是荷兰1995年对其长期护理保险制度进行改革的过程中推出的一项制度,该项目允许老年人及身体患有残疾的非老年人通过现金预算的形式获得既定数量照护服务所需要的资金,并具有自由支配资金的权利:不仅可以自行购买照护服务,还可以选择照护服务的提供者。"个人预算"项目的目的是为了扩大个人自由选择照护服务的权利,迎合个人的实际照护需求,将原来的供求驱动转变为需求驱动,同时也为了鼓励个人使用非正式照护资源以减少对正式照护资源的过度依赖,进而减轻政府的负担。2008年,荷兰有超过12%的照护服务者使用"个人预算"项目。

三 资格条件

一般情况下,荷兰政府不对"个人预算"项目的资格条件进行限制,即任何年龄或失能程度的荷兰居民都可以使用该项目,但最终的资格判定取决于地方政府的规定。2001年,使用"个人预算"项目的个人平均年龄为58岁、多数为身体轻度失能且2/3为女性(Wiener、Tilly & Cuellar,2003)。失能程度的评估共包括10个等级,其中1—8级中失能等级越高获得的现金津贴越多,9—10级适用于短期内需要全天候照护的特殊人群,10级主要是针对身体患有绝症的人提供临终关怀照护。荷兰政府基于对本国国民的信任,对"个人预算"项目资格条件的评估较为宽松,但个人为获取个人预算而进行欺诈现象时有发生,从而对政府财政造成一定压力。为了缓解财政压力,提升"个人预算"项目的可持续力,荷兰政府决定调整"个人预算"项目的收益资格条件:2014年1月开始,只有具有入住养老院或院舍资格的人才有能申请"个人预算"项目,现金预算可用于购买在正式照护及社会照护体系中较难获得的服务(Ginneken、Groenewegen & Mckee,2012)。

四 项目福利

经过资格评估之后,荷兰政府将照护服务的现金补贴直接发放给个人。个人可以持有现金预算在照护市场上购买由机构提供的正式照护服务,也可以购买由邻居、朋友或家人(如父母、配偶、子女或其他关系亲密的亲属）等提供的非正式照护服务（Scha'fer & Kroneman et al.，2010）。现金预算金额的数量由需要照护的时间乘以每项照护服务的平均成本决定，且现金预算低于接受同等数量的照护服务所需资金的25%，理由是个人购买服务的效率更高，且价格水平更低。2012年，被评估为接受家庭（居家）照护的平均现金预算为43000欧元，其他形式的照护为12000欧元（Ginneken、Groenewegen & Mckee，2012）。如果个人花光自己的现金预算，则超出的部分自付。

"个人预算"项目可购买的照护服务包括（1）个人照护服务，如协助洗澡、床上擦浴、穿衣、面部清洁（修面或刮胡子）、如厕及饮食等；（2）医疗护理，如处理伤口、注射以及提供如何处理疾病等咨询服务；（3）支持性服务，如帮助个人管理日常生活以提升其生活质量、日间照料服务以及帮助其学习如何应对残疾或障碍；（4）周末或假期的临时看护服务。值得说明的是，自2013年1月1日起，大部分支持性服务不再被包含在"个人预算"项目中，日间照料服务从2014年1月1日起也不再被包含，两者被转移到了社会支持项目中（Ginneken、Groenewegen & Mckee，2012）。同时，荷兰政府对现金预算的使用也做出限制，如不可以购买替代疗法（Alternative Treatments）、大部分的医疗治疗（这部分已经被健康保险法所覆盖）、综合保健医疗治疗（如物理疗法，这部分已经被附加的私人保险所覆盖）。此外，当个人患有阿尔兹海默氏症、中风或其他认知障碍时，其家属和朋友可以替代他们对现金预算的使用做出决策。

五　质量及监督机制

在"个人预算"项目的运行初期，荷兰政府为了确保预算资金的合理使用，做出了一些规范措施，如只允许个人购买其覆盖范围内的服务，但荷兰政府又不强制个人记录自己的预算支出（Wiener、Tilly & Cuellar，2003），因此，该时期荷兰政府整体上对现金预算的监管程度较低。随着个人对现金预算的欺诈现象频发进而给政府财政带来较大的压力，荷兰政府对预算资金的使用制度进行完善，如规定个人必须在银行开设现金预算专用的账户，并不再允许个人通过私人机构代表自己购买照护服务，同时个人必须列明预算的使用途径。

第五节　四国比较分析及经验借鉴

本章前四节分别对美国、英国、德国及荷兰具有消费者主导特征的项目进行介绍，本节基于上述分析对四国的做法做出总结，为我国推广"居家扶助型"养老模式提供经验借鉴。

一　资金来源

美国、英国、德国及荷兰四个国家的资金来源可以分为两类：一是来源于国家及地方政府的税收。美国的"现金与咨询"项目来源于州政府使用医疗补助计划和州政府基金，英国的"直接津贴"项目来源于社会服务支出的专项国家财政拨款；二是通过长期护理保险进行融资。德国长期护理保险的保费由雇员和雇主各负担一半，对于有子女的雇员需缴纳工资总收入的2.35%，无子女的雇员缴纳2.6%的保费；退休人员的保费由退休金和养老金共同支付。荷兰"个人预算"项目隶属于长期护理保险制度，因此资金来源于由职工交纳的保险金。根据四国经验并结合我国国情，我国"居家扶助型"养老模式的资金来源可同时包括上述两种类型：无论是第一阶段的部分覆盖，还是第二阶段的全覆盖，针对农村特殊人群的缴费政府都可以对其进行高比例的补贴或全部包揽；而针对普通居民，可以实行个人缴费和国家低比例补贴的长期护理保险进行融资。

二　身体功能性资格条件比较

美国、英国、德国及荷兰四个国家的身体功能性资格条件都依赖于ADLs和IADLs。其中，德国和荷兰两国按照ADLs和IADLs对居民的失能等级做出划分，失能等级与需要照护等级相对应，照护等级越高获得的照护金额越高；而美国和英国虽不对照护等级做出具体划分，但会对失能状况作出评估，如英国地方政府派专员对本地区居民的失能情况进行评估，根据结果判定其是否有资格接受"直接津贴"项目。一般情况下，英国重度失能人员最有资格申请"直接津贴"项目。根据四国经验，我国"居家扶助型"养老模式中对申请者的身体功能性资格评估也可以按照ADLs和IADLs进行等级细分，在模式运行的初期，为简化模式，提高运行效率，可以学习德国经验将失能等级分为三类：一级护理对应轻度失能、二级护理对应中度失能、三级护理对应重度失能；在模式运行成熟之后，可考虑进一步完善评估体系，将失能等级进一步细化。

三 经济性资格条件

德国和荷兰政府不对"消费者主导型"项目申请人的经济资格条件做出限定，而美国和英国的限制条件较多，需要对申请人的经济收入状况及资产状况进行审查。原因可能在于，德国和荷兰的"消费者主导型"项目的资金来源于社会长期护理保险，而美国和英国具有消费者主导特征的项目资金来源于各国政府，为了保证资金的合理利用以及预防现金津贴的欺诈行为因而需要对申请者的经济资格进行审查。根据四国经验，我国"居家扶助型"养老模式在运行初期的覆盖对象为农村的特殊老年人，若在模式运行之前就已经被认定为特殊人群，则可免去审核；若在模式运行之前未被认定为特殊人群，可在模式运行时去相关部门进行认定，认定之后可申请"居家扶助型"养老模式。而在该模式运行的第二阶段，即当模式覆盖到全体农村失能老年人群时，考虑到此时的资金来源于社会性质的长期护理保险或政策性长期护理保险，因此，可以学习德国及荷兰的经验，免去对经济收入水平的审查或限制。

四 项目福利

四个国家在"消费者主导型"项目的资金金额及使用上存在差异。津贴数额一般按照照护服务的实际需求时间乘以照护服务的小时价格计算，没有固定的标准，需求时间和价格是按照美国传统方式提供照护服务时的一定标准计算，或是按照传统方式的100%支付，或是对照护时间及价格进行"折扣"。除两个州之外，其他州政府会对提供的照护服务时间总额做出限制，并设定发放现金津贴的上限。在资金的使用上，美国的现金津贴一般可用于 ADLs 和 IADLs 援助，允许购买商品或劳务尤其是可以作为"雇主"支付给自主选择的护工工资。英国"直接津贴"项目的津贴水平由地方政府用被照护者接受照护服务的时间乘以提供给护工的工资和税收等开销决定。在资金的使用上，申请者必须用于购买居家和社区的照护服务。德国政府根据申请人的失能程度分为3种福利水平，受益人可选择用现金来替代40%—50%同等价值的服务，并且对现金的使用没有限制，受益人可以购买任何商品或劳务。荷兰"个人预算"项目的现金津贴水平为受益人需要照护的时间乘以国家制定的需要支付给居家养老照护服务机构的费率，并主要用于提供 ADLs 和 IADLs 援助，同时荷兰政府规定现金预算必须用于社会保险覆盖的服务。根据四国经验可知，德国是按照老年人的失能等级发放固定金额的照护服务现金津贴，即相同失能等级的老年人可以获得同等金额的现金津贴；而美国、英国和荷兰三国没有固定金额的津贴，是以按照失能老年人的实际照护需求时间乘以价格为标准，即失能程度相同但失能类别不同的老年人实际得到的现金津贴可能不同。我国"居家扶助型"养老模式的项目福利既可以设计为德国的做法，按照农村老年人的失能等级发放固定金额的现金津贴，也可以按照其他三国的经验实行浮动制的现金津贴。可以在中国不同省份分别试点固定和浮动的方式，检验哪种方式更合适我国农村地区，或者是在实际推广中由各省政府根据自己的实际情况进行选择。

五 雇用亲属的可能性

四个国家中，德国和荷兰对雇用亲属的限定条件较少，亲属、朋友、邻居等都可以聘用为非正式的照护人员，同时德国规定非正式照护成员需要和"雇主"签订劳动合同；美国大部分州允许受益人雇用自己的亲属，仅有少数州将配偶排除在外；和上述三个国家不同，英国"直接津贴"项目规定受益人不可以雇用自己亲属，但也存在一些例外情况，如在英国较为偏远的地区或农村地区，当这些地区的受益人可获得专业性照护资源的可能性较小时，才允许受益人雇用自己的亲属。由此可知，四国都在一定程度上允许受益人选择亲属、朋友和邻居，尤其是亲属为自己提供照护服务。四国的做法为我国推广"居家扶助型"养老模式提供了理论经验和实践经验，验证了亲属提供照护服务的方式受到世界范围内居民的广泛的认可。此种方式无论是对满足个人的实际照护需求进而提升照护质量，还是对培育一个国家的非正式照护资源，都不失为一种利好的政策。

本章小结

OECD 部分国家实施的各类"消费者主导型"项目是世界范围内在长

期照护领域里的重要创新。本章以部分 OECD 国家为例，重点介绍了美国"现金与咨询"项目、英国"现金津贴"项目、德国长期护理保险中的现金津贴方式以及荷兰"个人预算"项目的资格条件、项目福利、申请流程及质量监督机制等内容，并基于各国的经验做法，从资金来源、身体功能性资格条件、经济性资格条件、项目福利及雇用亲属的可能性五个方面为构建"居家扶助型"养老模式提供思路。具体来说，首先，我国"居家扶助型"养老模式的资金可同时来源于政府财政和长期护理保险；其次，我国"居家扶助型"养老模式中对申请者的身体功能性资格评估可以按照 ADLs 和 IADLs 进行等级细分，并将失能等级分为轻、中、重度三类；再次，我国"居家扶助型"养老模式的运行初期需要对农村居民的经济收入水平进行审查，但在模式运行之前就已经被认定为特殊人群的可免去审核；然后，我国"居家扶助型"养老模式的项目福利既可以按照农村老年人的失能等级发放固定金额的现金津贴，也可以实行浮动制的现金津贴方式，且可以通过在我国不同省份的试点确定适用于我国农村地区的最佳方式；最后，聘用亲属及朋友成为"护工"的方式受到世界各国政府的推广以及各国居民的广泛的认可，为"居家扶助型"养老模式提供了理论经验和实践经验。

第七章

构建"居家扶助型"养老模式的机制

构建农村失能老年人"居家扶助型"养老模式的运行机制是一个主体多元化、内容丰富的系统工程。它需要从满足农村失能老年人的养老照护需求出发,构建一个具有均等性、有效性及可持续性的农村养老服务体系;也需要从供给侧考虑如何调动包括政府、社会及家庭在内的多方面力量,因而其机制建设需要从顶层进行设计并进行科学论证,从而使其成为一项惠及千万农村老年人的工程。"居家扶助型"养老模式的主体、运行机制、配套机制等方面构成了该养老模式的基本结构和框架,共同保证了"居家扶助型"养老模式运行的效率及可持续性。但鉴于国内经验尚不成熟,构建适用于以农村失能老年人为保障对象的"居家扶助型"养老模式只能是探索性前进,需要用创新思维构建具有中国特色的农村新型养老模式的基本框架和运行机制。在前文研究基础上,本书按照"居家扶助型"养老模式提出的基本框架和机制设计,并结合发达国家的实践经验和我国农村的实际情况,从充分发挥家庭、政府、社会等作用出发,同时考虑"居家扶助型"养老模式的未来发展和现有制度的衔接和融合问题,从基本框架、运行机制、配套机制三个方面构建"居家扶助型"养老模式体系,为在农村范围内推广该养老模式提供具体思路。

第一节 "居家扶助型"养老模式的基本框架

一 原则

(一) 政府主导原则

构建"居家扶助型"养老模式的一套完备机制需要政府在其中发挥

主导性作用。养老服务作为一种具有准公共产品性质的服务，在可能存在市场失灵的情况下，需要政府的介入并发挥重要的作用。同时，政府主导的原则能够体现出"居家扶助型"养老模式的权威性和可靠性，有利于该养老模式在农村地区的顺利推行。

（二）满足需要原则

需求是供给的基础（聂建亮，2017），是构建"居家扶助型"养老模式进而构建养老服务体系的重要依据。因此，在构建"居家扶助型"养老模式的过程中需要遵循满足需求的原则，以满足失能老年人个性化的养老照护服务需求为落脚点，提升失能老年人晚年的生活质量。

（三）循序渐进原则

"居家扶助型"养老模式的发展目标是一个多阶段的目标链，总体目标是解决所有农村失能老年人在人口移出老龄化背景下的照护服务需求问题。但在中国农村养老服务业发展相对滞后的特殊国情下，"居家扶助型"养老模式在推行过程中不可避免地面临一些问题和障碍，因而其发展不可能一蹴而就，也不可能一步到位，而应该有重点、有次序地稳步发展。其发展步骤可以借鉴新农保的经验，先进行"从点到线"的试点，再通过"以线到面"的结合在全国范围内推广。同时，在覆盖人群方面也要坚持循序渐进原则，即先覆盖经济条件较差的农村失能老年人群，再逐渐覆盖到全部农村失能老年人群。

二　主体

"居家扶助型"养老模式的核心是该模式中失能老年人的照护服务需求和照护供给问题，照护服务的需求方为失能老年人，而供给方既包括提供照护服务的照护者，也包括机制的设计者和模式的推广者——政府。同时，为提高"居家扶助型"养老模式的运行效率，政府可将部分养老服务，如监督服务、评估服务、资金管理服务等外包给第三方机构。即"居家扶助型"养老模式的主体具有多元化特征，由政府、被照护者（失能老年人）、照护者及第三方机构组成。四个主体之间相互关联、相互影响、相互支撑，并联动发展。四者之间的关系如图7-1所示。

（一）政府

政府包括中央、省、市、县（区）、乡镇（街道）、村六个层级的政府及其所管辖的各个职能部门。政府是"居家扶助型"养老模式核心机

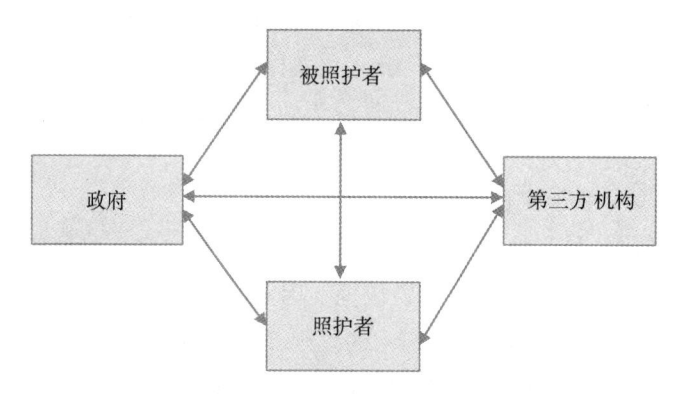

图 7-1 "居家扶助型"养老模式主体之间的关系

制的顶层设计者、组织者、管理者和引导者,扮演托底与掌舵者的角色,是构建并健全"居家扶助型"养老模式具体机制的关键主体:第一,政府作为制度供给者,需要从顶层设计出发,建立公平有效的体制机制,既不仅要考虑效率,又要兼顾公平,同时还应保障该养老模式资金的可持续性;第二,政府要对农村失能老年人的失能等级及需求进行评估,尤其是重点关注经济困难老年人的照护服务需求,并对这部分人群的基本照护需求进行托底;第三,政府需要培育农村养老照护服务的人力资源,解决目前农村失能老年人照护服务供求之间日益尖锐的矛盾;第四,政府需要将竞争和市场力量引入"居家扶助型"养老模式中,将部分服务交由市场运作,从而提高该养老模式的运行效率。政府在"居家扶助型"养老模式中的角色定位如图 7-2 所示。鉴于养老服务属于民政部的职责范畴,因此,本书建议在民政部开始农村"现金津贴"事务中心,负责"居家扶助型"养老模式的顶层设计、组织与管理工作。

(二)被照护者

"居家扶助型"养老模式的被照护者是符合条件的农村失能老年人。首先,在模式发展初期,优先覆盖身体失能的农村特殊老年群体,如农村低保、五保、低收入困难家庭、享受抚恤补助的优抚对象、失独家庭、70 周岁及以上的计生特扶老人及百岁老人等。其次,在模式发展的成熟时期,"居家扶助型"养老模式的覆盖对象扩大为农村 60 岁及以上身体发生失能的人群(包括在本地长期居住的非本地户籍人员),即农村 60 岁及以上的老年人一旦发生"居家扶助型"养老模式规定的失能情况,即可向相关部门申请该养老模式。

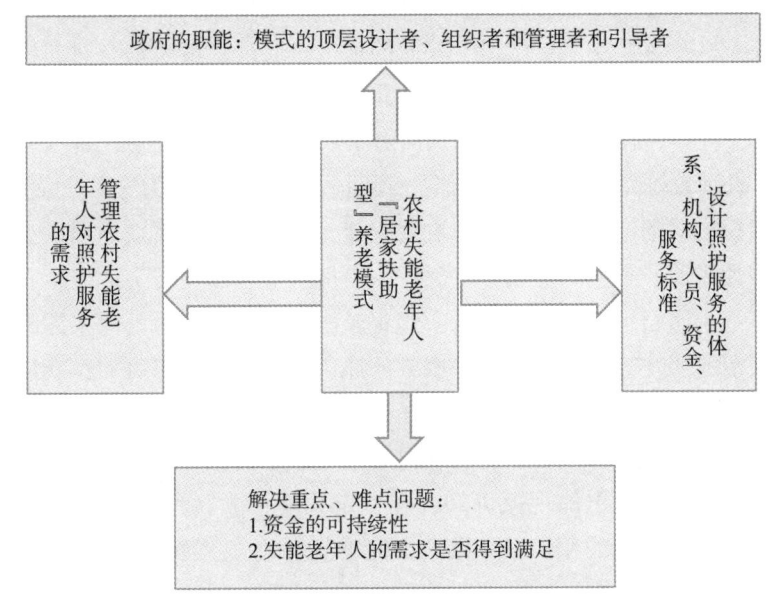

图 7-2　政府在"居家扶助型"养老模式中的角色

在"居家扶助型"养老模式下，被照护者在使用照护津贴方面具有一定程度的自主权，主要表现在"What""When""Who"三个方面，即自主权具有"3W"的特征。其中，"What"表示被照护者可以使用照护津贴购买用于提高其生活自理能力及生活质量且在政府限定范围内的照护服务或物品；"When"表示被照护者可以自行决定在什么时间使用照护津贴购买符合其实际需求的服务或物品，即在什么时间购买物品、什么时间购买照护服务以及照护服务的提供时间可以自行决定；"Who"表示被照护者可以使用照护津贴"聘用"护工（照护者）为自己提供照护服务。"3W"特征是被照护者自主权的体现，也是"居家扶助型"养老模式的主要特色之一。

（三）照护者

照护者是"居家扶助型"养老模式中提供照护服务的直接主体。"居家扶助型"养老模式的特点之一是允许失能老年人使用照护津贴"聘用"自己的配偶、子女、其他亲属、朋友、村民、专业照护人员等在家中照护自己，即除本人之外，其他所有身体和精神健康的非正式照护人力资源和正式照护人力资源都可以被失能老年人"聘用"，进而为其提供照护服务。农村"居家扶助型"养老模式照护服务提供者如图 7-3 所示。但鉴于目前我国大多数农村地区对正式照护资源的可获得性较低，且社会化养老服务体系建设较为滞后，短期内无法满足已失能老年人的照护需求。因此，本书建议在农村养老服务社会化程度较低的地区，通过政策激励有意向提供照护服务的农村居民向失能老年人提供非正式照护服务，与此同时加快发展农村社会化养老服务体系的建设；而对于农村养老服务社会化程度较高的地区，鼓励农村失能老年人使用照护津贴购买专业照护机构的照护服务。

根据本书的实地调查结果，农村老年人在身体失能时期望照护自己的人员多为配偶及子女。但农村青壮年人口的大量移出使得失能老年人得到其最亲密亲属照护的可能性降低，这也是本书提出可以由其他亲属或关系比较亲密的朋友等人员提供照护服务的原因。由实证结果可知，女性农村居民无论是提供照护服务的意愿，还是提供照护服务的时间都高于男性农村居民。同时，没有打工经历的农村居民更愿意提供照护服务，结合目前农村青壮年人口移出的现象可知，在一定程度上农村留守妇女在"居家扶助型"养老模式的照护服务供给中能够发挥出至关重要的作用。因此，本书将农村留守妇女作为提供照护服务的主力军，呼吁留守妇女在空暇之时通过"居家扶助型"养老模式为自己的父母、公婆、其他亲属、邻居、朋友等身体失能的老年人提供照护服务。

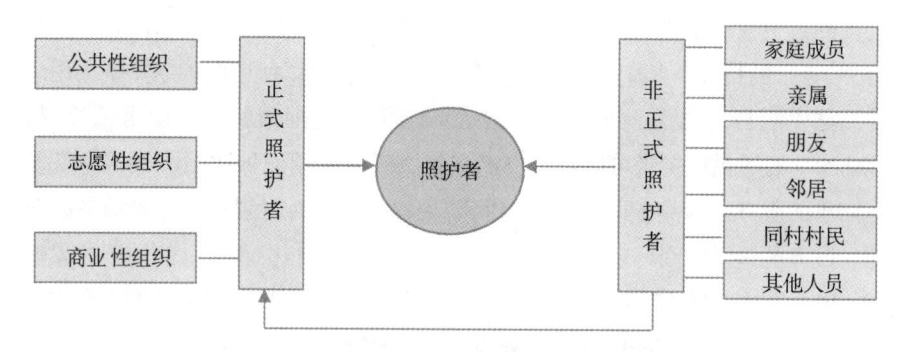

图 7-3 "居家扶助型"养老模式照护服务的供给者

（四）第三方机构

为提高"居家扶助型"养老模式的运行效率，政府可将部分服务外包给第三方机构，如具有独立性的非政府组织（Non-Governmental Organization，NGO），或是采纳 PPP 模式。第三方机构主要参与"居家扶助型"养老模式运行机制的设计、并提供失能等级评估、资金管理、照护服务质量管理与监督、照护知识培训等专业性服务。借鉴国外经验，"居家扶助型"养老模式的失能等级评估、照护服务质量管理与监督、资金的使用监督与审核等职能可以交由同一家第三方机构。政府部门通过采用招标竞争的方式引入第三方机构，第三方机构按照与政府签订的合同内容提供相应的服务，并定期将运行计划及结果反馈到政府相关部门。除此之外，第三方机构还需定期发布"居家扶助型"养老模式参与者满意度分析报告，定期对"居家扶助型"养老模式运行做全面评估。

三 发展步骤

"居家扶助型"养老模式的发展步骤遵循"由点到线，由线到面"的"两步走"实施原则，包括试点和推广两个阶段。根据本书第四章的实证结果可知，西南地区、华中地区和东北地区的农村居民对"居家扶助型"养老模式的供需意愿均高于全国水平，因此可以先在这三个地区进行试点。同时本书第五章的实证结果表明，四川省和吉林省，无论是在照护服务的总时间上，还是在人均时间上都比同地区其他省份的供需时间更趋于均衡，而河南省是华中地区三个省中最接近均衡的省份。因此，本书建议先行在四川、河南和吉林三省的农村地区开展"居家扶助型"养老模式的试点工作。更进一步地，四川省作为老龄化程度较高的省份（在全国25个被调查省份中老龄化程度排名第4，见表4-3）以及农村居民工作时间较短的省份（在全国25个被调查省份中时间长度排名第21，见表4-2），该地区的农村居民对"居家扶助型"养老模式的需求意愿更高（4.4.2节结论）。因此，四川省可以作为"居家扶助型"养老模式试点工作的最佳地区。通过在上述地区的试点，初步构建"居家扶助型"养老模式照护服务的完整体系，在实践的过程中不断发现该养老模式的具体机制在运行过程中存在的问题，通过解决问题总结经验做法，进而完善运行机制，并形成示范引导，为全国范围内推广"居家扶助型"养老模式打好基础。待"居家扶助型"养老模式的运行机制较为健全和成熟之后，再将该模式复制到全国农村地区，试点地区向全国范围推广的路径图如7-4所示。

四 给付标准

(一) 给付标准的支付方式

根据国际经验，现金津贴的发放给付标准可以按照固定方式支付，也可以按照灵活方式进行支付。固定支付方式，即按照失能老年人的失能等级给付固定金额，此时在同一失能等级下所有的农村失能老年人获得的照

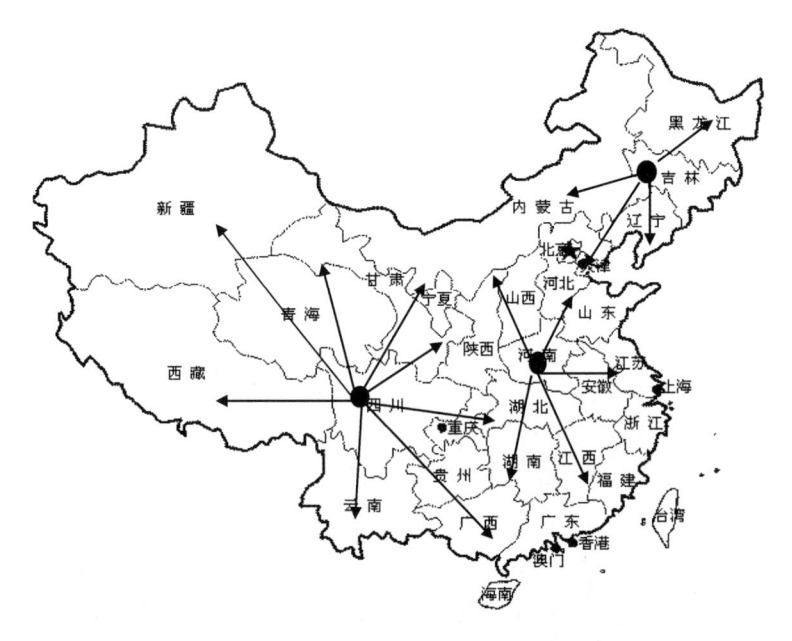

图 7-4 "居家扶助型"养老模式推广的扩散路径

护津贴水平相同；灵活支付方式是按照每个失能老年人的实际照护需求时间乘以服务价格来核算，此时每个失能老年人得到的照护津贴水平不一。从两种方式的交易成本考虑，固定支付方式的交易成本较低，该方式下只需对失能老年人的失能等级进行评定，不需要详细核算其对照护服务需求的时间，也免去了相关部门在现金津贴资金的预算、分配以及核算方面的成本。但缺点是该方式和失能老年人的实际需求的匹配程度不佳，即固定形式的现金津贴可能导致部分失能老年人实际需求的照护服务数量大于（或小于）使用现金津贴购买的数量，因而不能使得每位采纳"居家扶助型"养老模式的失能老年人的效用达到最大化。相比固定支付方式，灵活支付方式的交易成本较高，不仅要对每一个失能老年人开展照护服务项目需求及需求时间的调查统计，还要有一套复杂的资金管理系统来对资金进行分配和核算。虽然交易成本较高，但能够保证每一位失能老年人都能按需所得，保证了照护津贴的使用效率。

在"居家扶助型"养老模式的试点阶段，可以在不同省份采用不同的支付方式，如在老龄化水平较高的四川省，可以尝试使用固定支付的方式，而在老龄化水平相对较低的吉林省，可以尝试使用灵活支付的方式。通过在试点阶段的尝试，进一步总结出两种支付方式的优势和弊端，从而得出哪种方式更普遍适合于我国的农村地区。同时，各个省政府部门也可以结合本地区老龄化特点、资金管理效率等情况选择合适本地区的支付方式。

（二）服务项目

农村失能老年人通过"居家扶助型"养老模式的申请之后，可以使用现金津贴购买来自他人的正式或非正式照护服务，服务内容主要包括生活照护、医疗照护、精神慰藉、信息咨询及其他服务五大类，具体服务项目指标见表7-1所示。

表7-1　　　　　　　　　　照护服务一类表

一级指标	二级指标	三级指标
生活照护	饮食服务	为老人做饭、协助进食、清洗餐具等
	身体清洁服务	洗发、梳头、口腔清洁、洗脸、剃胡须、修剪指甲、洗手洗脚、沐浴/盆浴、更换衣物等
	排泄服务	协助正常如厕、协助使用便盆尿壶、更换尿垫、清洁便盆尿壶等
	睡眠服务	布置睡眠环境、观察睡眠质量等
	活动保护服务	协助使用辅助性工具（如拐杖、轮椅）移动、协助床上变换体位/翻身、（使用辅助性工具）陪同外出等
	衣物清洁服务	衣物、被褥、窗帘等
	代办服务	代购物品、代领物品、代交费用等
医疗照护	基础医疗服务	帮助老人用药、保管药物、测量体温/血压、陪同就医、热敷/冷敷等
	专业医疗服务	输液、术后康复照护、急性疾病照护、中医推拿、按摩、刮痧、拔罐等
精神慰藉	心理疏导服务	不良情绪疏导等
	精神交流服务	陪聊、日常关怀和提示、读报刊、整理回忆录等
信息咨询	法律服务	法律知识咨询、法律援助等
	社保咨询服务	个人账户资金查询、医疗保险报销咨询等
	家政咨询服务	保姆、钟点工、搬家、保洁、维修等服务咨询
其他服务	租赁服务	租赁老年人、残疾人专用、康复器械等
	安装/维修服务	安装/维修生活辅助设备等

（三）给付标准

若选择固定支付方式，给付标准和老年人的失能等级直接挂钩。如天津市对城乡特殊老年人提供的居家养老服务卡中规定，轻、中、重度失能的给付标准分别为200元、400元和600元；南京市为城市特殊老年人群提供家属照料补贴，标准为半失能和完全失能人员每月 300 元和 400 元；上海市不分失能等级对所有符合条件的失能老年人每月 100 元的失能补贴。各地区可以按照该地区公办养老院收费标准的一定"折扣"进行给付，也可以按照在每种失能程度下照护服务的平均时间乘以照护服务价格进行计算。虽然照护服务的价格受多种因素的影响每个地区的标准不一，但失能老年人对照护服务需求的时间一般较为固定。由本书实地调查结果可知，轻、中、重度失能老年人对照护时间的需求区间分别为 2—3 小时、4—6 小时、8—12 个小时。也可参考以往学者的研究统计各种失能程度下的平均时间，照护服务的各项时间统计情况如表 7-2 所示。照护服务价格可以按照本地照护服务行业小时工资或被照护者的预期小时工资或最低小时工资标准（如表 7-3 所示）的一定"折扣"比例进行核算。进行折扣的原因一方面是考虑到"居家扶助型"养老模式的居家照护性质省去了机构照护中的床位费和管理费，另一方面是该模式下的照护者多为机会成本较小的亲属、朋友等人，因此他们的照护服务价格低于市场价格。

表 7-2　　　　　　　　照护服务项目的时间　　　　　　（单位：分钟）

一级指标	二级指标	三级指标	最短时间	最长时间	平均时间
生活照料	饮食	做饭	16.3	38.1	27.2
		协助进食	1.4	3.2	2.3
		喂食	6.6	8.8	7.7
		清洁餐具	10.9	14.1	12.5
	身体清洁	洗发	16.5	21.5	19
		洗脸	1.1	5.3	3.2
		剃胡须	5.8	7.8	6.8
		修剪指甲	5.2	8.8	7
		洗脚	1.4	3.2	2.3
		沐浴/盆浴	36.2	50	43.1
	排泄	协助正常如厕	5.8	7.8	6.8
		协助使用便盆	7.1	8.9	8
		清洁便盆尿壶	1.9	2.9	2.4
	活动保护	协助变换体位	2.1	3.7	2.9
		陪同外出	25.5	70.5	48
	衣物清洁	衣服或被褥	16.6	24.2	20.4
		整理床铺	1.9	2.9	2.4
	代办	代购物品	15.8	44	29.9

续表

一级指标	二级指标	三级指标	最短时间	最长时间	平均时间
医疗照护	基础医疗照护	协助老人用药	1.5	3.3	2.4
		保管药物	1	2	1.5
		测量体温/血压	2.6	4.2	3.4
		陪同就医	103	199	151
精神慰藉	心理疏导服务	不良情绪疏导	12.1	22.5	17.3
	精神交流服务	陪聊	14.2	37	25.6

资料来源：裴慧丽《城市居家养老照料服务工作量测算研究》，博士学位论文，郑州大学，2015年。

若选择灵活给付方式，政府相关部门在评估出每位失能老年人需求的项目及时间之后，再按照本地区居家养老服务的价格进行乘积求和，每位失能老年人的月度照护津贴计算公示如式（7-1）所示，式中 r 表示失能老年人的照护津贴，n 表示照护服务项目的数量，p_i 表示第 i 个项目的价格，t_i 表示第 i 个项目每次所需要的时间，f_i 表示第 i 个项目每月所需要的频率；某地区所有失能老年人的照护服务津贴月度总额 R 如式（7-2）所示，式中 N 表示该地区失能老年人的数量，r_j 表示第 j 个失能老年人的照护津贴金额。

$$r = \sum p_i \times t_i \times f_i \quad i = 1, 2, \cdots\cdots, n \quad \text{式（7-1）}$$

$$R = \sum r_i \quad j = 1, 2, \cdots\cdots, N \quad \text{式（7-2）}$$

表 7-3　　　　各省份被调查者对照护金额的预期　　（单位：小时/元）

省份	失能程度			最低小时工资（2017）			
	轻度失能	中度失能	重度失能	第一档	第二档	第三档	第四档
北京	36	52	72	21	—		
河北	26	31	40	17	16	15	12
山西	20	29	38	17.7	16.6	15.6	14.5
辽宁	20	33	51	15	13	10.8	9.5
吉林	25	43	62	13.5	12.5	11.5	—
黑龙江	13	27	43	14.2	14	11.5	10.8
浙江	23	29	40	17	15.2	13.8	12.5
安徽	35	43	54	16	14	13	12

续表

省份	失能程度			最低小时工资（2017）			
	轻度失能	中度失能	重度失能	第一档	第二档	第三档	第四档
江西	12	17	22	15.3	14.3	13	12
山东	16	25	37	17.1	15.5	13.9	—
河南	18	27	40	15	13.5	12	—
湖北	30	34	45	16	15	14	12.5
湖南	22	34	50	13.5	11.9	11.4	10.7
广东	18	21	25	18.3	14.4	13.3	12
广西	15	24	39	13.5	11.5	10.5	9.5
重庆	22	27	33	15	14	—	—
四川	9	14	20	15.7	14.4	13.2	—
贵州	25	36	46	17	16	15	—
云南	19	25	31	14	13	12	—
陕西	21	32	45	14.8	13.7	12.6	11.9
甘肃	14	18	24	15.5	15	14.4	13.9
青海	34	47	63	12.9	12.8	12.7	—
宁夏	5	8	11	14	11.5	12	—
新疆	22	36	62	16.7	14.7	13.9	13.1
全国	20.8	29.6	41.4				

资料来源：最低小时工资数据来源于中华人民共和国人力资源和社会保障部。

五 运行流程

"居家扶助型"养老模式的运行流程如图7-5所示。

（一）咨询

欲申请"居家扶助型"养老模式的农村失能老年人（简称"申请者"）或其家属可以向区县、街道（镇）"现金津贴"事务受理中心或第三方机构咨询该模式的申请条件，以此判断申请者是否具有申请该养老模式的资格。此外，申请者也可向机构询问福利待遇等相关问题。

（二）提出申请

申请者在进行自我资格评定之后，本人或亲属可以向村居（民）委会提出申请，领取并填写申请表等材料（申请表包括年龄、收入、家庭状况、健康状况自评以及是否为农村特殊人群及是否缴纳长期护理保险等

第七章 构建"居家扶助型"养老模式的机制

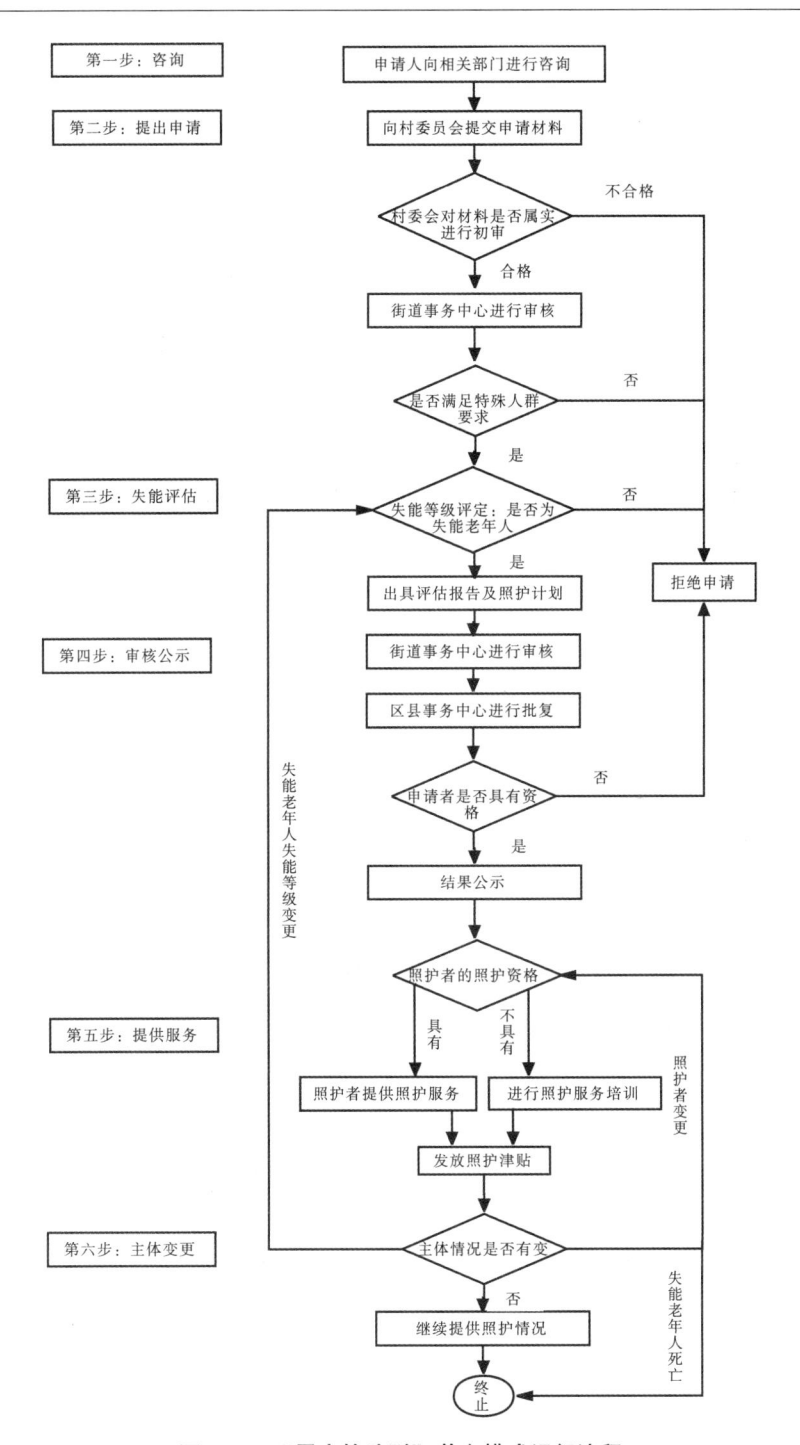

```
第一步：咨询 ──────── 申请人向相关部门进行咨询
                              │
第二步：提出申请 ──── 向村委会提交申请材料
                              │
                     ◇ 村委会对材料是否属实 ◇ ──不合格──┐
                         进行初审                      │
                              │合格                    │
                     街道事务中心进行审核               │
                              │                        │
                     ◇ 是否满足特殊人群 ◇ ──否────────┤
                         要求                          │
                              │是                      │
第三步：失能评估 ──── ◇ 失能等级评定：是否为 ◇ ──否──┤
                         失能老年人                    │
                              │是                      │
                     出具评估报告及照护计划           拒绝申请
                              │                        │
第四步：审核公示 ──── 街道事务中心进行审核             │
                              │                        │
                     区县事务中心进行批复               │
                              │                        │
                     ◇ 申请者是否具有资 ◇ ──否────────┘
                         格
                              │是
        失        结果公示
        能          │
        老       ◇ 照护者的照护资格 ◇ ←──────┐
        年       具有  │  不具有              │
        人       │      │                     │
        失   照护者提供照护服务  进行照护服务培训  照
        能       │      │                     护
        等    发放照护津贴                    者
        级       │                            变
        变    ◇ 主体情况是否有变 ◇           更
        更       │否
第六步：主体变更 ──继续提供照护情况           失
                      │                       能
                      └──→ 终止 ←─────────── 老
                                              年
                                              人
                                              死
                                              亡
```

图 7-5　"居家扶助型"养老模式运行流程

第五步：提供服务

信息），村居（民）委会对申请表中的信息进行核实，初审通过后3个工作日内将申请表等材料提交到街道（镇）"现金津贴"项目事务受理中心。因"居家扶助型"养老模式运行的试点阶段只覆盖了农村的特殊人群，因此，在申请失能等级评定之前，需先对申请者是否符合特殊人群范围进行评定。如果申请者在"居家扶助型"养老模式推广之前就已经被民政部门认定为特殊人群，此时，可以直接将特殊人群证明材料（如村委会的盖章证明）及"居家扶助型"养老模式申请表提交到街道（镇）"现金津贴"事务受理中心。如果农村居民符合特殊人群范围，但在"居家扶助型"养老模式推广前尚未进行认定，此时需要先对特殊人群的资格进行认定。而在模式运行的第二阶段，资金来源于农村居民缴费的社会性长期护理保险，此时不再考虑申请人的经济状况，只要申请人按规定缴纳了保险金，当其身体发生失能情况时，即可向街道（镇）"现金津贴"事务受理中心提出申请。

（三）失能等级评估

街道（镇）"现金津贴"项目事务受理中心受理审核，指派定点合作医院的医生或第三方机构的两名工作人员对申请者的身体机能及照护服务需求做出评估，申请者一旦确定为失能老年人，即可在家属及工作人员的帮助下填写照护服务计划，包括期待照护自己的人员、预期获得的照护服务项目等信息。评估人员应及时、准确地填写评估信息，完成评估报告，并将签字后的评估报告连同申请者的照护计划表提交到街道（镇）"现金津贴"项目事务受理中心（从开始评估到提交材料共3个工作日内）。

（四）审核公示

街道（镇）"现金津贴"项目事务受理中心对评估报告进行审核，提出初审意见（5个工作日内审批），并报送到区县"现金津贴"项目事务受理中心审核后（5个工作日内审批），审批之后向符合条件的申请者发放通知，并在县（市、区）政府网站对结果进行公示，同时通知照护计划表中的照护服务提供者参加照护培训（若为专业照护人员则可免去培训）并签订照护服务协议或承诺书。

（五）提供服务及发放补贴

照护者培训结业后可按照照护服务计划向失能老年人提供照护服务。照护者应当履行服务协议，做好服务记录。政府相关部门或合作的第三方机构对照护者提供的服务项目、服务时间、服务质量进行定期及不定期的监督和审核，确保服务的质量。照护服务者通过培训提供服务后，街道（镇）"现金津贴"项目事务受理中心将照护津贴发放到失能老年人的账户，或结合当地实际以保障资金安全的方式向失能老年人支付护理补贴，之后再由失能老年人将部分或全部照护津贴以劳动报酬形式发放给照护者。照护培训结业日到本月末的时间正常发放照护津贴，发放标准为当月实际提供天数除以30天再乘以日照护补贴金。

（六）变更情况

在"居家扶助型"养老模式运行的过程中，若照护服务主体发生变更，变更主体需亲自或由其委托人向村居（民）委会进行申报，村居（民）委会再向上级进行汇报。主体变更主要包括以下几种情况：一是失能老年人身故；二是照护者停止提供照护服务（非突发事故下，需停止前一周内申报）；三是轻度或中度失能老年人的失能等级增加；四是失能老年人不满意当前照护者提供的服务，要求变更照护者。

第二节　"居家扶助型"养老模式的运行机制

一　评定机制

（一）失能等级评定

由第三章第三节的结论可知，设计一套严格的失能等级评价体系是减少老年人和照护者进行合谋骗取津贴的有效方式，是保证"居家扶助型"养老模式中养老服务资源合理配置的关键。考虑到不同老年人在身体状况、年龄及照护服务需求上存在较大差异，加之目前农村照护服务供给资源有限，因此，有必要建立一套严格的老年人失能等级评定机制，在对老年人身体状况进行评估分类的基础上获取失能人员对照护服务有效需求的信息，并形成照护需求分级，从而将有限的供给资源与多样化的需求进行精准匹配，并促进养老服务资源的公平分配和有效使用（李志明，2016），杜绝串谋等道德风险问题的发生。准确把握失能老年人对"居家扶助型"养老模式的养老服务需求，需要综合运用统计学方法，如问卷调查、访谈等对失能老年人的基本身体状况和养老照护服务需求信息进行调查、统计、分析及评估（黄佳豪，2016）。本节对实行失能等级评估的机构、评估标准及流程进行设计。

1. 评定机构

政府部门可委派乡镇医院的在职医生对失能老年人的身体机能进行评估，也可以交由第三方专业评估机构。如果采取后种方式，政府需要建立一套第三方机构的准入、评估人员资质等方面的机制。第三方评估机构的主要职责包括按照"现金津贴"事务中心的要求制定失能等级评估体系、设计适用于本地区农村居民的评估标准、组织失能评定人员进行评估并分析评估结果。评估机构的失能评定人员由具有医疗、护理、康复等中级以上职称的专业技术人员及其他相关专业技术人员、社会工作者等组成。

2. 评定标准

"居家扶助型"养老模式的主体之一为失能老年人，因此，如何界定失能以及如何判定失能老年人的失能等级是影响该模式良性运行的重要因素。发达国家对失能老年人的失能等级进行了细致划分，并具有一套完整的评估体系。构建适合我国国情的"居家扶助型"养老模式也离不开对失能等级评定的设计，详细严密的等级划分不仅可以正确评估老年人的失能情况，使其得到最佳匹配的照护服务，还可以避免对稀缺性照护资源的滥用。但中国目前尚未建立统一的老年人失能等级评估体系，各个省市及社会组织设计的评估方式和评估内容也存在较大差异，"碎片化"的失能等级评估机制不利于我国长期照护体系的公平、有效及可持续性发展。因此，本书呼吁应在全国范围内尽早建立一套全国通用的统一评估机制。

在我国照护服务体系建设相对滞后的背景下，本书结合国际经验及中国各地方目前采用的失能等级评定方式，对申请"居家扶助型"养老模式的农村居民的失能等级进行评定，评定内容主要包括日常生活能力和认知能力（主要指精神障碍或认知障碍）。日常生活能力（ADL）分为基础性日常生活能力（BADL）和工具性日常生活能力（IADL），其中对BADL的评定常采用Barthel指数、Katz指数及PULSES等量表，IADL的评定量表包括功能活动问卷（FAQ）和快速残疾评定量表（RDRS）。Barthel指数共包括十项指标，需要对每项指标进行评分，因此得出的结果可信度较高。Barthel指数是评定BADL的最佳首选，目前被各国广泛使用。而Katz指数仅包括六项指标（进食、穿衣、大小便控制、如厕、洗澡、移动），且只需要统计不能完成的项目数量，不需要对每项指标进行评分，因此Katz指数因其简便性也被广泛使用。本书综合国内外经典的

Katz 指数、Barthel 指数（附录 E）及认知能力评估表（附录 F）设定适用于"居家扶助型"养老模式下农村老年人失能等级划分的标准，最终等级分类情况如表 7-4 所示。

目前，在我国失能等级评估体系尚未健全的背景下，采用简单便捷的 Katz 指数有利于节约评估的交易成本，但该模式因评估内容简单容易产生在评估过程中部分健康老年人伪装失能老年人或低等级失能老年人伪装成高等级失能的情况。因此，本书建议将 Barthel 指数作为评估失能老年人失能等级的最佳工具。但各个地区也可根据该地区的实际情况自行决定采用哪种评级指数。

表 7-4　"居家扶助型"养老模式下农村失能等级划分标准

失能等级划分	划分标准
健康	Katz 指数中 6 项完全可以自理或 Barthel 指数得分 100 分且认知能力得分为 40 分
轻度失能	满足下列条件之一即可认定为轻度失能： 1. Katz 指数 6 项指标中有 1—2 项做不了或 Barthel 指数得分为 61—99 分； 2. 满足条件 1，且认知能力得分为 10—39 分； 3. 认知能力得分为 8—9 分
中度失能	满足下列条件之一即可认定为中度失能： 1. Katz 指数 6 项指标中有 3—4 项做不了或 Barthel 指数得分为 41—60 分； 2. 满足条件 1，且认知能力得分为 8—39 分； 3. 满足轻度失能条件 1，且认知能力得分为 8—9 分
重度失能	满足下列条件之一即可认定为重度失能： 1. Katz 指数 6 项指标中有 5—6 项做不了或 Barthel 指数得分为 0—40 分； 2. 认知能力得分为 0—7 分； 3. 满足条件 1，且存在轻度或中度认知障碍； 4. 满足轻或中度失能条件 1，且认知能力得分为 0—7 分

3. 评定流程

在申请"居家扶助型"养老模式之后，街道（镇）"现金津贴"项目事务受理中心会委派县或乡镇定点医院具有资质的评估人员（不少于 2 人，实行轮岗制）或委托给第三方机构上门对申请人的健康状况进行评估。对村庄中被公认为具有认知障碍的人，经与村委会及村民核实调查后可免去评估。评估人员将签字后评估报告以及鉴定结果（附加失能老年人的照片）上报给"现金津贴"项目事务受理中心。"现金津贴"项目事务受理中心对上报的材料进行复核,判定失能状态,得出具评估结论,并于一周内将结果告知申请人。同时,定点医院或第三方评估机构定期进行评估,如每隔半年对失能老年人的失能状态进行重新评定,如果失能等级增加则上报"现金津贴"项目事务受理中心进行提升失能等级的审批。此外,当失能老年人的失能等级增加时,也可主动向"现金津贴"项目事务受理中心申请评估,再由定点医院或第三方评估机构上门评估,并出具评估报告。

（二）照护资格认定

纵观世界各个国家,非正式照护体系在养老服务供给中发挥着重要的作用,在发达国家,家庭和个人提供的非正式照护服务占老年照护服务的比重高达80%左右。但照护服务是一项复杂的工作,而非正式照护成员的专业照护技术能力较低,因此,为保证失能老年人的照护服务质量,进而提升社会养老服务的水平需要推行照护人员持证上岗制度,通过严格的照护资格审核和培训机制促进我国农村非正式照护服务体系的发展,也为未来中国正式照护体系的发展提供潜在力量。"居家扶助型"养老模式正是一项促进非正式照护服务体系发展的社会政策,该模式下老年人可以选择自己的亲属、朋友或邻居等非正式照护人员作为照护自己的护工,而这些护工在积累一定照护经验之后可以转为正式照护人员。由第4章和第5章的实证结果可知,具有照护经历的人员更愿意提供照护服务,但具有照护经历的这些人员其照护经验多为一些技术含量较低的基本日常生活性照护服务。实证调查结果表明,我国农村居民愿意参加免费照护服务培训的意愿较高,因此为了保障失能老年人享受到高质量的照护服务,可规定"居家扶助型"养老模式下的照护者须参加免费的专业性照护培训并获得上岗证书之后方可上岗。专业照护知识的培训不仅包括心理素质培训,如职业道德、家庭礼仪礼貌、生活习俗、安全与卫生知识等;还包括技能培训,如老年人日常饮食起居安排、简易老年照护操作、老年人情绪管理以及基本医疗护理（含常用紧急抢救措施）等。

各市或县的"现金津贴"项目管理部门负责制定专门的培训方案和培训课程,各地区的职业培训指导中心作为定点培训机构,或者是"现金津贴"项目管理部门将培训业务外包给具有资质的培训机构。培训可分为线上培训和线下培训。线上培训:可以在政府相关网站上进行,政府将护理培训资料和培训视频上传到政府网站上,从而使照护者可以随时接受辅导，但这种方式对照护者的文化要求和电脑操作技术要求较高；对于网络不发达或不熟悉电脑操作的农村居民，政府也可以考虑在电视台开设老年人照护服务培训课堂或者是将照护服务培训课程视频拷贝到光盘等便携性设备中，让照护者在家中通过电视也能够学习到专业的照护知识，该方式也比较符合目前农村居民的实际情况。线下培训：政府既可以利用街道、乡镇或农村小学周末或假期时间开展照护服务培训课程，也可以通过招标竞争的形式外包给照护培训机构，同时规定培训合格率要达到某一个水平才算完全履行了合同义务，这样可以在降低培训成本的同时保证培训的质量。

二 资金来源与分担机制

资金的来源及可持续性是所有养老模式的核心问题，解决好资金问题就等于掌控了养老模式的命脉，为模式的持续性发展提供动力。"居家扶助型"养老模式的资金来源是一种多元化的筹资机制，是以农村居民的缴费与政府资金支持为主、村集体出资为辅、社会资金资助为补充的多元化筹资机制。

（一）资金来源

在"居家扶助型"养老模式的试点阶段，主要针对农村特殊人群进行低水平的养老保障，主要保障其生活不能自理时对基本生活照护服务的需求，维护其生命的尊严、保证其生活的质量。发放给失能老年人的照护津贴所需资金全部来源于国家财政，其中，中央财政和地方财政按照一定比例分担。同时，也鼓励企业、基金会、福彩公益金等进行资助。

在"居家扶助型"养老模式的推广阶段，补贴资金可来源于由商业保险公司经营的不以营利为目的的政策性长期护理保险或是社会保险性质的长期护理保险。长期护理保险资金设计为两个账户，个人账户及基础性长期护理保险金账户（公共账户）。其中个人账户的资金来源分为两个部分：一是农村居民按月或年缴纳保费。根据本书问卷调查数据，发现农村居民愿意缴纳的年保费主要分在0—300元（如图7-6所示），因此，保费可设计多档缴费水平，并根据养老金水平、照护服务的市场价格、服务范围以及实际运行等情况确定并适时调整。个人交费可以考虑从养老保险或医疗保险的基金账户代扣代缴，也可以自行交纳；二是政府对覆盖人群进行缴费补助，并按照所在区域的经济发展状况设置不同的补贴比例。补贴资金同样来源于国家财政，中央财政和地方财政按照一定比例分担。基础性长期护理保险金账户的资金来源于三个方面：一是中央政府的补贴；二是地方政府的补贴；三是将社会资助、村集体、社会公益组织的资助资金纳入长期护理保险资金，并实行专户管理，用于指定项目的支出。由于中国各地方政府收入的差距较大，为了保证最困难农村失能老年人能够获得资金购买最需要的养老服务，同时也考虑到制度的可持续性，因此，此阶段可借鉴新农保的做法，各地区对农村长期护理保险实施差异化、多样化的筹资方式。

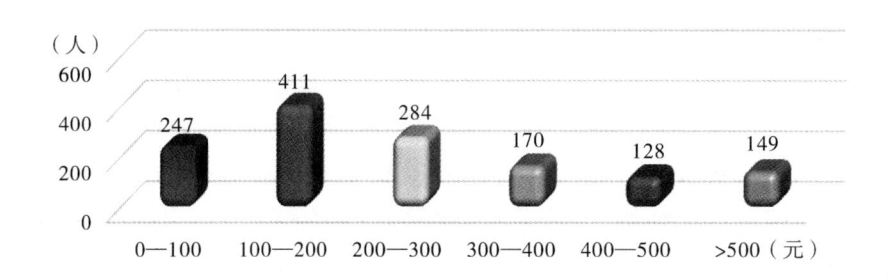

图 7-6　农村居民愿意缴纳的长期护理保险金额

（二）补贴资金分担机制

政府财政补贴的分担机制是保证"居家扶助型"养老模式顺利发展的重要前提，政府不仅要在缴费环节给予补贴，还要在给付环节给予补贴。缴费环节的补贴机制设计主要包括对参加长期护理保险的农村居民个人账户进行补贴的标准以及对选择高档缴费水平的农村居民提供激励性补贴的标准两个方面。具体设计为：（1）对于特殊人群，政府实行100%补贴，其中中央政府和地方政府各承担最低缴费标准的50%。（2）对于贫困线2倍以内的农村居民，政府给予50%的补贴，其中中央政府和地方政府各承担最低缴费标准的25%，其余50%由个人承担。（3）对于普通农村居民，按照缴费档次给予不低于30%的弹性补贴比例，如第一档（最低缴费档次）给予30%的补贴、第二档给予32%的补贴，以此类推。补贴资金由中央政府和地方政府平分，各级地方政府再按照省、市、县、村的补贴比例进行分担。

设计给付补贴机制时需要考虑区域经济的差异：（1）对于经济欠发达地区，如西北地区，中央政府可承担不低于80%的补贴，其余部分由各级地方政府承担；（2）对于经济发展水平一般的地区，如西南地区和东北地区，中央政府可承担60%的补贴，其余部分由各级地方政府承担；（3）对于经济发展水平较高的地区，如华东地区，中央政府可承担40%的补贴，各级地方政府按照比例分担其余的60%。

从财政的角度看，财政支出用于保障老年群体，尤其是农村失能人群是一项普惠性的举措，但应该如何支出、各级政府应该如何分担补贴比例，以提高筹资机制的高效性是值得思考的问题。但无论是缴费环节的补贴机制，还是给付环节的补贴机制，都需要遵循责任清晰、补贴标准动态调整以及拓展资金来源等原则。

第一，建立补贴资金分担机制要明确并细化各级政府在财政补贴中的责任。划清各级政府之间的责任界限，不仅能够保证政府补贴资金可持续性的能力，也可以保证补贴机制的合理性和公平性。补贴资金由中央财政和地方财政按照一定比例分担，如缴费补贴由中央政府承担50%，地方政府可按照省25%、市12.5%、县10%、村2.5%的比例进行分摊，各级政府的补贴分担比例关系如图7-7所示。并规定中央政府承担的补贴比例不变，而各级地方政府之间的具体分担比例可以根据各级地方政府的经济实力而定。同时，中央政府规定全国各省份补贴标准的统一计算方式，由各级地方政府根据本地区的指标进行核算：省级政府将本地区的财政收入、农业人口规模、最低生活标准、人均收入、农业人口的健康状况、农村居民人均消费支出等一系列客观经济指标作为关键参数，参照国际上用于长期护理保险资金的财政补贴占一国财政支出总额的比例确定各市、县的补助金额，进而明确各级政府的负担比例，并以制度化的形式确定下来使之具有法律效力（海龙、赵建国，2013）。

第二，建立补贴资金分担机制要适时适度调整补贴标准。保证补贴资金"不缩水"是设计补贴机制时重点考虑的问题。考虑到长期护理保险资金的长期性特点，在国家经济发展水平不断提高、财政收入持续性增加、农民人均收入逐年提高以及存在通货膨胀等背景下，要建立政府补贴资金的动态投入机制，适时适度按照经济发展情况调整补贴标准。同时为增强财政补贴的吸引力，对多档位补贴比例设计高补贴率的激励方案。

第三，建立补贴资金分担机制的首要条件是设计具有稳定性和持续性

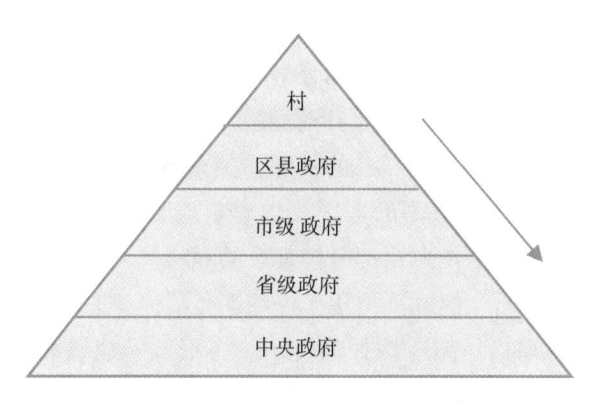

图 7-7　各级政府的补贴分担机制

的资金来源机制，拓展筹资主体，建立长期护理保险的长效筹资机制。在拓展筹资主体方面，可以重点考虑采取政策激励方式，如投资优惠、税收优惠等激励社会公益组织及一般社会组织在资金筹集中发挥重要作用，增强农村居民长期护理保险资金筹资的可持续性。

三　监督机制

（一）监督主体及分工

监督机制的功能是管理和调节"居家扶助型"养老模式照护服务体系的运行。养老照护服务的监督管理问题牵涉该养老模式能够正常运转，须高度重视。对"居家扶助型"养老模式进行监督是各级政府的重要的职责。其中，中央政府承担制定法律法规、完善监督机制、培养专业性人才等责任；各级地方政府执行中央政府规定，并结合地区特点制定具体化的监督机制，监督内容主要包括以下几方面：第一，建立失能老年人照护服务质量评估体系。农村失能老年人获得照护服务的质量直接关系着其生活质量的高低，间接影响着社会的稳定，进而影响政府的声誉。只有建立完善的照护服务质量评价体系才能确保农村失能老年人的生存尊严，这也是本书构建新型养老模式的最终落脚点。本书建议政府部门和第三方机构合作，或采取 PPP 模式或独立性的 NGO 对"居家扶助型"养老模式的推行落实情况、照护服务的质量效果以及照护补贴的使用情况进行监督；第二，对申请"居家扶助型"养老模式的老年人其身体健康状况评估和经济收入水平核定过程方面进行监督，降低模式运行中存在的道德风险；第三，对照护服务提供者的资格进行监督，照护服务提供者包括非正式照护成员和正式照护成员。针对前者，实行持证上岗或培训结业后上岗的监督机制；针对后者，实行严谨的、规范的淘汰机制。同时，由第三章第三节可知，奖惩制度对"居家扶助型"养老模式运行效果有着至关重要的影响，严格的惩罚机制可以降低照护者的投机行为，从而激励其提供高质量的照护服务。因此，还应该建立一套严格的惩罚制度以保证照护服务质量。

（二）第三方机构的监管

在国外，政府部门多将照护服务质量及资金使用等监督服务外包给第三方机构或照护经理（职业顾问），其中，照护经理是质量监督管理的第一道防线。由第三章第三节分析可知，政府部门的审查成本以及监督成本越低，"居家扶助型"养老模式中的道德风险越低。而将监督服务外包给专业性较强的第三方机构或职业顾问是降低政府监督管理的交易成本，从而降低道德风险发生概率，最终提升"居家扶助型"养老模式运行效率的重要方式。我国可以借鉴国外的这一做法，实行照护经理"点对点"及第三方机构"面对面"监督的机制，两种监督方式同时存在可以避免欺诈、虐待等事情的发生。其中，照护经理作为第三方机构的一名成员，直接与照护服务的提供者和需求者进行接触，进而实现"点对点"的对接。一名照护经理可以同时监督多名照护服务供求主体，其具体职责如下：（1）在失能老年人申请"居家扶助型"养老模式时，照护经理配合失能等级评估人员对老年人的实际失能情况进行调查，避免出现照护主体之间进行串谋从而骗取高额照护金的问题。（2）在失能老年人申请"居家扶助型"养老模式之后的初始6个月，照护经理至少每一个月通过电话与被照护者取得联系，且至少每季度（也可以要求每个月）去被照护者家中进行面对面的交流，电话交流和面对面交流都需记录在册。（3）照护经理须确认照护者的工作时间、照护者提供的照护服务是否满足了被照护者的需求、被照护者对照护服务的满意度情况、被照护者有何未满足的需求及有何其他诉求，被照护者身体健康情况是否发生变化等情况。（4）倾听并解决照护者在照护过程中的一些诉求，如照护时间调整、照护服务培训咨询等。（5）在监督照护服务质量的同时，确保被照护者将照护津贴使用在了政府限定的范围内以及被照护者将照护津贴发放给了照护者。

"面对面"监督机制有多层含义：一是指各级"现金津贴"项目事务

受理中心形成的"面"与多家第三方机构组成的"面"之间的"面对面"关系，是宏观层面的"面对面"合作与监督。两者的合作是构建"居家扶助型"养老模式监督机制的关键；二是第三方机构和照护经理之间形成的"面对面"关系，两者之间的关系是第三方机构自身运行效率的关键；三是照护经理与照护服务供给者和需求者形成的微观层面的"面对面"关系，是保证"居家扶助型"养老模式运行效率的关键一步。第三方机构的职责如下：（1）参与制定失能老年人的失能等级划分、照护服务质量评估体系等内容；（2）开设多种监督渠道，不仅包括照护经理的"点对点"监督，还包括开设免费电话监督热线、网络监督机制等，并设计"举报有奖"机制鼓励群众对不公平、违规、违法等行为进行举报，并保护好举报群众的信息安全和人身安全；（3）对照护经理进行专业性培训，照护经理是综合型人才，不仅具备专业的照护服务评价知识，还应具有心理学知识，有利于与照护者及被照护者的沟通；（4）审查照护者的资格，包括是否具有行为能力、是否具有固定工作、有无重大犯罪记录、是否有条件满足被照护者的照护需求等方面；（5）照护经理联合第三方机构每季度出一份照护服务质量报告，报告包括资金使用情况、照护服务质量评价结果以及质量提升的建议等。

第三节 "居家扶助型"养老模式的配套机制

一 法律法规制度

由第三章分析可知，完善的法律法规制度以及严格的法律惩罚机制是约束人民行为规范和行动的准绳，是"居家扶助型"养老模式健康、可持续运行的基本前提和保障。因此，在推行"居家扶助型"养老模式的过程中，要同步建立与该养老模式及农村养老服务体系相配套的法律法规。根据本书的研究主体及中国目前的实际情况，本书建议尽快出台和建立《"居家扶助型"养老模式的法律规范》（以下简称"《法律规范》"）、《养老服务法》等专门性立法。

首先，建立《法律规范》。《法律规范》立足于"居家扶助型"养老模式的建设、完善和可持续性发展，一方面对责任主体的责任、权利及义务做出明确；另一方面，对该养老模式的申请流程、实施步骤、等级评定、资金管理、监督管理、奖惩办法等方面进行框架性规定，为各级地方政府及有关部门制定与《法律规范》相配套的实施细则及适用于各级政府所在区域的具体落实办法和措施提供宏观层面的法律指导，确保各项规定能够落地扎根。

其次，建立《养老服务法》。目前，国内虽然有《老年人权益保障法》为老年人提供养老服务保障，但该法案并不是以养老服务为主体的一部法律，在养老服务规定方面更多是点到为止，在养老服务方面的社会效力比较有限（赵秋成，2016）。为确保我国养老服务体系的建设及有序、健康和可持续发展，本书建议出台一部与《老年人权益保障法》相呼应、相配套的法律法规——《养老服务法》。《养老服务法》是一套针对养老服务体系的专门立法，涉及养老服务责任主体、养老服务等级及标准、资金管理等方面的内容。

二 人才培养及激励机制

持续、专业化、高素质的人才供给是农村养老服务体系健康和可持续发展的人力基础和专业技术保障（赵秋成，2016）。目前，国外一些发达国家，如美国、德国、英国等专门建立其与养老服务体系相配套的人才培养和培训体系，有效保证了养老服务行业专业性人才的长期供给。在中国，日益尖锐的养老服务人才供求矛盾已成为制约中国社会发展的重要问题，尤其是农村青壮年劳动力外流、"空巢老人"数量的加剧使得建立农村养老服务的人才培养和培训机制迫在眉睫。养老照护服务的人才机制既需要培育能够开展健康指导、康复护理的专业人力资源，也需要大量没有任何资质的一线工作者（李放、张娜等，2016）。其中，针对专业性的人才培养机制，一是要提高从事养老服务行业的工资水平，吸引人们从事照护服务工作；二是政策引导高等院校和高等职业院校开设养老服务及护理专业，培育高素质的应用型人才。同时，为激励高等院校/职业院校的学生毕业后提供养老服务工作，可以采取发放工资补贴的激励机制，即对毕业后从事养老服务的毕业生，按照签订服务协议的长短、工作内容（养老服务管理人员的补助金要低于养老服务提供者的补贴）、工作地点（在农村工作的照护者补贴高于在城市的工作者）等实行不同层次的工资补助，补助金可以在工作时间达到一定年限之后一次性发放，也可以按月随工资一起发放。补助金来源于工作地所在省份的财政资金。

针对非正式照护体系的建设方面，首先，要鼓励家庭人力资源成为居家养老服务的基础性力量（李志明，2016）。本书提倡建立的照护津贴制度是激励家庭成员提供正式照护服务的重要途径，通过建立误工补偿机制对因照护失能家人而无法外出打工的个人提供照护津贴，激励家庭成员特别是子女参与提供养老服务；其次，鼓励同村居民，尤其是农村"留守妇女"及低龄健康老年人为同村失能老年人提供照护服务，在为其提供照护金的同时，考虑建立照护时间储蓄制度，到自己需要养老时可以获得相同时间的照护服务，实现循环养老。同时，为非正式照护成员转为正式照护成员提供绿色渠道，即具有一定年限的照护经验、口碑较好的非正式照护成员优选培育为正式照护成员，为其颁发资格证书。

三 建立农村长期护理保险机制

根据前文研究结果，农村居民对长期护理保险制度的需求较高，在1832名被调查者中，有1389人愿意通过购买与照护津贴挂钩的长期护理保险，由此可以说明长期护理保险制度在"居家扶助型"养老模式中发挥着重要的作用：长期护理保险是"居家扶助型"养老模式的重要筹资渠道，保证了养老服务资金的可持续性；而"居家扶助型"养老模式的存在又激励了长期护理保险的发展，即长期护理保险的实施和"居家扶助型"养老模式的推广之间存在相关促进、相互影响的关系。因此，推进农村长期护理保险的建设是解决农村居民养老照护矛盾的需要，也是广大农村居民迫切的需求。我国相关部门已意识到长期护理保险存在的必要性及重要性，开始着力发展长期护理保险制度建设。2016年，人社部公布了《关于开展长期护理保险制度试点的指导意见》（以下简称《意见》），明确15个省级及地市级市为试点单位，标志着社会长期护理保险制度的建设工作正式开启，进一步促进了我国的养老保障工作。从目前已经实施的地区看，一方面，参保人群按照《意见》提出的原则多集中在参加职工基本医疗保险和城镇居民基本医疗保险的人员，而将参加新农合的农村居民排除在外[1]，此原则虽然有助于我国加快建设长期护理保险制度的进度，但却有违社会公平；另一方面，从提供的服务内容看，试点

---

[1] 山东省青岛市2015年将覆盖面扩大到新农合。

城市分为三大阵营：一是仅提供长期医疗护理待遇；二是以提供长期医疗护理服务为主，兼顾部分日常生活护理服务，如上海市；三是同时提供长期医疗护理服务和日常生活护理服务，如南通市。实际上，日常生活护理是长期护理服务的重要组成部分，是失能老年人所需的最基本的护理服务内容，而且其费用也高于医疗护理。因此，将日常生活护理费用包含在服务项目范畴是完善我国社会长期护理保险制度建设的重要内容。

综合上述分析，本书认为在我国长期护理保险试点范围继续扩大以及制度定型之前，有必要进一步调整和优化长期护理保险政策的方案设计：首先，将参保人群扩大到参加城乡居民医保和新农保范围，为农村失能老年人提供与城市居民相同的保障措施；其次，将日常生活护理服务纳入长期护理保险的服务内容，待长期护理保险制度发展成熟时再逐步将精神慰藉和临终关怀也包括在内；再次，长期护理保险的筹资机制可以与新农保基金账户或城乡居民医保的基金账户挂钩。但与其他社会保险进行挂钩的方式只能作为一种变通过渡方式在构建长期护理保险制度的初期使用，为保证长期护理保险资金的独立性，本书建议在长期护理保险全面推广时采取个人、企业、国家等多方主体缴费的方式进行筹资；最后，农村长期护理保险的缴费办法可借鉴我国新农保的规定，同时对于目前已经失能的老年人群可以采取趸交的方式获取领取长期护理保险金的资格。

四 "互联网+"下的智慧养老机制

"互联网+"下的智慧养老机制是指在养老服务领域引入互联网，借助互联网的优势，以新一代高科技产品为支撑为老年人提供便利性、灵活性及个性化的养老服务，从而实现养老服务资源的最优配置。智慧养老服务体系的内容主要包括以下几个方面：（1）紧急救助服务，主要通过"一键式"紧急呼叫器、"一键式"智能服务电话、智能手环等设备对失能老年人发生突发情况时向有关部门或机构发出信息通知，让突发事件的老年人以最短的时间获得救助服务，以免错失最佳治疗时间；（2）健康管理服务，如通过佩戴智能手环将老年人身体各项指标数据发送到智能养老平台，同时也可以通过智能设备预约专业的医疗健康服务；（3）居家生活服务，老年人通过手机等智能设备预约送餐、配送、助餐、助洁等服务；（4）其他服务，如居家安全管理服务、定位服务、生理监测服务及关爱服务等（陈莉、卢芹等，2016）。由于我国不同地区农村的经济发展水平差距较大，网络信息化水平存在较大差距。如东部较发达地区的农村网络技术较为普遍，而西部地区的大部分农村网络信息技术较为滞后。因此，在不同的区域，可以实行内容差异化的智慧养老机制，即在网络发达的农村地区，实施包含诸多服务功能的智慧养老体系；而对于网络信息技术不发达的农村地区，则重点关注容易操作的紧急救助服务体系的建设，如免费为失能老年人发放紧急呼叫器、智能可穿戴设备（如智能手环）、移动电话、对讲机等，智能设备可以由各级政府按比例分摊，也可以由政府交由公益性组织通过众筹的方式获取智能设备。

五 第三方机构制度

目前，中央政府制定政策推进政府购买养老服务过程中的第三方机构的发展，响应高层政府的号召，我国部分地区开始积极探索引入第三方机构。对第三方机构的探索在取得部分经验的同时也存在诸多困境，主要集中在第三方评估主体的合法性、独立性、专业性和公信力不足等方面（李春、王千，2014）。建立健全第三方机构制度是提高"居家扶助型"养老模式运行效率的重要手段：首先，发展第三方机构有利于促进"居家扶助型"养老模式下照护服务的供需匹配。具有养老照护服务专业知识的第三方机构，能够通过长期的深入调研和研究对失能老年人的照护需求类型、失能等级划分等进行科学分类，同时对养老照护服务供给问题也有较深的了解，从而能够按需进行匹配；其次，发展第三方机构有利于优化"居家扶助型"养老模式的运行效果。"居家扶助型"养老模式的运行效果以失能老年人对该模式的满意程度作为评估标准，但目前对养老模式或养老服务的测量指标及方法受失能老年人群的特殊表达能力及利益维护能力等方面的限制存在一定局限性。这就有必要借助第三方机构的专业评估能力，科学制定量化养老模式满意度的指标体系、建立评估模型等以优化养老模式的运行效率。发挥第三方评估机制在"居家扶助型"养老模式中的作用，需要建立健全第三方机构制度，目前最需要政府部门做的是开放对第三方评估机构的资质管理，让具有专业性的第三方机构在其擅长领域发挥作用。同时厘清政府部门和第三方机构之间的关系，即两者是共赢发展的合作关系。同时，通过法律保障等制度确保第三方机构合法且独立的地位。

六 与现有政策的衔接机制

养老是社会必须面对和解决的问题，建立老年人养老补贴制度对于健全老年人福利制度、保障养老服务资金、提升老年人生活质量具有十分重要的意义。目前，我国31个省份在老龄服务领域出台了至少一项养老补贴政策，如高龄津贴政策、失能照护补贴政策、养老服务补贴政策。根据《2016年社会服务发展统计公报》，截至2016年年底，全国享受高龄津贴的老年人数达到2355.4万，占全国80岁及以上老年人口的76.27%，占全国60岁及以上老年人口的10.12%，是三项补贴政策中覆盖比例最高的政策；享受养老服务补贴的老年人数为282.93万，占全国60岁及以上老年人口的1.22%；享受失能照护津贴的老年人数为40.5万，占全国60岁及以上老年人口的0.17%，占全国失能老年人口的1%。养老服务补贴和失能照护补贴覆盖比例较低的原因是大部分省份将领取津贴的居民限定为经济困难的五保、低保、老年人群，而将非低收入老年人排除在外。以广东省的失能照护津贴为例，其覆盖对象特困人员和低保家庭中的60周岁及以上失能老年人以及低收入家庭（低保标准1.5倍以内）中60周岁及以上的失能老年人，其中前者按照轻、中、重度失能程度分别给予每月100元、150元、200元的补贴，后者不分失能程度给予每月60元的补贴。可见，各省地方政府均以保障高龄老年人或低收入等弱势老年群体为主，绝大部分老年群体并未享受到失能照护津贴。同时，从补贴金额上看，我国大部分省份的补贴金额较低，广东作为我国经济发展水平较高的省份，失能照护津贴仅在60—200元，与高达数千元的照护费用相比，可谓是杯水车薪，远不能解决失能老年人的照护需求。因此，无论从覆盖人群方面，还是从失能照护津贴的水平方面，我国的失能照护津贴政策都应该做出调整。首先，对于目前已经实施失能照护津贴政策的省份，一方面随着"居家扶助型"养老模式的推出，可将覆盖人群扩大到全体失能老年人群；另一方面，提高失能照护津贴水平，对于申请该养老模式的农村居民，在原补贴标准的基础上追加一定比例的照护津贴，同时加快实现与农村长期护理保险制度的融合。其次，对于未实施失能照护津贴的省份，建议直接推行"居家扶助型"养老模式，按照该养老模式的发展步骤实现失能照护津贴政策的融合，同时也能免去两种制度衔接之间的交易成本。

本章小结

　　发达国家在照护津贴项目方面的做法较为先进，但国外津贴项目的实施方式是基于本国的国情，我国要建立新型养老模式还应考虑中国与其他国家之间在社会、文化、经济、政治等方面的差异，因而不能直接照搬照抄国外的经验；同时，国内部分城市也开始积极探索各种新型养老模式，但总体来看目前还没有较为成功的模式可以遵循，国内部分城市的探索仅处于一种初级阶段。此外，探索城市并未对其运行细节及运行效果进行详细披露，目前仅停留在模式提出的阶段。因此，构建适用于我国国情的以农村失能老年人为保障对象的"居家扶助型"养老模式，在没有过多经验可以直接借鉴的基础上只能是探索性前进，也需要用创新的思路构建具有中国特色的农村新型养老模式的基本框架和与运行机制。总之，"居家扶助型"养老模式的建设是一项涉及面广、主体多元化、内容丰富的系统工程，需要政府、家庭及社会的共同努力。本章以充分发挥家庭、政府、社会等作用为出发点，以满足失能老年人的养老照护需求为落脚点，遵循政府主导、满足需求及循序渐进为原则构建"居家扶助型"养老模式的基本框架、运行机制（包括评估机制、筹资机制和监督机制）及配套机制（包括法律机制、人才培养及激励机制、长期护理保险机制、智慧养老机制及现有政策间的衔接机制等），为在农村范围内推广该养老模式提供具体思路。

结论与展望

一 研究结论

在中国转型时期，人口老龄化的加速以及农村青壮年离乡打工数量的增加，都对当前中国农村老年人的传统养老方式带来了较大的冲击。在此背景下，本书提出一个能满足我国农村失能老年人照护需求和养老意愿的新型养老模式——"居家扶助型"养老模式，以解决我国农村失能老年人的照护难题。但"居家扶助型"养老模式是否具有在农村地区推广的理论和实践的可行性以及如何设计一套公平公正、具有客观性和科学性的具体机制是本书重点研究的问题。基于上述问题的研究，本书得出以下几方面的结论：

第一，"居家扶助型"养老模式的推广具有理论的可行性。首先，从家庭代际关系理论和"养儿防老"的人力资本投资理论考虑，具有家庭养老特征的"居家扶助型"养老模式具有一定的理论可行性。虽然传统的代际关系受到一系列制度变革的冲击并逐渐弱化，但在未来较长一段时间内，中国传统文化支撑的代际关系其基本地位不会改变，传统家庭养老以其优越性仍然是中国农村养老的坚实基础；其次，从效率理论考虑，"居家扶助型"养老模式的实施能够使各方主体的福利状况得到改善，因此可以认为该养老模式的实施是一种帕累托改进，是一项利好的政策；最后，从博弈理论视角考虑，虽然"居家扶助型"养老模式中存在的道德风险问题，但只要该养老模式的法律机制、监督机制以及其他配套机制较为完善，即可以将该模式中存在的道德风险减少到最小，保证模式的运行效率。

第二，"居家扶助型"养老模式的推广具有实践上的可行性。首先，通过实地调研对"居家扶助型"养老模式照护服务供需主体的选择意愿以及供需主体在每种失能程度下对照护服务时间的选择进行分析，得出"居家扶助型"养老模式虽然在短期内存在非均衡现象，但从长期来看，"居家扶助型"养老模式的供需非均衡现象会被新生代农村居民在养老方式选择方面的结果而弱化，同时也可采取"一对二"或"多对一"的办法进行解决，即一位照护服务供给者向两位需求者提供照护服务。总体来看，"居家扶助型"养老模式在农村具有较好的发展潜力，是应对人口老龄化背景下的一种创新型养老模式。其次，照护经历、养老满意度和购买长期护理保险等对农村居民选择提供养老服务具有重要的影响作用，而购买长期护理保险的意愿以及对养老预期方式显著影响了已失能人群和健康人群对养老照护服务的需求，该结果在一定程度上证明了"居家扶助型"养老模式通过家庭成员提供照护服务以及通过长期护理保险进行照护补贴筹资的可行性，为该养老模式的推广提供了实证检验。

第三，"居家扶助型"养老模式的顺畅运行需要一套完善的机制作为保证。但在国外发展经验不能照搬照抄以及国内经验尚不成熟的基础上，构建适用于以我国农村失能老年人为保障对象的"居家扶助型"养老模式只能是探索性前进，需要用创新思维构建具有中国特色的农村新型养老模式的基本框架和与运行机制。本书遵循政府主导、满足需求及循序渐进为原则，借鉴国外对失能老年人养老照护项目的经验，并结合我国农村的实际情况提出分"由点到线，由线到面"的"两步走"实施步骤、筹资方式依靠来源长期护理保险、评估及监督机制交由第三方机构、培育农村非正式照护人力资源机制以及发展智慧养老机制等思路，从而构建"居家扶助型"养老模式的运行机制和配套机制，保障该养老模式的健康、高效及可持续性发展。

二 研究展望

正如世界不存在完美的方案一样，科学的探究也永无止境。本书创新型提出在我国农村建立"居家扶助型"养老模式，并将该养老模式与长期护理保险相结合，是对解决失能老年人养老照护问题的有益探索。但本研究也存在不少局限性，还有较多问题需要进一步深入研究。未来需要进一步研究的内容主要包括以下几个问题：第一，虽然建设农村长期护理保险制度势在必行，但长期护理保险制度的建设亦是一项复杂的工程，涉及筹资方式、长期护理费用测算、长期护理保险金的动态平衡、保费缴纳方式、长期护理保险定价，尤其是目前已失能人群的长期护理保险定价等问题。如何基于我国农村的现实情况，公平、科学且详细地设计我国农村长期护理保险制度是值得进一步思考的问题；第二，在"居家扶助型"养老模式下，照护津贴的标准以及政府补贴的最优比例测算也极为复杂，涉及多项数据，如不同失能等级下的护理费用测算、当地居民的人均可支配收入水平及养老照护服务的市场价格等指标，而有些数据目前并不存在统一的测算标准，因而需要在未来多加关注及研究。同时，照护津贴的发放是采取固定支付方式还是浮动支付方式也是值得进一步研究的问题；第三，我国不同地区、不同民族的农村居民在养老方式选择以及对"居家扶助型"养老模式的照护服务供需选择方面存在的差异性及原因也十分值得研究。以不同民族之间的差异为例，在每种失能程度之下，少数民族的农村居民比汉族居民愿意提供更长时间的照护服务，而其对照护服务时间的需求又比汉族农村居民少，究竟是何种原因导致民族属性对照护服务供需影响的方向不同，是身体健康因素起到决定性作用，或是不同民族所具有的独特性特点导致的差异，还是样本数量问题是值得进一步研究的问题，还有待在后续的研究中进行更深层次的挖掘分析。

附录 A

调查问卷

《人口移出老龄化背景下农村失能老年人"居家扶助型"养老模式研究》调查问卷

尊敬的先生/女士，您好：

本问卷是由对外经济贸易大学荆涛教授主持的教育部人文社科基金项目重要数据的搜集途径。感谢您在百忙之中抽空填写这份问卷，您的意见将是本研究的重要数据来源。问卷以匿名方式填写，仅用于学术研究，答案无对错之分，请根据自身情况放心填写。

农村失能老年人"居家扶助型"养老模式，是针对农村60岁以上的失能老年人，由其子女、亲属、邻居、朋友或陌生人等在经过培训后承担居家照护服务工作，并根据提供照护者的工作强度给予其一定的资金补贴（照护不同失能等级的老年人，照护者获得的资金补贴额不同，比如，照护轻、中、重度失能的老年人，照护者每个月分别可能得到200元、350元、500元的资金补贴）。

一 个人基本情况

1. 您的性别：
□男 □女

2. 您的年龄（周岁）：_____

3. 您的民族：
□汉族 □其他（请注明）_____

4. 您的文化程度：
□没上过学 □小学 □初中 □高中、中专 □大专、本科及以上

5. 您的婚姻状况：

□未婚（直接跳到第 8 题）　　□已婚　　□离异　　□丧偶

6. 您有_____个儿子；有_____个女儿

7. 您目前有没有儿媳？

□无　□有，您有_____儿媳符合以下情况：儿子外出打工不在家但儿媳在家？

8. 您有_____个兄弟姐妹

9. 您目前的居住状况（可多选）：

□独居　　　□和配偶住　　　□和子女住　　　□和父母住

□住在养老院或敬老院　　　□其他（请注明）_____

10. 家庭成员人数：共_____人

11. 您的家庭人均年收入：

□小于 3000 元　□3000—5000 元　□5000—1 万元　□1 万—2 万元

□2 万—3 万元　□3 万元以上

12. 您的个人收入来源（可多选）：

□农业收入　　□打工　　□子女　　□政府发放的工资　　□个体经营收入

□社会养老保险　　　□社会救济金　　　□其他（请注明）_____

13. 您有没有外出打工的经历：

□有　□无

14. a 您是否参加了新农合？

□是　　□否

b. 您是否参加了新农保？

□是　　□否

按照国际通行标准，吃饭、穿衣、上下床、上厕所、室内走动、洗澡 6 项指标，一到两项"做不了"的定义为"轻度失能"，三到四项"做不了"的定义为"中度失能"，五到六项"做不了"的定义为"重度失能"。重度失能老人属于生活完全不能自理，基本属于卧床不起，生活全靠别人的扶助。

15. 您现在的日常生活是否需要他人照顾：

□不需要，生活可以完全自理（请您回答 16—21 题，即之后全部问题）

□需要，一小部分活动需要他人帮助，即轻度失能（请您回答第18—21题，即第三部分）

□需要，部分活动需要他人帮助，即中度失能（请您回答第18—21题，即第三部分）

□需要，所有活动都需要他人帮助，即重度失能（请您回答第18—21题，即第三部分）

二 "居家扶助型"养老模式照护服务供给情况调查

16. 您是否照顾过行动不便或卧床不起的亲人：
□是　　　　　　　　□否

17. 如果政府部门给您一笔钱（如，照顾轻、中、重度失能老人每个月分别可能给200元、350元、500元），让您去照顾您的配偶、父母、邻居或朋友，您是否愿意承担这项工作？

□愿意

a. 您愿意照顾以下哪些人（可多选）？

配偶：□轻度失能　□中度失能　□重度失能

自己的父母：□轻度失能　□中度失能　□重度失能

配偶的父母：□轻度失能　□中度失能　□重度失能

b. 您愿意照顾配偶、父母、公婆或岳父母的原因（可多选）：

□照顾亲人是自己的责任

□愿意从事照顾别人的工作

□喜欢和老人相处

□这些人无他人照料，只能自己照顾

□作为一项收入来源

□打发空余时间

□养老机构费用高等

□其他原因_____

c. 除了亲属，如果给您一定报酬情况下，您还愿意照顾以下哪些人（可多选）？

朋友：　□轻度失能　□中度失能　□重度失能

邻居：　□轻度失能　□中度失能　□重度失能

陌生人：□轻度失能　□中度失能　□重度失能

□ 都不愿意照顾（请跳到第 e 题）

d. 您愿意照顾亲属以外的人的原因（可多选）：

□愿意从事照顾别人的工作

□作为一项收入来源

□打发空余时间

□喜欢和老人相处

□其他原因

e. 您愿意每天花多少时间去照顾<u>轻度失能</u>的老年人？

□2 小时　　□3 小时

□4 小时　　□其他_____小时

您愿意每天花多少时间去照顾<u>中度失能</u>的老年人？

□2 小时　　□4 小时

□6 小时　　□其他_____小时

您愿意每天花多少时间去照顾<u>重度失能</u>的老年人？

□4 小时　　□8 小时

□12 小时　　□其他_____小时

f. 对于照护失能老年人的服务金，您期望每个小时得到：

对于照护轻度失能人员，每小时至少给_____元

对于照护中度失能人员，每小时至少给_____元

对于照护重度失能人员，每小时至少给_____元

g. 如果您有空闲时间，您愿意参加政府免费提供的照护服务培训课程吗？

□不愿意

您不愿意提供照护服务的原因是（可多选）：

□实际补贴额低于预期

□已经有比较稳定的工作，没有足够时间

□这个工作没有发展未来

□担心照顾不好，引来纠纷

□工作内容太脏太累

□对这项工作没有兴趣

□其他原因_____

三 "居家扶助型"养老模式照护服务需求情况调查

18. 您对现在老年人的养老生活满意吗?
□非常满意
□满意
□一般
□不满意
□非常不满意

19. 您更倾向于选择哪种养老方式:
□与配偶互助
□子女赡养
□养老机构养老
□和邻居"互助"养老
□其他_____

20. 在您生活不能自理时,如果政府部门每个月给照顾您的人一定数额的补贴金,您愿意让家人、亲戚、朋友或邻居在家中照护自己吗?
□愿意

a. 您希望谁来照护您(可多选):
□配偶
□儿子
□女儿
□儿媳
□其他亲戚
□朋友、邻居
□同村村民
□专业照护人员

b. 若您的直系亲属不能照顾您,您希望由谁来负责您的日常照顾工作?(可多选)
□其他亲属
□朋友、邻居
□同村村民
□专业照护人员

☐都不愿意

c. 轻度失能时，您希望别人每天照顾您几小时？

☐2 小时　　☐3 小时

☐4 小时　　☐其他＿＿＿＿

中度失能时，您希望别人每天照顾您几小时？

☐2 小时　　☐4 小时

☐6 小时　　☐其他＿＿＿＿

重度失能时，您希望别人每天照顾您几小时？

☐4 小时　　☐8 小时

☐12 小时　　☐其他＿＿＿＿

d. 您愿意让家人、亲戚、朋友或邻居在家中照护您的原因是（可多选）：

☐在自己家中更方便些

☐只能让身边人亲人朋友照顾

☐熟悉的人沟通交流起来更顺畅

☐附近没有养老院或者养老院条件太差

☐对养老院印象不好

☐比较省钱

☐其他原因＿＿＿＿

☐不愿意

您不愿意让家人、亲戚、朋友或邻居在家中照护自己的原因是（可多选）：

☐认为家人、朋友等的照护水平不高

☐和家人、子女等相处不融洽

☐养老院条件更好一些

☐雇用熟悉的人照顾自己感觉别扭

☐其他原因＿＿＿＿

21. 若采用类似新农合的做法，由您本人每年交一笔保费，连续缴纳一段时间，若今后您发生照护服务需求，由社保按失能等级支付给提供照护服务的子女、亲属、朋友等人一定数额的补贴金（高于17 和20 题中的政府补贴），您愿意吗？

☐ 愿意（请回答 a）

a. 您可以接受每年缴纳多少元的保费：

☐小于 100 元

☐100—200 元

☐200—300 元

☐300—400 元

☐400—500 元

☐大于 500 元

☐ 不愿意（问卷结束）

调查到此结束，感谢您对我们工作的支持和帮助！

祝您和家人身体健康！万事如意！

以下由调研人员填写：

本份问卷中被调查者所在省份：_____省_____市_____区/县_____村

问卷编号：_____

调研人员姓名：_____　　　调查时间：_____年_____月_____日

附录 B

全国各地区农村居民工作时间

地区	1—8	9—19	20—3	35	36—39	40	41—47	48	48	周平均工作时间（小时）
全国	346297	1353668	6489116	1049403	783317	8051687	2373506	2720738	14757341	43.60
北京	588	2185	9833	1201	1029	55794	4880	11908	49760	45.75
天津	1099	3319	16135	1785	1308	28784	4756	9464	75164	47.60
河北	53656	138705	465510	61631	40649	457464	113294	106160	873520	41.29
山西	12974	49727	201753	27662	18240	190127	54210	56751	360915	41.87
内蒙古	4790	17664	73142	18359	8472	85693	34834	25775	331894	47.57
辽宁	6453	36444	198101	31520	16153	223329	56989	48003	430198	43.38
吉林	7401	25816	113446	14820	11139	137209	38141	37877	381609	46.21
黑龙江	11222	40512	149227	17806	15817	150481	42113	72388	287736	42.61
上海	325	2022	8377	697	735	66098	3642	32006	37238	45.36
江苏	9945	53629	287486	37552	34220	463438	96665	226770	759227	44.87
浙江	5027	26812	148889	26079	13570	251067	51818	142317	620382	47.77
安徽	14884	78858	369366	51118	37836	357077	108453	108688	639538	42.29
福建	3886	18892	117904	24818	19443	152688	60323	74257	380108	46.01
江西	5000	21936	170786	27177	31720	304357	88089	133677	612453	45.99
山东	23662	117297	552699	69017	59929	636534	168635	189073	1253066	43.49
河南	85075	253066	766316	90771	63675	669797	152501	155144	830008	38.05
湖北	9500	48174	313211	53241	36387	433818	101806	134521	636707	43.25
湖南	17430	93515	489660	66628	50681	450046	162253	164797	603926	40.71
广东	10763	34556	232042	50474	36424	380803	113108	189585	639799	44.69
广西	6327	26698	191615	58551	37544	299468	128042	103057	679974	45.53
海南	1647	4683	34053	12700	8244	42407	24524	18761	87405	43.78
重庆	4347	20336	127315	23451	19348	181854	52049	49653	237676	42.73

续表

地区	1—8	9—19	20—3	35	36—39	40	41—47	48	48	周平均工作时间（小时）
四川	16750	93427	609548	103210	89008	799475	269257	215863	984212	42.01
贵州	5572	23569	168894	34678	26978	303244	73459	85948	459420	44.42
云南	2579	13099	129303	52768	28641	276962	152818	120695	1102739	49.72
西藏	869	3056	15646	4219	3057	18638	12482	5399	46553	44.83
陕西	8874	33445	201315	27012	23446	275693	64491	77768	511833	45.12
甘肃	8088	35470	153554	24599	26161	157893	67761	61812	423216	44.84
青海	2317	7963	24727	6378	4116	25066	12667	8613	78542	44.36
宁夏	1092	5005	28169	5348	4539	31917	15634	12447	74112	44.75
新疆	4155	23788	121094	24133	14808	144466	43812	41561	268411	44.01

资料来源：中国国家统计局。

附录 C

全国各地区农村老龄化状况

地区	合计	60—64岁	65—69岁	70—74岁	75—79岁	80—84岁	85—89岁	90—94岁	95—99岁	100岁及以上	60岁及之上	老年人占比
全国	662805323	32630365	23202953	18195137	13320630	7610370	3239738	890544	193437	20123	99303297	14.98%
北京	2753676	136598	90925	72155	57953	30726	12095	2921	482	47	403902	14.67%
天津	2660800	137514	86903	63763	49223	29282	11113	2732	513	50	381093	14.32%
河北	40278882	2067978	1239274	958990	726790	410430	160764	38704	7286	541	5610757	13.93%
山西	18551562	852293	550297	447572	344744	173264	64823	13907	2512	124	2449536	13.20%
内蒙古	10986117	504308	314419	279434	187306	82705	29836	5710	924	35	1404677	12.79%
辽宁	16558360	974423	636163	449502	307535	199668	88712	23803	4680	389	2684575	16.21%
吉林	12804616	642879	371185	284600	180603	102123	42659	10889	2514	242	1637694	12.79%
黑龙江	16990276	830242	472687	357827	213269	117268	46034	12099	2882	140	2052448	12.08%
上海	2464098	132842	92992	70508	67111	39926	20960	6396	1186	117	432038	17.53%
江苏	31289453	1909190	1413054	1117338	869709	525114	243142	68124	12337	996	6159004	19.68%
浙江	20876682	1234351	776071	708890	635604	374445	165058	41628	6501	538	3943086	18.89%
安徽	33923351	1817086	1404360	1024878	770388	449057	196582	48174	10013	1435	5721973	16.87%
福建	15832277	657696	476253	428831	331668	214704	93327	27212	5456	501	2235648	14.12%
江西	25067837	1005092	675993	598845	407261	229007	101643	25082	4806	351	3048080	12.16%
山东	48171992	2722151	1799071	1419885	1181192	711312	302076	86428	16512	1596	8240223	17.11%
河南	57810172	2757007	1874131	1355495	1059622	605796	269332	77190	18130	2072	8018775	13.87%
湖北	28792642	1519534	1112832	820489	607534	304383	132490	29339	6537	454	4533592	15.75%
湖南	37247699	1925039	1319943	1191851	847919	479888	198818	50360	10917	1027	6025762	16.18%
广东	35290204	1231082	958072	863856	715161	452663	214760	70026	18602	2111	4526333	12.83%
广西	27605918	1141313	946165	777193	578848	339783	153236	55544	15655	2071	4009808	14.53%
海南	4362969	152404	106316	112256	89467	56634	26779	9504	2790	753	556903	12.76%
重庆	13550367	940323	757116	533291	358861	209209	80518	22553	4461	414	2906746	21.45%

续表

地区	合计	60—64岁	65—69岁	70—74岁	75—79岁	80—84岁	85—89岁	90—94岁	95—99岁	100岁及以上	60岁及之上	老年人占比
四川	48073100	2847821	2221297	1596086	1057589	649525	270917	79196	18008	2087	8742526	18.19%
贵州	23011023	1034400	826926	653519	403540	206500	69554	19338	4521	528	3218826	13.99%
云南	30007694	1042937	833495	672889	468134	260558	96696	25126	5758	560	3406153	11.35%
西藏	2321576	63985	50445	36172	22769	13106	5115	1317	447	34	193390	8.33%
陕西	20268042	973653	748428	551394	344601	159323	68639	16706	3499	170	2866413	14.14%
甘肃	16384078	749125	594377	430277	257127	94911	38509	8813	2120	130	2175389	13.28%
青海	3110469	102229	78952	53323	33136	14135	5026	1137	243	51	288232	9.27%
宁夏	3279328	114089	85974	61727	37175	16512	6352	1633	376	44	323882	9.88%
新疆	12480063	410781	288837	202301	109091	58413	24173	8953	2769	515	1105833	8.86%

资料来源：中国国家统计局。

附录 D

OECD 部分国家的现金津贴项目汇总

选择现金还是实物补助？ Y/N: if Y: 福利的价值有所不同		项目	资格	收入水平审核	财产水平审核	免税	收益水平（每月补助）	使用限制
奥地利[1,2]	No	国家/地方政府？	目标人群老人残疾人，偏远地区					
		全部由国家提供：						
		看护津贴	需要人群			×	148.30 到 1562.10 欧元（2007）	
		24小时护理福利	护理程度至少为3级	×			雇员550欧元；独立工作者275欧元	
		老年痴呆护理福利	需要人群			×	1200 到 2400 欧元	

续表

选择现金还是实物补助? Y/N: 这Y: 福利的价值有所不同	国家/地方政府?	项目	资格	收入水平审核	财产水平审核	免税	收益水平（每月补助）	使用限制
比利时[1,2]	No	除弗拉芒区和鲁塞尔区外，由国家提供老年人援助补贴	目标人群：老人、残疾人、偏远地区 收入低，需要、年龄超过65岁或是退伍老兵	×		×（补贴）	925.06到6209.71欧元（2010）	
捷克共和国[2]	无实物补助	弗拉芒护理保险/健康险	需要人群			×（补贴）	平均130欧元补贴	
		经核准10%的年龄65岁以上的人口可获得津贴补助	护理时间至少为一年				I等级可获3000克朗（部分依赖） IV等级可获得12000克朗（完全依赖）(2009)	只有从亲属处获得照护服务才能得到津贴
丹麦[1,2,3]	No	地方当局规定	每周最少需要20个小时护理服务				根据当地政府援助的种类和期间计算；无最大值和最小值	不包括护理院护理
芬兰[1,2,3]	No	领取养老者的现金补助	年龄在16岁以上，残疾至少一年，且接受残疾或退休金补助。			×	三个月的补贴率取决于需要和护理成本：57.32到387.26欧元（2010）	
		残疾津贴	年龄在16岁以上，需要护理时间在6个月以上			×	199.71到387.26欧元	

续表

选择现金还是实物补助? Y/N; if Y: 福利的价值有所不同	国家/地方政府?	项目	资格	目标人群	收入水平审核	财产水平审核	免税	收益水平（每月补助）	使用限制
法国[1,2] 现金和实物补助是分开的	所有项目都在国家层面运行	自定义配置自治（APA）	目标人群老人/残疾人，偏远地区	年龄超过60岁，依赖程度为6级			×	529.56到1235.65欧元（2009）	仅包括协助生活的成本
		残疾人育儿津贴（AEEH）		儿童残疾程度为80%；残疾程度至少为50%时需要特别护理			×	93.41到1029.10欧元；单亲家庭可以得到更多（2010）	用于残疾儿童的教育和照护
		PCH，目的是给残疾基金提供一定的帮助		AEEH项目的附加每年补助不多于23571欧元，两项特定的活动存在问题			×	存在区域差异技术辅助：最高3960欧元（三年）房屋改造：最高10000欧元（十年）交通补助：最高5000欧元	
德国[1,2,3] Yes 现金护理价值低于实物护理		长期护理保险52%的被照护者使用现金（2008）		被保险人（两年），需求评估，无法律优先权和事故发生索赔的补偿			×	225到685欧元（2010）	各种社会护理和支持
意大利[1,2] 实物和现金补助是分开的		陪伴补偿		全部人群，无年龄限制			×	平均费率：472到457.66欧元（2009）	
		现金补贴的补充		由地方决定，需求评估				费率变化由当地政府决定	

续表

选择现金还是实物补助? Y/N; if Y: 福利的价值有所不同	项目	项目	资格	收入水平审核	财产水平审核	免税	收益水平（每月补助）	使用限制
		国家/地方政府?						
爱尔兰[1,2] 现金方式取决于资源的可用性	家庭护理补助金		目标人群老人/残疾人，偏远地区			×		
韩国[1,2] Yes 现金补助价值低于实物补助	国家项目护理津贴		年龄在65岁以上，需要协助者			×	平均150000韩元（84欧元）	
			至少满足下列三个条件之一：(1) 居住在可可用设备较少的偏远地区；(2) 由于灾害不能使用长期护理设备；(3) 需要护理但由于身体或是精神条件不适合机构性的长期护理					
卢森堡[1,2] Yes 现金福利价值低于实物补助价值	国家项目护理的现金补贴/现金津贴		严重残疾，每周至少要求14小时帮助			×（最多3600欧元/年）	276到1100欧元	现金用于支付每周10.5小时的护理费用
墨西哥[1] No	国家项目		70岁以上，居住在居民达30万以上的社区，没有接受来自机构的帮助；参加双月医疗咨询			×	500墨西哥元	
	机会项目		年龄超过70岁			×	295墨西哥元	

附录 D OECD 部分国家的现金津贴项目汇总

续表

选择现金还是实物补助？Y/N：if Y：福利的价值有所不同	项目	国家/地方政府？	资格	收入水平审核	财产水平审核	免税	收益水平（每月补助）	使用限制
荷兰[1,2] Yes 现金的价值比实物价值低25%	个人护理预算（2008年，12%的护理者使用）	目标人群老人、残疾人、偏远地区	无年龄限制，需求测定基于持续时间和家庭护理				平均每年预算15000到18000欧元	1.5%以外的费用必须说明理由，未动用的资金返回，一旦取消，将许可使用
新西兰[1,2] 现金和实物补助相互补充	残疾补助		残疾评估，残疾达6个月	×		×	每周最多56.98新西兰元（2010年4月）	
	国家项目，地方实施		失能等级评估				计算护理程度和时间	
	被照顾者雇佣护工的津贴		失能等级评估	×		×	400到831.47欧元（2009）	通过认证中心雇用护工
西班牙[1,2] Yes 各项目现金补助不同（个人护理方案）	被护理人接受非正式护理津贴		护理者必须是由家属照护，在乡村地区可以选择邻居照护	×		×	300到519.13欧元（2009）	非正式护理者工资
	个人救助津贴		失能等级很高	×		×	609到812欧元（2009）	费用合理，护工必须有专业的资格

续表

选择现金还是实物补助？ Y/N: if Y: 福利的价值有所不同	国家/地方政府?	项目	资格 目标人群/残疾人、偏远地区	收入水平审核	财产水平审核	免税	收益水平（每月补助）	使用限制
瑞典[1,2] 现金津贴和实物补助相互补充	国家项目，地方实施	护理津贴	各地区之间存在差异，每周最低护理17小时			×	每月3000瑞典克朗	
		救助津贴	年龄超过65岁，ADL，每周需要照顾时间超过20小时			×	根据需要帮助的时间计算	
瑞士[1,2] No 现金津贴和实物补助相互补充		"失助"津贴	中度或重度受损，不能从意外伤害保险中领取残疾津贴	×	×		456到1824法郎，居家照护现金补助减半	
英国[1,2] No 现金和实物补助相互补充	国家项目，地方实施	护理津贴	年龄超过65岁，护理时间至少为6个月		×	×	每周47.8到71.4英镑	
		独立生活基金	16到65岁，接受高额残疾生活津贴；护理津贴费用更高或不相同		×		每周最多475英镑	支持受工具性日常生活能力支持，但不能雇佣亲戚

附录 D　OECD 部分国家的现金津贴项目汇总

续表

选择现金还是实物补助？ Y/N; if Y: 福利的价值有所不同	国家/地方政府？	项目	资格 目标人群/地区	收入水平审核	财产水平审核	免税	收益水平（每月补助）	使用限制
No 现金和实物补助相互补充	英国[1,2]	残疾津贴	年龄在 65 岁以下因身体或是精神上的残疾需要人照顾或是走路有困难的儿童和成人			×	护理成分：三个费率取决于护理需要程度；每周 18.95 到 47.1 英镑；两级费率取决于移动能力需求，每周 8.95 到 49.85 英镑	
		直接津贴	具有社区照护资格的人	×		×	根据评估的需求水平变化	长期护理服务，不能雇用亲戚
	美国 1, 2	消费者主导型项目	一般是具有医疗补助计划资格的人				每个州不同	长期护理服务，一般可以雇用亲属

1. 实物补助；2. 现金津贴；3. 抵用券

资料来源：OECD, 2009—2010 Questionnaire on Long-term Care Workforces and Financing.

附录 E

Barthel 指数

指标	得分	得分标准
进食：指用餐具将食物由容器送到口中、咀嚼、吞咽等过程	＿＿＿分	10 分，可独立进食（在合理的时间内独立进食准备好的食物）
		5 分，需部分帮助（进食过程中需要一定帮助，如协助把持餐具）
		0 分，需极大帮助或完全依赖他人，或有留置胃管
洗澡	＿＿＿分	5 分，准备好洗澡水后，可自己独立完成洗澡过程
		0 分，在洗澡过程中需他人帮助
修饰：指洗脸、刷牙、梳头、刮脸等	＿＿＿分	5 分，可自己独立完成
		0 分，需他人帮助
穿衣：指穿脱衣服、系扣、拉拉链、穿脱鞋袜、系鞋带	＿＿＿分	10 分，可独立完成
		5 分，需部分帮助（能自己穿脱，但需他人帮助整理衣物、系扣/鞋带、拉拉链）
		0 分，需极大帮助或完全依赖他人
大便控制	＿＿＿分	10 分，可控制大便
		5 分，偶尔失控（每周<1 次），或需要他人提示
		0 分，完全失控
小便控制	＿＿＿分	10 分，可控制小便
		5 分，偶尔失控（每天<1 次，但每周>1 次），或需要他人提示
		0 分，完全失控，或留置导尿管
如厕：包括去厕所、解开衣裤、擦净、整理衣裤、冲水	＿＿＿分	10 分，可独立完成
		5 分，需部分帮助（需他人搀扶去厕所、需他人帮忙冲水或整理衣裤等）
		0 分，需极大帮助或完全依赖他人

续表

指标	得分	得分标准
床椅转移	____分	15分，可独立完成
		10分，需部分帮助（需他人搀扶或使用拐杖）
		5分，需极大帮助（较大程度上依赖他人搀扶和帮助）
		0分，完全依赖他人
平地行走	____分	15分，可独立在平地上行走45m
		10分，需部分帮助（因肢体残疾、平衡能力差、过度虚弱、视力等问题，在一定程度上需他人地搀扶或使用拐杖、助行器等辅助用具）
		5分，需极大帮助（因肢体残疾、平衡能力差、过度虚弱、视力等问题，在较大程度上依赖他人搀扶，或坐在轮椅上自行移动）
		0分，完全依赖他人
上下楼梯	____分	10分，可独立上下楼梯（连续上下10-15个台阶）
		5分，需部分帮助（需扶着楼梯、他人搀扶，或使用拐杖等）
		0分，需极大帮助或完全依赖他人
日常生活活动总分	____分	分级： 0 能力完好：总分100分 1 轻度受损：总分61—99分 2 中度受损：总分41—60分 3 重度受损：总分≤40分

附录 F

认知能力评估

评估指标	指标描述	程度等级				判断得分	
		正常	轻度	中度	重度		
近期记忆	回想近期发生的事情	对近期发生的事情记忆清晰	对近期发生的事情记忆模糊	对近期发生的事情遗忘，在提示下能记起部分	对近期发生的事情经提示也不能记起	正常	10
						轻度缺失	5
						中度缺失	2
						重度缺失	0
程序记忆	记忆习得的自理技能（如穿衣、烧水泡茶等程序）	正确完成	——	依赖他人在提示下能正确记忆	经提示也不能正确记忆	正常	10
						轻度缺失	
						中度缺失	2
						重度缺失	0
定向力	现实导向能力，对人物、地点、时间、空间等识别和判断能力	定向力正常	——	在提示下，能正确说出人物、地点、时间、空间等	经提示也不能正确说出人物、地点、时间、空间等	正常	10
						轻度缺失	
						中度缺失	2
						重度缺失	0
沟通能力	失语障碍的症状表现	理解准确，表达清晰	能够理解别人的言语和表达自己的需要，但语速迟缓	提示后能够理解别人的言语，有表达障碍，不能说出想说的话，只能以简单的单词或以手势表达意愿	不能理解别人的言语，也无法表达	正常	10
						轻度异常	5
						重度异常	2
						重度异常	0
认知能力得分		正常：40 轻度异常：10—39 重度异常：8—9 重度异常：0—7					

参考文献

蔡昉、王美艳：《"未富先老"对经济增长可持续性的挑战》，《宏观经济研究》2006年第6期。

曹信邦、陈强：《我国长期护理保险费率测算》，《社会保障研究》2014年第2期。

曹煜玲：《我国老年人的照护需求与服务人员供给分析——基于对大连和南通的实证研究》，《人口学刊》2014年第3期。

陈芳、方长春：《从"家庭照料"到"生活自理"——欠发达地区农村老年照料方式研究》，《山西师大学报》（社会科学版）2013年第4期。

陈红：《北京发展商业长期护理保险的必要性及途径》，《人口与经济》2012年第6期。

陈莉、卢芹、乔菁菁：《智慧社区养老服务体系构建研究》，《人口学刊》2016年第3期。

陈世海：《互助养老合作社：创新农村养老模式的一种探索》，《宜宾学院学报》2014年第5期。

陈文娟：《社会变迁视野下的农村养老模式研究》，博士学位论文，福建师范大学，2013。

陈永杰、卢施羽：《中国养老服务的挑战与选择——基于南海区的实证研究》，中山大学出版社2013年版。

陈友华、徐愫：《中国老年人口的健康状况、福利需求与前景》，《人口学刊》2011年第2期。

程令国、张晔、刘志彪：《"新农保"改变了中国农村居民的养老模式吗？》，《经济研究》2013年第8期。

初炜、胡冬梅、孔祥金、吴云红、宋桂荣：《农村老年人群养老需求模式及其影响因素分析》，《中国社会医学杂志》2008年第1期。

戴卫东：《长期护理保险制度理论与模式构建》，《人民论坛》2011年第10期。

戴稳胜：《农村城镇化进程中解决农村养老问题研究》，《管理世界》2015年第9期。

丁一：《我国失能老年人长期照护模式构建研究》，博士学位论文，首都经济贸易大学，2014。

杜娟、杜夏：《乡城迁移对移出地家庭养老影响的探讨》，《人口研究》2002年第2期。

杜鹏：《中国老年人口健康状况分析》，《人口与经济》2013年第6期。

杜鹏、丁志宏、李全棉、桂江丰：《农村子女外出务工对留守老人的影响》，《人口研究》2004年第6期。

杜鹏、王武林：《论人口老龄化程度城乡差异的转变》，《人口研究》2010年第2期。

樊海林：《中国农村养老模式变迁前景展望》，《人口研究》1997年第6期。

费孝通：《家庭结构变动中的老年赡养问题——再论中国家庭结构的变动》，《北京大学学报》（哲学社会科学版）1983年第3期。

费孝通：《乡土中国—生育制度》，北京大学出版社1998年版。

付嫦娥、李娜：《劳动力市场需求非均衡理论下高校就业策略》，《长沙理工大学学报》（社会科学版）2016年第6期。

付光伟：《人口老龄化视野的农村失能老人长期照料》，《重庆社会科学》2012年第10期。

高利平：《农村失能老人照护方式及社会支持研究》，《人口与发展》2015年第4期。

高启杰：《福利经济学——以幸福为导向的经济学》，社会科学文献出版社2012年版。

顾永红：《农村老年人养老模式选择意愿的影响因素分析》，《华中师范大学学报》（人文社会科学版）2014年第5期。

郭丛斌：《二元制劳动力市场分割理论在中国的验证》，《清华大学教育研究》2004年第4期。

郭德奎：《浅谈农村家庭养老模式的完善与重构》，《中共太原市委党郭龙、付泳：《人力资本理论问题研究》，电子科技大学出版社 2014 年版。

郭庆旺、贾俊雪、赵志耘：《中国传统文化信念、人力资本积累与家庭养老保障机制》，《经济研究》2007 年第 8 期。

郭伟和：《福利经济学》，经济管理出版社 2001 年版。

郭正模：《劳动力市场经济学原理与分析》，四川人民出版社 2009 年版。

海龙、赵建国：《新型农村社会养老保险财政补贴机制评析与优化》，《现代经济探讨》2013 年第 12 期。

郝金磊：《农民养老模式选择意愿的实证研究》，《农村经济》2014 年第 4 期。

郝金磊、贾金荣：《西部地区农民养老模式选择意愿的影响因素分析——基于有序模型和结构方程模型实证研究》，《统计与信息论坛》2010 年第 11 期。

郝君富、李心愉：《德国长期护理保险：制度设计、经济影响与启示》，《人口学刊》2014 年第 2 期。

胡苏云：《荷兰长期护理保险制度的特点和改革》，《西南交通大学学报》（社会科学版）2017 年第 5 期。

黄佳豪：《地方政府购买居家养老服务评估研究——以合肥为例》，《理论与改革》2016 年第 2 期。

黄建：《论农村老年宜居社区内容框架之构建》，《中共福建省委党校学报》2015 年第 5 期。

黄维德、王达明：《知识经济时代的人力资本研究》，上海社会科学院出版社 2012 年版。

汲朋飞、王健、张彦立：《借力农民专业合作社打造新型农村养老模式》，《中国集体经济》2015 年第 13 期。

贾云竹：《老年人日常生活照料资源与社区助老服务的发展》，《社会学研究》2002 年第 5 期。

江丽、周春蕾：《中国农村养老模式探析》，《广西社会科学》2003 年第 2 期。

姜向群：《家庭养老在人口老龄化过程中的重要作用及其面临的挑

战》,《人口学刊》1997年第2期。

姜向群:《老年社会保障制度——历史与变革》,中国人民大学出版社2005年版。

蒋虹:《我国长期护理保险的发展模式选择》,《西南金融》2007年第7期。

蒋军成:《农村养老保障的制度演进与发展趋势探析》,《云南民族大学学报》(哲学社会科学版)2017年第2期。

焦花、王倩、毕红霞:《农村空巢老年人养老模式选择意愿的实证研究——以山东省为例》,《老龄科学研究》2015年第5期。

荆涛、杨舒:《建立政策性长期护理保险制度的探讨》,《中国保险》2016年第5期。

荆涛:《长期护理保险:中国未来极富竞争力的险种》,对外经济贸易大学出版社2006年版。

荆涛:《长期护理保险理论与实践研究:聚焦老龄人口长期照料问题》,对外经济贸易大学出版社2015年版。

荆涛:《建立适合中国国情的长期护理保险制度模式》,《保险研究》2010年第4期。

荆涛:《论长期护理保险在我国的发展》,《上海保险》2004年第10期。

荆涛、杨舒:《长期照护保险制度的国际经验及借鉴》,《中国医疗保险》2017年第10期。

荆涛、杨舒:《美国养老模式经验借鉴》,《中国社会科学报》2017年1月6日。

景跃军、李元:《中国失能老年人构成及长期护理需求分析》,《人口学刊》2014年第2期。

孔祥智、涂圣伟:《中国现阶段农民养老意愿探讨——基于福建省永安、邵武、光泽三县(市)抽样调查的实证研究》,《中国人民大学学报》2007年第3期。

李春、王千:《政府购买养老服务过程中的第三方评估制度探讨》,《中国行政管理》2014年第12期。

李放、张娜、沈苏燕:《农村社会养老服务的需求与发展路径研究》,科学出版社2016年版。

李辉、王瑛洁：《中国人口老龄化城乡倒置现象研究》，《吉林大学社会科学学报》2012 年第 1 期。

李建新、于学军、王广州、刘鸿雁：《中国农村养老意愿和养老方式的研究》，《农业经济问题》2004 年第 5 期。

李捷枚：《20 世纪 50 年代中国农村养老保障模式变革》，《华中师范大学学报》（人文社会科学版）2016 年第 2 期。

李通屏、朱雅丽、邵红梅：《人口经济学》，清华大学出版社 2008 年版。

李文杰：《人口老龄化与农村失能老人的长期供养》，《湖北经济学院学报》（人文社会科学版）2012 年第 2 期。

李学斌：《福利多元主义视角下的城市社区养老服务模式研究——以南京市为例》，博士学位论文，南京大学，2012。

李志明：《中国养老服务"供给侧"改革思路——构建"立足社区、服务居家"的综合养老服务体系》，《学术研究》2016 年第 7 期。

联合国国际人口协会：《人口学词典》，商务印书馆 1992 年版。

廖少宏：《我国老年长期照护人力资源需求预测及供给政策研究》，国家社科基金项目简要报告，2016。

刘昌平、邓大松、殷宝明：《"乡—城"人口迁移对中国城乡人口老龄化及养老保障的影响分析》，《经济评论》2008 年第 6 期。

刘德浩：《荷兰长期照护制度：制度设计、挑战与启示》，《中国卫生事业管理》2016 年第 8 期。

刘庚长：《我国农村家庭养老存在的基础与转变的条件》，《人口研究》1999 年第 3 期。

刘慧君、唐荷娟：《社会转型期农村养老困境的破解——老年公寓和新农保对农村老人心理福利的影响》，《人口与社会》2016 年第 1 期。

刘书鹤：《农村生活方式变革对人口素质的影响》，《人口与经济》1987 年第 2 期。

刘泰洪：《关于完善农村老年人口养老体系的探讨》，《西北人口》2001 年第 1 期。

龙方：《论农村家庭养老模式的完善》，《农村经济》2007 年第 5 期。

卢昌崇、高良谋：《当代西方劳动经济学》，东北财经大学出版社 1997 年版。

陆春丽、韩旭峰：《福利多元主义视角下农村社会化养老的可行性分析》，《湖北民族学院学报》（哲学社会科学版）2015 年第 1 期。

吕国营、韩丽：《中国长期护理保险的制度选择》，《财政研究》2014 年第 8 期。

吕林、杨建辉、吕牧轩：《不同养老模式对老年人心理健康状况影响调查分析》，《中国老年学杂志》2011 年第 17 期。

罗芳、彭代彦：《子女外出务工对农村"空巢"家庭养老影响的实证分析》，《中国农村经济》2007 年第 6 期。

罗永恒、邓永红、袁彩云：《老龄化背景下农村住房反向抵押贷款养老模式研究》，《求索》2015 年第 4 期。

孟大虎：《专用性人力资本研究：理论及中国的经验》，北京师范大学出版社 2009 年版。

穆光宗：《分清三种类型的人口老龄化》，《北京日报》2013 年 10 月 14 日。

穆光宗：《家庭空巢化过程中的养老问题》，《南方人口》2002 年第 1 期。

穆光宗：《中国传统养老方式的变革和展望》，《中国人民大学学报》2000 年第 5 期。

聂建亮、李澍：《政府主导、多方参与与农村社会养老服务体系构建》，《重庆社会科学》2017 年第 3 期。

聂焱：《欠发达民族地区农村劳动力外流对家庭养老意愿影响的分析》，《贵州民族研究》2008 年第 1 期。

牛楠、王娜：《转型期子女数量与人力资本积累对农村养老影响实证研究——以安徽和四川为例》，《中国农业大学学报》（社会科学版）2014 年第 4 期。

裴慧丽：《城市居家养老照料服务工作量测算研究》，硕士学位论文，郑州大学，2015。

彭华民：《福利三角：一个社会政策分析的范式》，《社会学研究》2006 年第 4 期。

彭华民、黄叶青：《福利多元主义：福利提供从国家到多元部门的转型》，《南开学报》（哲学社会科学版）2006 年第 6 期。

任祥君、韩俊江：《我国农村社区养老机构存在的问题及对策研究》，

《劳动保障世界》（理论版）2011 年第 12 期。

石人炳：《我国农村老年照料问题及对策建议——兼论老年照料的基本类型》，《人口学刊》2012 年第 1 期。

宋宝安：《老年人口养老意愿的社会学分析》，《吉林大学社会科学学报》2006 年第 4 期。

宋璐、李亮、李树茁：《子女迁移对农村老年人心理福利的影响——基于安徽省的纵贯调查》，《中国人口科学》2015 年第 2 期。

宋延生：《从农村老年人的生活窘境看农村养老保障体系之完善》，《学术交流》2011 年第 7 期。

宋月萍：《精神赡养还是经济支持：外出务工子女养老行为对农村留守老人健康影响探析》，《人口与发展》2014 年第 4 期。

苏保忠：《中国农村养老问题研究》，清华大学出版社 2009 年版。

孙桂梅：《积极老龄化视角下的家庭代际关系研究》，硕士学位论文，南京师范大学，2015。

孙祁祥、朱南军：《中国人口老龄化分析》，《中国金融》2015 年第 24 期。

孙音音、曹峰旗：《发达地区农村养老模式的文化抉择——关于宁波农村社区养老的若干思考》，《宁波经济：三江论坛》2010 年第 9 期。

唐钧：《制度文化变迁：从家庭保障到社会保障》，《中国社会科学报》2010 年第 11 期。

陶立群：《中国高龄老年人长期照护的需求及护理理念》，全国老年照护服务高峰论坛，2010。

田北海、雷华、钟涨宝：《生活境遇与养老意愿——农村老年人家庭养老偏好影响因素的实证分析》，《中国农村观察》2012 年第 2 期。

田明：《中国就业结构转变与城市化》，科学出版社 2008 年版。

王桂新：《高度重视农村人口过快老龄化问题》，《探索与争鸣》2015 年第 12 期。

王红、曾富生：《传统农村家庭养老运行的基础与变迁分析》，《学术交流》2012 年第 10 期。

王萍、李树茁：《农村家庭养老的变迁和老年人的健康》，社会科学文献出版社 2011 年版。

王述智、张仕平：《关于当前中国农村养老问题及其研究的思考》，

《人口学刊》2001年第1期。

王晓亚、孙世芳、许月明：《农村居家养老服务的 SWOT 分析及其发展战略选择》，《河北学刊》2014年第2期。

王学义、张冲：《农村独生子女父母养老意愿的实证分析——基于四川省绵阳市、德阳市的调研数据》，《农村经济》2013年第2期。

王亚柯、杨震林：《转型期中国农村养老模式研究》，《信阳师范学院学报》（哲学社会科学版）2002年第3期。

王跃生：《农村家庭代际关系理论与经验分析》，《社会科学研究》2010年第4期。

王跃生：《中国家庭代际关系的理论分析》，《人口研究》2008年第4期。

魏章玲：《论老有所养与中国家庭》，《社会学》1990年第4期。

邬沧萍，杜鹏：《老龄社会与和谐社会》，中国人口出版社2012年版。

吴蓓、徐勤：《城市社区长期照料体系的现状与问题——以上海为例》，《人口研究》2007年第3期。

吴海盛：《农村老年人农业劳动参与率的影响因素——基于江苏的实证研究》，《农业经济问题》2008年第5期。

吴海盛、邓明：《基于村庄内部差异视角的农村居民养老模式选择意愿及其影响因素分析》，《中国农村经济》2010年第11期。

吴玉韶：《养老服务热中的冷思考》，《北京社会科学》2014年第1期。

夏传玲：《老年人日常照料的角色介入模型》，《社会》2007年第3期。

熊波、林丛：《农村居民养老意愿的影响因素分析——基于武汉市江夏区的实证研究》，《西北人口》2009年第3期。

熊吉峰：《农村失能老人家庭照护者照护行为的理论分析与实证检验》，《农林经济管理学报》2014年第2期。

熊茜、李超：《老龄化背景下农村养老模式向何处去》，《财经科学》2014年第6期。

熊跃根：《中国城市家庭的代际关系与老人照顾》，《中国人口科学》1998年第6期。

徐长玉：《坚持和发展马克思的劳动力市场理论》，《当代经济研究》2009年第8期。

徐勤、汤哲：《我国长期护理的现状与趋势》，《人口与经济》2007年第2期。

徐伟、杨波：《中国劳动力市场的分异与分割》，科学出版社2013年版。

徐拯：《基于后现代主义视域的当今农村家庭养老模式分析》，《湖北工程学院学报》2013年第1期。

徐志文、侯军歧：《农村养老新出路——农村社区养老模式的提出与分析》，《安徽农业科学》2005年第7期。

许琪：《儿子养老还是女儿养老？基于家庭内部的比较分析》，《社会》2015年第4期。

［美］雅各布·明塞：《人力资本研究》，张凤林译，中国经济出版社2001年版。

杨翠迎：《中国农村养老保障何去何从？——对农村养老保障现状与问题的思考》，《商业研究》2005年第8期。

杨清哲：《人口老龄化背景下中国农村老年人养老保障问题研究》，博士学位论文，吉林大学，2013年。

杨群红、张淮云：《构建我国农村家庭养老保障机制》，《决策探索》2000年第10期。

杨团、李振刚、石远成：《融入社区健康服务的中国农村老年人照护服务研究》，《湖南社会科学》2009年第1期。

姚从容、余沪荣：《论人口乡城迁移对我国农村养老保障体系的影响》，《市场与人口分析》2005年第2期。

姚远：《对家庭养老概念的再认识》，《人口研究》2000年第5期。

姚远：《老年残障对我国家庭养老功能变化的影响》，《人口研究》2009年第2期。

姚远：《中国家庭养老研究》，中国人口出版社2001年版。

叶敬忠、贺聪志：《农村劳动力外出务工对留守老人经济供养的影响研究》，《人口研究》2009年第4期。

尹尚菁、杜鹏：《老年人长期照护需求现状及趋势研究》，《人口学刊》2012年第2期。

袁小波：《农村高龄老人的照料需求与照料供给分析》，《西北人口》2007年第6期。

曾毅、王正联：《我国世纪东中西部人口家庭老化预测和对策分析》，《人口与经济》2010年第2期。

张川川、陈斌开：《"社会养老"能否替代"家庭养老"？——来自中国新型农村社会养老保险的证据》，《经济研究》2014年第11期。

张德元、吴庆勇：《农村居民养老模式选择意愿的实证研究——以安徽省为例》，《社会保障研究》2013年第6期。

张国平：《农村老年人居家养老服务的需求及其影响因素分析——基于江苏省的社会调查》，《人口与发展》2014年第2期。

张迺英、王辰尧、唐丹丹：《关于我国农村家庭养老模式的思考》，《经济论坛》2011年第6期。

张仕平：《中国农村家庭养老研究》，《人口学刊》1999年第5期。

张维迎：《博弈论与信息经济学》，上海人民出版社2002年版。

张文娟：《儿子和女儿对高龄老人日常照顾的比较研究》，《人口与经济》2006年第1期。

张文娟、李树茁：《农村老年人家庭代际支持研究》，《统计研究》2004年第5期。

张新梅：《家庭养老研究的理论背景和假设推导》，《人口学刊》1999年第1期。

张烨霞、李树茁、靳小怡：《农村三代家庭中子女外出务工对老年人经济支持的影响研究》，《当代经济科学》2008年第1期。

张云英、胡天天：《农村老年人长期照护资金筹措模式研究的回顾与反思——基于2000—2014年的国内文献》，《社会保障研究》2014年第6期。

赵琛徽、孔令卫：《供给侧改革背景下老年人照护模式的选择意愿》，《人口与经济》2017年第6期。

赵立新：《社区服务型居家养老的社会支持系统研究》，《人口学刊》2009年第6期。

赵玲、朱书翠：《养老护理员职业培训的实践与探索》，《基层医学论坛》2013年第17期。

赵强社：《农村养老：困境分析、模式选择与策略构想》，《农业经济问题》2016 年第 10 期。

赵秋成：《中国农村养老服务体系建设研究》，清华大学出版社 2016 年版。

赵永春：《关于"人口迁移""移民"及其相关概念》，《史学集刊》2012 年第 2 期。

赵志强、杨青：《制度嵌入性视角下的农村互助养老模式》，《农村经济》2013 年第 1 期。

郑文换：《构建以基层社区组织为依托的农村养老服务体系——从制度整合和社会整合的角度》，《人口与发展》2016 年第 2 期。

中国保险行业协会：《2017 中国长期护理调研报告》，2017。

周春芳：《经济发达地区农村劳动力非农劳动供给的性别差异分析》，《农业经济问题》2012 年第 3 期。

周娟、张玲玲：《幸福院是中国农村养老模式好的选择吗？——基于陕西省榆林市 R 区实地调查的分析》，《农村社会观察》2016 年第 5 期。

周湘莲、梁建新：《服务型政府视角下农村居家养老服务发展研究》，《湖南社会科学》2013 年第 5 期。

朱铭来、贾清显：《我国老年长期护理需求测算及保障模式选择》，《中国卫生政策研究》2009 年第 7 期。

朱晓、吴敏：《资产建设视角下农村养老模式探索》，《老龄科学研究》2016 年第 3 期。

邹湘江、吴丹：《人口流动对农村人口老龄化的影响研究》，《人口学刊》2013 年第 4 期。

A.E.Benjamin, Ruth E Matthias, Todd M Franke, "Comparing Consumer-Directed and Agency Models for Providing Supportive Services at Home" *Health Services Research*, No.35, 2000.

A.E.Benjamin, Ruth E Matthias, "Age, Consumer Direction, and Outcomes of Supportive Services at Home" *The Gerontologist*, Vol. 41, No. 5, 2001.

Adam Davey, Elia E. Femia, Steven H. Zari, Dennis G. Shea, Gerdt Sundstro'm, Stig Berg, Michael A Smyer, Jyoti Savla, "Life on The Edge: Patterns of Formal and Informal Help to Older Adults in The United States and

Sweden" *The Journals of Gerontology Series B: Psychological Sciences and Social Sciences*, Vol.60, No.5, 2005.

Alain Paraponaris, Bérengère Davin, Pierre Verger, "Formal and informal care for disabled elderly living in the community: an appraisal of French care composition and costs" *European Journal of Health Economics*, Vol.13, No.3, 2012.

Alain Paraponaris, Bérengère Davin, Pierre Verger, "Formal and Informal Care for Disabled Elderly Living in the Community: An Appraisal of French Care Composition and Costs" *The European Journal of Health Economics*, Vol.13, No3, 2012.

Anupama Datta, Old Age Homes in India: Sharing the Burden of Elderly Care with the Family. // S. Irudaya Rajan, Gayathri Balagopal.*Elderly Care in India-Societal and State Responses*, Springer Singapore, 2017.

Ariela Lowenstein, "Solidarity-conflict and ambivalence: testing two conceptual frameworks and their impact on quality of life for older family members" *Journals of Gerontology*, Vol.62, No.2, 2007.

Australian Bureat of statistic, *Carers and EmPloyment in Australian Social Trends*, Canberra: Australian Bureau of Statisties, 2009.

Barbara Da Roit, Blanche Le Bihan, "Similar and Yet So Different: Cash-for-Care in Six European Countries' Long-Term Care Policies" *The Milbank Quarterly*, Vol.88, No.3, 2010.

Barresi Charles M., Stull Donald E., Ethnicity and Long-Term Care, An Overview. In Barresi & Stull (eds.), *Ethnic elderly and long-term care*, New York: Springer Publishing Company, 1993.

Bayley Michael J., *Mental Handicap and Community Care*, London: Rouledge & Keganpaul, 1973.

Berg, P., "Area 1 Agency on Aging. Restructuring Long-Term Care in Humboldt County", 2012.

Bettina Meinow, Ingemar Kåreholt, Mårten Lagergren. According to Need? Predicting the Amount of Municipal Home Help Allocated to Elderly Recipients in an Urban Area of Sweden *Heaith and Social Care in the Community*, Vol.13, No.4, 2005.

Brenda C. Spillman, Kirsten J. Black, and Barbara A. Ormond, "Beyond Cash and Counseling: The Second Generation of Individual Budget-based Community Long Term Care Programs for the Elderly", 2007.

Brown Randall, Barbara Lepidus Carlson, Stacy Dale, Leslie Foster, Barbara Phillips, Jennifer. Schore, *Cash and Counseling: Improving the Lives of Medicaid Beneficiaries Who Need Personal Care or Home-and Community-Based Services*, Princeton, NJ: Mathematica Policy Research Inc. 2007.

Brown, E. Jr., Dooley, D., "Connolly, L. California State Plan on Aging 2013-2017", Sacramento, Ca, 2013.

Brunon Synak, "Formal Care for Elderly People in Poland" *Journal of Cross-Cultural Gerontol*, Vol.4, No.2, 1989.

Bumagin, Victoria E., Hirn Kathryn F., *Helping the Aging Family: A guide for Professionals and Families*, Glenview IL: Scott, Foreman Corporation, 1990.

Cantor M., Little V., Ageing and Social Care // Binstock R H, Shanas E. *Handbook of Aging and Social Sciences* (2nd ed.), New York: Van Nostrand Reinbood Company, 1985.

Carolyn Glendinning, Bleddyn Davies, Linda Pickard, Adelina Comas-Herrera, "Funding Long-term Care for Older People: Lessons from Other Countries" *Bmj*, Vol.321, No.7255, 2004.

Chappell Neena L., *Informal Support and Aging*, Toronto: Butterworths, 1992.

Charlene Harrington, James Swan, "The Impact of State Medicaid Nursing Home Policies on Utilization and Expenditures" *Inquiry*, Vol.24, No.8, 1987.

Charles M.Barresi, Donald E Stull, *Ethnic Elderly and Long-Term Care*, New York: Churchill Livingstone, 1995.

Clarke L., "Family Care and Changing Family Structure: Bad News for the Elderly" // In I. Allen, & E. Perkins (Eds.), *The Future of Family Care for Older People*, London: Her Majesty's Stationery Office, 1995.

Colette M.Herrick, Allan D.Ainsworth, "Invest in Yourself: Yoga as a Selfcare Strategy" *Nursing Forum*, Vol.35, No.2, 2000.

Connie Evashwick, Genevieve Rowe, Paula Katherine Hagedorn Diehr, Laurence Branch, "Factors Explaining the Sse of Health Care Serviees by the Elderly" *Health Serviees Research*, Vol.19, No.8, 1984.

Courtney Van Houtven, Norma B. Coe, Meghan Skira, "The Effect of Informal Care on Work and Wages" *Journal of Health Economics*, Vol.32, No. 1, 2013.

David Challis, Jane Hughes, "Frail Old People at the Margins of Care: Some Recent Research Findings" British Journal of Psychiatry, Vol.180, No. 2, 2002.

De Vos S.,"An Old-Age Seeurity Incentive for Children in the PhiliPPines and Taiwan" *Economci Development and Cultural Changes*, Vol. 33, No. 4, 1985.

Denise G.Tate, Constance Pledger, "An Integrative Conceptual Framework of Disability: New Directions for Research" *American Psychologist*, Vol.58, No. 4, 2003.

Diane I.Levande, John M.Herrick, Kyu-taik Sung, "Eldercare in the United States and South Korea Balancing Family and Community Support" *Journal of Family Issues*, Vol.21, No.21, 2000.

Dianne Brannon, Teta Barry, Peter Kemper, Andrea Schreiner, Joe Vasey, "Job Perceptions and Intent to Leave Among Direct Care Workers: Evidence from The Better Jobs Better Care Demonstrations" *The Gerontologist*, Vol. 47, 2007.

Emily K. Abel, "Adult Daughters and Care for the Elderly" *Feminist Studiesm*, Vol.12, No.3, 1986.

Emily M. Agree, Vicki A. Freedman, Jennifer C. Cornman, Douglas A. Wolf, John E. Marcotte, "Reconsidering Substitution in Long Term Care: When Does Assistive Technology Take the Place of Personal Care?" *The Journals ofGerontology Series B: Psychological Sciences and Social Sciences*, Vol. 60, No.5, 2005.

Evandrou M., "Great Expectations: Social Policy and the New Millennium Elders" // Bernard, Miriam (ed.), Phillips, Judith (ed.), *The Social Policy of Old Age*, London, U.K. Centre for Policy Ageing, 1998.

Evelyn Shapiro, Robert B. Tate, "Predietors of Long-term Care Facility Use Among the Elderly" *Canadian Journal of Aging*, Vol.4, No.1, 1985.

Evers A., Olk T., *Wohlfahrts Pluralismus: Vom Wohlfahrts Staat Sur Wohlfahrts Gesellschaft*, VS Verlag für Sozialwissenschaften, 1996.

Evers A., *Shifts in the Welfare Mix: Introducing a New Approach for the Study of transformation inwelfare and social policy Welfare Policies*, Eurosocial, Vienna, 1988.

Ewout Van Ginneken & Madelon Kroneman, "Long-term care reform in the Netherlands: too large to handle?" *Incorporating Euro Observer*, Vol.21, No.3, 2015.

Ewout Van Ginneken, Peter Groenewegen, Martin Mckee, "Personal healthcare budgets: What can England learn from the Netherlands?" *British Medical Journal*, 2012, 344: e1383, doi: 10.1136/bmj. e1383.

Feinberg L.F., Whitlatch C.J., "Family Caregivers and In-Home Respite Options: The Consumer-Directed Versus Agency-Based Experience" *Journal of Gerontological Social Work*, Vol.30, No.3, 1998.

Gill, F.Lewin, Helman, S.Alfonso, Janine, J.Alan, "Evidence for The Long Term Cost Effectiveness of Home Care Reablement Programs" *Clinical Interventions in Aging*, Vol.8, 2013.

Golant Stephen M., "Supportive Housing for Frail, Low-Income Older Adults: Identifying Need and Allocating Resources" *Generations*, Vol.29, No.4, 2006.

Goode William J., *World Revolution and Family Patters*, New York: Free Press, 1970.

Graeme Hugo, "Effects of International Migration on the Family in Indonesia" *Asian and Pacific Migration Journal*, Vol.11, 2002.

Grundy Emily, Demographic Influences on the Future of Famliy Care. // In I. Allen, & E. Perkins (Eds.), *The Future of Family Care for Older People*, London: Her Majesty's Stationery Office, 1995.

Howard R. Kelman, Cynthia Thomas, Jeefrey S Tanaka, "Longitudinal Patterns of Formal and Informal Social Support in an Urban Elderly Population" *Social Science & Medicine*, Vol.38, No.7, 1994.

Ikuko Gom, Hideki Fukushima, Makoto Shiraki, Hisataka Moriwak, "Relationship Between Serum Aibumin Level and Aging in Community – Dwelling Self-Supported Elderly Population" *Journal of Nutritional Science & Vitaminology*, Vol.53, No.1, 2007.

James D. Reschovsky, "The Roles of Medieaid and Eeonomic Factors in theDemand for Nursing Home Care" *Health Services Research*, Vol.33, No.4, 1998.

Jay N. Greenberg, Anna Ginn, "A Multivariate Analysis of the Predictors of Long-termCare Plaeement" *Home Health Care Services Quarterly*, Vol.1, No.1, 1979.

Jeffrey B. Nugent, "The Old-Age Security Motive for Fertility" *Population & Development Review*, Vol.11, No.1, 1985.

Jennifer Alison Madrid, "When do People Leave In-Home Supportive Services?" California State University, 2014.

Jenny Brodsky, Jack Habib, Ilana Mizrahi, *Long-Term Care Laws in Five Developed Countries: A Review*, Geneva World Health Organization, 2000.

Jenson J., Jacobzone S..*Care Allowance for the Frail Elderly and Their Impact on Women Caregivers*, OECD, Labor Market and Social Policy, Paris, 2000.

Jesús Rogero García, Mark W Rosenberg, "Paid and Unpaid Support Received by Coresident Informal Caregivers Attending to Community – Dwelling Older Adults in Spain" *European Journal of Ageing*, Vol.8, No.2, 2011.

John A. Nylllan, "Analysis of Nursing Home Use and Bed Supply: Wiseonsin1983" *Health Services Research*, Vol.24, No.4, 1989.

John B. McKinlay, Sybil L. Crawford, Sharon L Tennstedt, "The Everyday Impacts of Providing Informal Care to Dependent Elders and Their Consequences for the Care Recipients" *Journal of Aging and Health*, Vol.7, No.4, 1995.

John Creighton Campbell, Naoki Ikegami, "Japan's Radical Reform of Long-term Care" *Social Policy & Administration*, Vol.37, No.1, 2003.

John Eatwell, Murray Milgate, Peter Newman, *The New Palgrave: A Dictionary of Economics*, The Macmillan Press Limited, Vol.2, 1987.

John L. McCoy, Beatrice E Edwards, "Contextual and Sociodemographic Antecedents of Institutionalization Among Aged Welfare Recipients" *Medieal Care*, Vol.19, No.9, 1981.

John P. Ansah, David B. Matchar, Rahul Malhotra, Sean R. Love, Chang Liu, Young Do, "Projecting the Effects of Long-Term Care Policy on the Labor Market Participation of Primary Informal Family Caregivers of Elderly with Disability: Insights from a Dynamic Simulation Model" *BMC Geriatr*, Vol. 16, 2016.

Johnson N., *Mixed Economies of Welfare: A Comparative Perspective*, Prentice Hall Europe, 1999.

Johnson N., "The Welfare State in Transition: The Theory and Practice of Welfare Pluralism" *British Journal of Sociology*, Vol.40, No.1, 1987.

Joseph F. Larragy, "Formal Service Provision and the Care of the Elderly at Home in Ireland" *Journal of Cross-Cultural Gerontology*, Vol. 8, No. 4, 1993.

Joshua M. Wiener, Jane Tilly, Alison Evans Cuellar, "Consumer-Directed Home Care in the Netherlands, England, and Germany" American Association of Retired Persons, 2003.

Joslyn Flint. *Humboldt County in Home Supportive Services Resource and Referral Guide* [D]. Humboldt State University, 2015.

Julie Vullnetari, Russell King, "Does your Granny Eat Grass? Mass Migration Care Drain and the Fate of Older people in Rural Albania" *Global Networks*, Vol.8, No.2, 2008.

Karen Tritz, "Long-Term Care: Consumer-Directed Services Under Medicaid", CRS Report for Congress, Received through the CRS Web, 2005.

Katherine Berry, Christine Barrowclough, Jane Byrne, "Coping Strategies and Social Support in Old Age Psychosis" *Social Psychiatry and Psychiatric Epidemiology*, Vol.41, No.4, 2006.

Katz S. C., Ford A. B., Moskowitz R. W., Jackson B. A., Jaffe M. W., Studies of Illness in the Aged, "The Index of ADL: A Standardized Measure of Biological and Psychosocial Function" *The Journal of theAmerican Medical Association*, Vol.185, No.12, 1963.

Kemper Peter, "Long-term Care Research and Policy" *The Gerontologist*, Vol.43, No.4, 2003.

Korbin Liu, Kenneth G.Manton, Cynthia Aragon, "Changes in Home Care Use by Disabled Elderly Persons: 1982-1994" *Journal of Gerontology: Social Sciences*, Vol.55, No.4, 2000.

Kraus A., Spasoff R., Beattie E., Holden D., Lawson J., Rodenburg M., Woodcock G., "Elderly Applicant to Long-term Care Institutions: Their Characteristie, Health Problems and State of Mind" *Journal of American Geriatries Soeiety*, Vol.24, No.3, 1976.

Kreager Philip, "Migration, Social Structure and Old-Age Support Networks: A Comparison of Three Indonesian Communities" *Ageing &Society*, No.26, 2006.

Lamura Giovanni, Mnich Eva, Nolan Mike, Wojszel Beata, Krevers Barbro, Mestneneos Liz, Döhner Hanneli, "Family Carers' Experiences Using Support Services in Europe: Empirical Evidence from The EUROFAMCARE Study" *The Gerontologist*, Vol.48, No.6, 2008.

Lauren D.Harris-Kojetin, Debra Lipson, Jean Fielding, Kristen Kiefer, Robyn I Stone, *Recent Findings on Frontline Long-term Care Workers: A Research Synthesis in* 1999 - 2003, US Department of Health and Human Services, 2004.

Laurence G.Branch, Alan Jette, "A Prospeetive Study of Long-term Care Institution- Alization Among the Aged" *Ameriean Joumal of public Health*, Vol.72, No.12, 1982.

Le Y.J., Xiao Z., "Children's Support for Elderly Parents in Urban and Rural China: Results from a National Survey" *Journal of Cross-cultural Gerontology*, Vol.13, No.1, 1998.

Lucy Kok, Caroline Berden, Klarita Sadiraj, "Costs and Benefits of Home Care for the Elderly Versus Residential Care: A Comparison Using Propensity Scores" *The European Journal of Health Economics*, Vol.16, No.2, 2015.

Manuel Eskildsen, Thomas Price, "Nursing home care in the USA" *Geriatr Gerontol Int*, Vol.9, No.1, 2009.

Margaret J.Penning, "Hydra Revisited Substituting Formal for Self-and Informal In-Home Care Among Older Adults with Disabilities" *The Gerontologist*, Vol.42, No.1, 2002.

Mason K.O., "Family change and support of the elderly in Asia: What do we know? "*Asia-Pacific Population Journal*, Vol.7, No.7, 1992.

Matsuda Shinya, Yamamoto Mieko, "Long-term care insurance and integrated care for the aged in Japan" *International Journal of Integrated Care*, Vol. 1, No.3, 2000.

Max Geraedts, Geoffrey V., Heller, Charlene A., "Harrington. Germany's Long-Term-Care Insurance: Putting a Social Insurance Model into Practice" *Milbank Q*, Vol.78, No.3, 2000.

Miltiades Helen B., "The Social and Psychological Effect of an Adult Child's Emigration on Non-Immigrant Asian Indian Elderly Parents" *Journal of Cross-Cultural Gerontology*, No.17, 2002.

Nagi S., "Some conceptual issues in disability and rehabilitation" *Sociology and Rehabilitation*, Vol.19, No.6, 1965.

Nancy Guberman, Janice Keefe, Pamela Fancey, Lucy Barylak, "Not Another Form! Lessons for Implementing Carer Assessment in Health and Social Service Agencies" *Health & Social Care in the Community*, Vol. 15, No. 6, 2007.

Naoki Ikegami, John Creighton Campbell, "Japan's Health Care System: Containing Costs and Attempting Reform" *Health Affairs*, Vol. 23, No. 3, 2004.

Naoki Tomita, Kimio Yoshimura, Naoki Ikegami, "Impact of Home and Community-Based Services on Hospitalisation and Institutionalisation Among Individuals Eligible for Long Term Care Insurance in Japan" *BMC Health Services Research*, Vol.10, No1, 2010.

Neal Andrea, "Elder Care: Aging in Place" The Saturday Evening Post, Vol.279, No.4, 2007.

Ng Guat Tin, *Study Report of Singapore Family Caregiving Survey*, Singapore: National University of Singapore, 2006.

Nina Glasgow. Older Rural Families. In D.L.Brown, L.E.Swanson, A.W.

Barton (Ed.), *Challenges for Rural America in the Twenty-First Century*, Pennsylvania State University Press, 2003.

OECD, *The OECD Health Poject: Long Term Care for Older People*, Paris: OECD, 2005.

Pamela Doty, "Family Care of the Elderly: The Role of Public Policy" *The Millbank Quarterly*, Vol.64, No.2, 1986.

Patrick Barrett, Beatrice Hale, Robin Gauld, "Social Inclusion Through Age-ing-in-Place with Care" *Ageing and Society*, Vol.32, No.3, 2012.

Patrick West, Raymond Illsley, Howard Kelman, "Public Preferences for the Care of Dependency Groups" *Social Science & Medicine*, Vol.18, No.4, 1984.

Paula J. Biedenharn, Normoyle Janice Bastlin, "Elderly Community Residents' Reactions to the Nursing Home: An Analysis of Nursing Home-Related Beliefs" *The Gerontologist*, Vol.31, No.1, 1991.

Pedro Olivares-Tirado, Nanako Tamiya, Masayo Kashiwagi, "Effect of In-Home and Community-Based Services on the Functional Status of Elderly in the Long-term Care Insurance System in Japan" *BMC Health Services Research*, No.12, 2012.

Peter Kemper, Christopher M.Murtaugh, "Lifetime Use of Nursing Home Care" *The New England Joumal of Medieine*, Vol.324, No.9, 1991.

Phillipson Chris, "Challenging the 'Spectre of Old Age': Community Care of Older People in the 1990s" *Social Policy Review*, Vol. 26, No. 4, 1992.

Pickard Linda, Wittenberg Raphael, Comas-Herrera Adelina, Davies Bleddyn, Darton Robin, "Relying on Informal Care in the New Century? Informal Care for Elderly People in England to 2031" *Ageing and Society*, No. 20, 2000.

Pinquart Martin, Sörensen Silvia, "Associations of Stressors and Uplifts of Caregiving with Caregiver Burden and Depressive Mood: A Meta-Analysis" *Journals of Gerontology*, Vol.58, No.58, 2003.

Rabiee Parvaneh, "Exploring the Relationships between Choice and Independence: Experiences of Disabled and Older People" *The British Journal of*

Social Work, Vol.43, No.5, 2013.

Robert G. Evans, "Supplier-Induced Demand: Some Empirical Evidence and Implications" Palgrave Macmillan UK, 1974.

Rosalie S.Wolf, "A Social Systems Model of Nursing Home Use" *Health Services Research*, Vol.13, No.8, 1978.

Rose, *Common Goals but Different Roles: The State's Contribution to the Welfare Mix*, The Welfare State in East and West. Eds. Richard Rose and Rei Shiratori. New York: Oxford University Press, 1986.

Sarah Hillcoat-Nallétamby, Jim Ogg, "Moving beyond 'ageing in place': older people's dislikes about their home and neighbourhood environments as a motive for wishing to move" *Ageing and Society*, Vol.34, No.10, 2014.

Scala Marisa, Mayberry Pamela, *Consumer-directed home services Issues and models*, Oxford, OH: Ohio Long-Term Care Research Project, Miami University, 1997.

Scharlach Andrew, "Creating Aging-Friendly Communities" *Journal of Aging & Social Policy*, Vol.37, No.1, 2009.

Scha'fer W., Kroneman M., Boerma W., van den Berg M., Westert G., Deville' W, et al., "The Netherlands: Health System Review" Health Syst Transit, No.12, 2010.

Sharon Tennstedt, John McKinlay, Linda Kasten, "Unmet Need Among Disabled Elders: A Problem in Aceess to Community Long Term Care?" *Social Scienceand Medicine*, Vol.38, No.7, 1994.

Sherry Ann Chapman, Norah Keating, Jacquie Eales, "Client-centred, Community-Based Care for Frail Seniors" *Health & Social Care in the Community*, Vol.11, No.3, 2003.

Soldo B.J., Wolf D.A., Agree, E.M., "Family, Households, and Care Arrangements of Frail Older Women: A Structural Analysis" *Journal of Gerontology*, No.45, 1990.

Spector W.D., Fleishman J.A., "Combining activities of daily living with instrumental activities of daily living to measure functional disability" *The Journals of Gerontology*, Vol.53, 1998.

Sue Hendy, Sharon Staines, Michele Braid, "Critical Shortfalls in the Supply of Residential Care: A Western Metropolitan Region Perspective" *Health Issues*, No.80, 2004.

Susan A.Flanagan, Pamela S.Green, "Consumer-Directed Personal Assistance Services: Key Operational Issues Using Intermediary Service Organizations", 1997.

Susan Pickard, Caroline Glendinning, "Comparing and Contrasting the Role of Family Carers and Nurses in the Domestic Health Care of Frail Older People" *Health & Social Care in the Community*, Vol.10, No.3, 2002.

SusanAllen, Desirée Ciambrone, "Community Care for People with Disability: Blurring Boundaries Between Formal and Informal Caregivers" *Qualitative Health Research*, Vol.13, No.2, 2003.

Tan P.C., "Implications of Changing Family Structures on Old-age Support in the Escap Region" *Asia-Pacific Population Journal / United Nations*, Vol.7, No.2, 1992.

Tetsuji Yamada, Chia-Ching Chen, Tadashi Yamada, Marianne Fahs, Tetsuo Fukawa, "Behavioral Analysis of the Choice of Community-Based Formal Home Care, Informal Home Care and Nursing Home Care in Japan" *The Geneva Papers on Risk and Insurance-Issues and Practice*, Vol.31, No.4, 2006.

The Economist online, "Welfare in Singapore: The Stingy Nanny", 2010-2-13.

Ungerson C., "Whose Empowerment and Independence? A Cross-National Perspective on 'Cash for Care' Schemes" *Ageing & Society*, Vol.24, No.24, 2004.

Vern L.Bengtson, Roseann Giarrusso, J. Beth Mabry, Merril Silverstein, "Solidarity, Conflict, and Ambivalence: Complementary or Competing Perspectives on Intergenerational Relationships" *Journal of Marriage & Family*, Vol.64, No.3, 2002.

Walker Alan, Community Care. In Michael McCarthy (ed.), *The New Politics of Welfare: An Agenda for the 1990s*? Basingstoke: Macmillan, 1989.

Walker Pam, Steve Taylor, Julia Searl, Bonnie Shoultz, Kathy Hulgin,

Perri Harris, Mary Handley, "Evaluation of The Self-Directed Persona Services Program Operated Through Enable" *Attendants*, 1996.

Wataru Koyano, "Population Aging, Changes in Living Arrangement, and the New Long-term Care System in Japan" *Journal of Sociology and Social Welfare*, Vol.26, No.1, 1999.

WHO, "International Classification of Impairments, Disabilities and Handicaps, ICIDH: AManual of Classification relating to the Consequences of Disease" *Geneva World Health Organization*, Vol.3, No.4, 1980.

William J.Goode, *World Revolution and Family Patters*, New York: The Free Press, 1970.

Xiaoyan Lei, John Giles, Yuqing Hu, Albert Park and John Strauss, Yaohui Zhao, Patterns and Correlates of Intergenerational Non-Time Transfers-Evidence from CHARLS. In M. Majmundar and J.P. Smith (eds.), *Aging in Asia: Findings from New and Emerging Data Initiatives, Committee on Policy Research and Data Needs to Meet the Challenge of Aging in Asia*, National Research Council. Washington D.C.: National Academies Press, 2012.

Yuan Fang, "The Status and Role of the Elderly in Chinese Families and Society" *Chinese Sociology & Anthropology*, Vol.22, No.1, 1989.

Yung Ping Chen, "Funding Long-term Care in the United States: The Role of Private Insurance" *Geneva Papers on Risk and Insurance Issues and Practice*, Vol.26, No.4, 2001.